공존을 위한
인문 무크지 **아크** 2

믿음

믿음

아트 2

허동윤

구덕전통문화체험관, 부산영화체험박물관, UN 평화기념관, 문화콘텐츠콤플렉스, 양산종합복지허브타운 설계와 부산항 북항2단계 재개발 사업화 전략 아이디어 개념구상 국제공모 당선작 등의 대표 작품을 가지고 있다. 부산다운건축상, 문화체육관광부장관상, 부산광역시장상, 국회부의장상, 부산예술대상 등 다수의 수상 경력과 한국건축가협회 부산건축가회 회장, 한국건축가협회 부회장, 부산건축제 부집행위원장, 한국예총 부산광역시 연합회 부회장, 한국문화공간건축학회 부회장, 대한건축학회 부회장을 역임했다. 현재 ㈜상지엔지니어링건축사사무소 대표다.

'믿음'에 대한
환기喚起

건축가를 꿈꾸던 시절, 건축이 예술의 주변부가 아니라 중심에 있음을 일깨워준 잡지가 있었습니다. 저도 언젠가는 건축을, 예술을 세상에 알리겠다는 마음을 품었습니다. 부산예총 부회장 시절, 공연 전시 문학 등 다양한 예술 분야를 접하면서 예술은 소통과 공감을 통하여 가치를 발견하는 것임을 알게 됐습니다. 그 가치의 근저에는 항상 인문이 있었습니다.

인문학 무크지를 만들겠다고 했을 때 종이책의 시대는 이미 저물었다고 많은 사람이 만류했습니다. 저는 생각이 달랐습니다. 인터넷으로 수많은 정보를 찾을 수 있고 간편한 전자책을 손쉽게 볼 수 있다 해도 종이책이 주는 특별한 경험을 대체 할 수는 없다고 생각했습니다.

무크지를 준비하는 과정에서 마음은 두렵고 무거웠습니다. 창간호 발간 후 여기저기서 전해오는 격려가 힘이 되었습니다. 시대의 가치와 담론을 담아내겠다는 처음의 마음을 잃지 말라는 당부임을 잊지 않겠습니다.

특히, 지난 1월 30일 한겨레신문의 〈문화 책&생각〉란에 실린 '잡지가 돌아왔다…당돌한 도전인가, 세련된 순치인가' 장은수 편집문화실험실 대표 에서 『아크』와 함께 2020년에 발간된 잡지를 언급하며 다룬 새로운 잡지의 집단적 등장의 의미와 방향에 대한 내용은 『아크』의 정체성과 방향 설정 논의에 많은 도움이 되었습니다.

이번 호 주제는 '믿음'입니다. 전 세계를 공포로 떨게 한 코로나19는 그동안 우리가 믿어왔던 많은 것들을 혼돈스럽게 했습니다. 강제된 비대면 사회는 '코로나 블루'라는 현상마저 가져왔습니다. 불안과 불확실성이 확산되고 우울과 절망은 분노를 양산합니다.

'휴먼'에 이어 '믿음'은 이 시대에 필요한 중요한 가치 중 하나입니다. 희망으로 연결되는 '믿음'은 새로운 가치를 가져옵니다. 『아크』를 통해 '믿음'에 대한 환기 喚起 를 기대해 봅니다.

고영란

월간 예술부산 기자, ㈔한국예술문화비평가협회 사무국장과 계간 『예
술문화비평』 편집장을 지냈다. 현재 ㈜상지건축에서 인문학아카데미
를 기획, 진행하고 있으며 인문 무크지 『아크』 편집장이다.

Editor's letter

아크 2호 주제는 믿음입니다. 창간호 주제였던 '휴먼'처럼 '믿음'도 우리에게는 친숙한 단어입니다. 신앙 사람 사회 가치 등등 우리는 믿음의 테두리 안에서 살고 있습니다. 코로나19는 그동안 우리가 믿어왔던 것들을 하나둘 의심하게 만들었고 다시 돌아보게 하였습니다.

이번 호에는 총 22편의 글이 실렸습니다. 종교적 믿음, 사회적 신념, 잘못된 믿음을 다룬 다양한 글들이 믿음에 대한 인문학적 사유를 넓혀줄 겁니다.

작고하신 백기완 선생님을 기리는 글이 첫 글입니다. 지난 2월 백기완 선생님이 돌아가셨다는 소식을 접했을 때 '아, 한 시대가 저물었구나'는 생각에 가슴이 먹먹했습니다. 선생님이 평생 지켜 오신 신념을 아크『믿음』에 담고 싶었습니다. 아직 아물지 않은 상처를 길어올리는 일이 쉽지 않았을 텐데 기꺼이 글을 써주신 백원담 백기완 선생님 맏딸, 성공회대 교수님께 감사드립니다. 다음은 「3인의 여성, 좋은 미래를 향한 그녀들의 열정과 꿈」강동진 과 「인간에 대한 믿음은 모든 것을 뛰어넘는다」장현정 를 실었습니다. 강동진 교수는 좋은 도시를 만들기 위해 열정적인 삶을 산 3인의 여성 이야기를, 장현정 대표는 2001년 1월 일본 도쿄의 신오쿠보역에서 선로에 빠진 취객을 구하려다 숨진 청년 이수현이 보여준 인간에 대한 믿음의 숭고한 가치에 관한 글을 썼습니다. 인간에 대한 믿음으로 미래를 열고 세상을 바꾸고자 한 사람들의 이야기 세 편 후에 총론 격인 「믿음에 대하여」이성철 「믿음에 대한 확실한 질문」최강민 「우리가 그것을?」정훈 을 앞부분에 실었습니다.

프리츠커상「프리츠커상, 누가 받나요?」차윤석 , 해양도시「기후변화, 해수면 상승, 그리고 연안 도시」이한석 , 미학「그림 속에 나타난 믿음의 이미지」김종기 , 영화「선생과 제자 사이」조재휘 , 전통굿「무병 앓기부터 내림굿까지」심상교 등 5편은 연재 코너로 뒷부분에 실었습니다.

나머지 11편 정천구 김문기 한형석 김도현 한성안 허동한 류영진 조봉권 박형준 김태만 김가경 에서는 동아시아, 기후, 경제, 편견, 학벌 등 믿음이 보여주는 다양한 변주를 볼 수 있습니다. 아크 2호 『믿음』을 함께 만들어주신 모든 필자들께 감사드립니다.

법화문구기에는 '무의왈신 無疑曰信'이라는 말이 나옵니다. 부처는 '의심이 없는 것을 믿음'이라 하고 모든 중생의 생명에 불성이 존재한다는 사실을 믿는 것, 그것을 의심하지 않는 것이 성불의 중요한 열쇠라고 했습니다. 모든 사람은 부처가 될 수 있다는 '만인성불'에는 함께 아파하는 동고의 마음을 전제한 평등사상이 깔려 있습니다. 믿음에는 대상이 존재하지만 주체는 자신입니다. 핵심은 '무엇을 믿는가'일 겁니다. 인문학이 중요한 이유가 여기에 있습니다. 실천하는 인문학, 나를 바꾸고 세상을 바꾸는 선의 연대가 이어지길 기원합니다.

희구

임응식, 1947

근대사진의 선각자이자 한국을 대표하는 1세대 사진작가인 故 임응식

선생의 특별전〈부산에서 서울로〉가 2021년 9월 10일부터 10월 24일

부산시민회관 갤러리에서 열린다. 부산 출신의 故 임응식 선생이 부산

에서 활동한 1946년부터 서울에 정착하는 1960년대까지 작품을 전시

한다.

백원담

성공회대 중어중국학과·국제문화연구학과 교수, 동아시아연구소장, 한국문화연구학회와 한국냉전학회 회장 역임, 『황해문화』와 『人間思想』臺灣 편집위원. 최근 논저로는 『1919와 1949: 21세기 한·중 역사다시 쓰기》2021, 『중국과 비非중국 그리고 인터아시아』2021, 『뉴노멀을 넘어: 팬데믹에 대한 인도네시아의 대응과 정동』2021, 「공정성담론과 지구적 공거共居의 윤리」2020, 「인터 코리아, 인터 차이나, 인터 아시아」2019 등이 있다.

타오

삶의 들락[1]은 짜당하고 닫히는 게 아니다

백기완 선생의 삶과 믿음

1.

먼 길 떠나신 지 다섯 달의 시간이 흘러가고 있지만 아버님의 부재는 여전히 낯설고 어렵다.

지난 5월 아시아나케이오 청소 노동자들로부터 전갈이 왔다. 노조 결성으로 부당 해고가 되고 투쟁해온 지 1년을 맞는 시점에 선생님이 안 계시니 따님이라도 용기를 북돋아달라는 것이었다. 비행기 안팎을 깨끗이 청소하고 화물 하역을 도맡아 하며 열심히 일하던 노동자분들이 단지 노조를 결성했다는 이유로 쫓거나 다시 일하게 해달라고 호소해왔지만 회사는 부당 해고 철회 결정도 무시하고 한 가족이라던 직원들을 죽음의 벼랑 끝으로 내몬 것이다. 코로나 역병이 창궐한 가운데 무더위와 혹독한 추위를 노숙 농성으로 버티

---

1   들락은 순우리말로 문을 의미한다.

며 봄을 맞았지만 해결 기미가 없자 한 달 가까이 단식농성 중이었다. 아버님이 계셨더라면 바람처럼 달려가셔서 '절대 기죽지 말라'고 응원하시며 함께 싸우셨을 텐데 한없이 안타까운 마음에 영상으로나마 인사말을 전하려 애써봤지만 입이 잘 떨어지지 않았다. "기죽지 마시고 가슴들 펴고 끝까지 싸워서 기필코 일터를 되찾으시기 바랍니다. 투쟁!" 몇 번의 시도 끝에 겨우 마무리를 하고 털퍼덕 주저앉았다. '남김없이' 떠나가신 그 '부재'는 여전히 적응이 어려운 것이다.

아버님은 황해도 구월산 자락에서 태어나 분단 모순을 한 가족살이가 갈라지는 통한으로 안으며 통일운동, 민주화운동 그리고 민중운동으로 평생 점철해오셨다. 그리고 그 치열한 삶의 순간들이 한계에 부딪칠 때마다 "내 한 살매는 지난 나잇살의 세월이 아니라 오늘 이 때박때박 순간순간 이 내 한 살매의 새로운 차름 시작 이라, 그 때박마다 앞만 보고 거침없이 뛰겠다"고 역설하셨다. 어느 싸움의 현장이나 거리에서 문제의 본연을 끌어안고 쓰러질지언정 병원에서 구차한 목숨을 연명하지 않을 것이니 나의 죽음을 한갓진 가족주의로 형식화하지 말라고 신신당부해오셨던 것이다.

그러나 아버님은 흡인성 폐렴에 기력을 잃으셨고, 1년여 힘겨운 투병 속에서 통한의 한 살매를 마감하셨다. 앙상한 체구는 80년 초 전두환 정권의 고문으로 죽음 직전에 감

옥에서 병원으로 실려온 순간보다도 더 아스라했다. 벼랑을

거머쥔 솔뿌리처럼 끈질기게 생명의 사투를 벌이시던 그 세

월, 무거운 소식들이 들려올 때마다 분노의 사자후 대신 숨

이 넘어갈 듯 호흡이 거칠어지시곤 했다. 일터에서 정리해

고당하고, 살인적인 배달 일에 목숨을 잃는 노동자들이 안

타까워 어느 싸움터이든 불현듯 달려가서야 하는데 당신이

가장 거부하셨던 목숨이나 부지하는 상황에 놓이셨으니 얼

마나 기가 막히셨을까. 자식 된 도리라 해도 그 맑은 눈빛에

서리는 안개는 참으로 난망하기 그지없었다. 그러나 그 속

타는 순간들에도 돌아 나오던 밤하늘은 먹먹했을지언정 그

저 캄캄하지만은 않았다. 다급하게 달려가던 어두운 새벽하

늘에도 먼동은 어김없이 터오고 있었는데, 아버님은 스스로 용서가 아니 되셨던 모양이다. 딸들의 간곡한 몸부림에도 '됐다, 수고들 많았으니, 이제 그만들 해라'고 서둘러 삶의 들락을 닫고 떠나가신 것이다.

이때/ 가파른 벼랑에서 붙들었던 풀포기는 놓아야 한다네 / 빌붙어 목숨에 연연했던 노예의 몸짓 /허튼 춤이지, 몸짓만 있고/ 춤이 없었던 몸부림이지/ 춤은 있으되 대가 없는 풀죽은 살풀이지/ 그 모든 헛된 꿈을 어르는 찬사/ 한갓된 신명의 허울은 여보게 아예 그대 몸에/ 한오라기도 챙기질 말아야 한다네/... 바로 거기선 자기를 놓아야 한다네/ 사랑도 명예도 이름도 남김없이/ 온몸이 한 줌의 땀방울이 되어/ 저 해방의 강물 속에 티도 없이 사라져야/ 한 춤꾼은 비로소 구비치는 자기 춤을 얻나니

시집 『젊은 날』 「뒷비나리」 중

2.

초등학교 6학년 때였다. 새벽이면 아버님은 늘 창문을 화들짝 열어젖히셨다. 그 순간 쏟아져 들어오던 바람과 햇살, 그 소리와 빛깔은 늘 우리를 부스스 눈뜨게 했다. 그런데 그날은 누군가 대문을 부서지라 두드리는 소리에 잠이

깼다. 집안에 와짝와짝 구둣발 소리가 요란하여 살며시 내려가보니 건장한 사내들이 아버님의 양팔을 포박하고 대문을 박차고 어디론가 사라지는 것이었다. 얼른 옷을 주워 입고 따라나섰다. 워낙 어릴 때부터 새벽 달리기로 단련된 터라 어른 걸음을 따라잡는 것은 일도 아니었다. 그들이 당도한 남산 케이블카 옆 축대가 늘어선 곳은 작은 쪽문이었고, 그리로 아버님을 끌고 들어갔다. 놀란 가슴을 토닥거리며 집으로 돌아와 사흘을 꼬박 기다렸지만 아버님은 돌아오시지 않았다. 나흘째 되는 날 나는 새벽에 두 동생을 깨웠다. 그리고 남산의 그 집으로 내달아 무조건 대문을 두들겼다. 누군가 나와 너희들은 누군데 어딜 왔느냐고 했고, 나는 다짜고짜 "우리 아버지를 찾아왔다고, 당신들이 며칠 전 우리 아버지를 마구잡이로 끌고 가지 않았느냐"라고 을러댔다. "너희 아버지가 누군데?" 그 물음에 우리들은 크게 외쳤다. "백기완 씨다!" 그 사람은 어이가 없다는 듯 그런 사람 여기 없다고 문을 쾅 닫으며 저 밑에 검은 대문 있는 곳에 가서 물어보란다. 나는 분명히 여기로 끌고 들어가는 것을 두 눈으로 똑똑히 봤다고 소리쳤고, 삼 남매가 발로 문을 박차며 우리 아버지 내놓으라고 아우성을 쳤지만 소용이 없었다. 하는 수 없이 그 검은 대문지금 국정원을 찾아 두드렸지만 내쫓긴 채 끝내 아버지는 찾지 못했고, 우리들은 분루憤淚를 삼키며 돌아서야 했다. 일주일 뒤 아버님은 만신창이가 된 채 집으로 돌아오셨다. 우리들을 하나씩 번쩍 안아주셨지만 아무 말씀이 없으셨고, 부르르 분노에 떨던 당신의 어깨는 지금도 선연하다. 그 후로도 박정희 정권의 테러와 감금, 협박은 계속되었지만 반독재 민주화 투쟁에 앞장선 아버님은 결코 굴하지 않으셨다.

아버님은 긴박된 시간이면 늘 공부에 전념하셨다. 당시 우리 집은 외할머니댁 뒷간을 헐고 지은 8평짜리 이층집에 살았는데 이층 방 한쪽 벽에는 책이 빼곡히 꽂힌 나무 서가가 있었다. 아침에 눈을 뜨면『들어라 양키들아』C. W Mills, 『이성의 파괴 理性の破壞』G, Lukacs, 파노라마 빛깔을 이루며 정렬되어 있던 일본판『사회과학대사전』등의 책들이 먼저 육박해 들어오곤 했다. 그 방은 우리 식구 모두가 먹고 자는 살림방으로 공부를 할 수 있는 여건이 되지 않아 아버님은 하루도 빠짐없이 남산국립도서관으로 향하셨다. 작은 방을 하나 얻어 자료들을 빼곡히 쌓아놓고, 그것들을 꼼꼼히 정리하고, 스크랩하고, 공책에 옮겨 적으셨다.

초등학교 6학년 여름이었다. 엄마가 싸주신 도시락을 들고 아버지를 찾아가면 원고지에 글을 쓰시던 아버지는 모아놓은 신문들이며 자료들을 펼쳐가며 굴욕적인 한일협정의 문제가 무엇인지, 일본과의 무역역조가 얼마나 큰지, 조국 근대화란 미명으로 얼마나 경제가 종속화되었는지, 노동자들이 얼마나 혹독한 노동에 시달리는지 어려운 이야기도 하나하나 자상하게 설명해주셨다. 연분홍 패랭이꽃이 오종 종 핀 도서관 앞뜰에서 도시락을 열면 언제나 그렇듯이 딸 부터 챙겨 먹이고 나서야 한술 뜨시던 아버님. 푸른 하늘과 시원한 바람에 도란도란 더위도 비껴가던 1970년 여름날, 그해가 다 가도록 아버님의 도서관 공부는 계속되었고 이듬 해『항일민족론』이란 책이 출판되었다.

그것은 이후 아버님이 〈백범사상연구소〉와 〈통일문 제연구소〉를 설립, 민간에서 실천 지성을 일으키고 통일운 동과 반독재 민주화 투쟁의 거점을 만들어가는 경로를 보여 준다. 1972년 공식 출범한 백범사상연구소는『항일민족시 집』신채호 선생의『조선혁명선언』『아와 비아의 투쟁』백범 의『도왜실기: 보난 대로 죽이리라』『내가 걷는 이 길은 백범 일지』등을 연속 출간, 출판사업을 통해 일본 제국국주의 침 략에 맞선 한반도 근현대사의 주체적 줄기를 세우고자 하였 다. 또한 얇과함 문고『역사. 소외. 저항. 혁명』『민족주의 자의 길』등을 통해 대다수 노동자 민중들의 사회적 인식을 제고할 필요성을 역설하고 그에 힘썼다. 이는 제도 학문에 구속되지 않는 민간의 자발적 연구소였다. 한국에서 실천적 이고 대안적인 실천이론이 생산되는 장소는 그렇게 열린 것 이다. 이후 백범사상연구소는 7, 80년대 반독재 민주화 투 쟁의 거점이 되고 많은 민중민주항쟁을 주도하였으며, 통일 문제연구소로 전화되어 한국 민중민주운동의 이론적 실천적 전진에 앞장섰다.

3.

중학교 3학년 졸업식 날 새벽이었다. 아버님이 이마에 뽀뽀를 해주시고는 황급히 계단을 내려가셨다. 놀라서 일어나 따라가 보니 무장한 군인들이 아버지를 포승줄에 묶어 끌고 나가는 것이었다. 뒤따라 나섰지만 검은 차에 실려 아버지는 종적도 없이 사라지셨다. 그날 맏딸의 중학교 졸업식은 우리 집안의 큰 경사라고 졸업식에 와주신다고 했는데 끌려간 아버지는 소식도 없고 어머니도 아버지의 행방을 수소문하느라 오지 못하셔서 나 홀로 슬픈 졸업식을 맞이해야 했다. 그로부터 한 달 뒤 서슬 퍼런 군사 법정에서 아버지를 만났다. 아버님은 두꺼운 한복을 입고 장준하 선생님과 포승줄에 꽁꽁 묶인 채 온통 무장한 군인들에 둘러싸여 꼿꼿이 서 계셨다.

1974년 1월, 박정희는 대통령 긴급조치 1호를 발동했다. 유신 타도 개헌청원 100만인 서명운동을 주도했던 아버님은 독재 정권의 악랄한 폭압 장치의 첫 번째 탄압 대상이 되었고 장준하 선생과 함께 긴급조치 제1호 위반으로 구속된 것이다. 장준하 선생은 서슬 퍼런 비상보통군법회의에서도 서슴지 않고 주장하셨다. '백기완은 우리 민족민중문화의 보고이고 미래이기 때문에 당장 내보내야 한다'고 말이다. 아버님은 군사 법정에서도 한 치의 흐트러짐이 없으셨다. 한승헌 변호사님이 개헌운동을 주도해오면서 상당한 자금은 어떻게 조달했냐고 묻자 "민주주의와 통일을 열망하는 엄청난 민심이 바로 우리들의 자금이요, 힘"이라고 당당하게 말씀하셨다.

그로부터 얼마 뒤 나는 고등학교에 입학했다. 그런데 나의 등교는 좀 특별했다. 어머니가 학교 선생님이었던 탓에 평일에는 면회를 갈 수가 없으니 일주일에 두세 번은 내게 이불과 옷 등 거대한 보따리를 들려주셨다. 서대문구치소에서 아버님을 면회하고 영치품으로 넣고 와야 했던 것이다. 그래서 등굣길에 거대한 보따리를 들고 가까스로 버스를 탔고, 학교에 오면 놔둘 데가 마땅치 않으니 교실 뒤편 청소함 위에 그 보따리를 올려놓곤 했다. 아이들의 따가운 눈길에 민망할까 봐 담임 선생님은 나의 솜옷 보따리를 청소함 안에 가만히 넣어주셨다. 솜옷 보따리를 구치소에 영치하고 면회를 하면 아버님은 "우리 딸은 요즘 무슨 생각을 하는고?" 물으셨고 나는 그날 다 못한 이야기를 편지로 써서 아버님께 보냈다. 아버님의 답신 중 하나가 함석헌 선생이 주도하던 『씨알의 소리』에 '시를 쓰는 딸에게'라는 제목으로 게재되었다. 이후로 당신이 내게 보낸 편지들이 계속 연재되었으며, 그것은 아버님의 출옥 후 내가 대학교 2학년이 되던 1979년, 『자주고름 입에 물고 옥색치마 휘날리며: 딸에게 주는 편지』라는 책으로 출간되었다. 당시 학생 운동권에서는 황석영의 『객지』나 조세희의 『난장이가 쏘아올린 작은 공』유동우의 『어느 돌멩이의 외침』한완상의 『민중과 지식인』등으로 의식화를 했던 시절이므로 그 책의 파장은 엄청났다. 너무 급진적인 것 아니냐, 감당이 안 된다 등 말들도 많았지만 고등학생 딸에게 보낸 편지 형식의 글은 당시 대학 사회와 이른바 운동권에 지대한 파장을 일으켰다. 책은 나오자마자 불온서적으로 판매금지가 되었지만, 많은 젊은이가 알음알음 이 책을 돌려가며 읽었다. 자주고름 세대가 회자되는 이유도 그 때문이었다.

그리고 그해 10월 16일 부마 민주항쟁이 일어났고 10·26 사태가 발발했다. 18년 동안 장기집권으로 사회를 도탄에 빠뜨린 박정희 군부독재는 김재규 중앙정보부장의 총탄에 무너지는 듯했다. 바로 그날 아버님은 권총으로 가격을 당한 채 감옥으로 끌려가셨고, 한 달여 만에 석방되셨다. 그리고 바로 다음 날 '명동 YWCA 위장결혼식'에 참석하셨다. 전두환 신군부의 폭압이 날로 거세지고 간접선거로 정권을 장악하려 하자 민주 진영이 이에 맞서 박정희 유신 독재 체제 청산과 군부의 정치적 중립 등을 촉구하는 국민대회를 개최한 것이다. 아버님은 함석헌 선생 등과 통일주체

국민회의에 의한 대통령 선출에 반대하고 유신철폐와 계엄 해제를 요구하는 성명을 낭독하셨다. 나도 그 자리에 참석했는데 대회가 시작되자마자 경찰들이 난입, 아수라장 속에서 아버님과 민주인사들은 서빙고 보안사로 강제 연행되었다. 아버님을 비롯한 민주인사들은 끔찍한 고문에 짓밟혔다. 82kg 거구의 건장하시던 아버님은 그야말로 만신창이로 감옥에 수감되셨다. 면회를 가니 교도관들의 부축으로 나오신 아버지의 처참한 지경은 말로 다 할 수가 없다. 아버님은 매일 죽음이 무릎 앞에서 마주 보고 있다고 하셨다. 목을 짓밟혀 물 한 모금도 삼키지 못하고 심한 탈장으로 목숨이 경각에 달리자 아버님은 병원으로 실려 나왔다. 김광일 박사님을 비롯한 많은 분들이 천신만고 끝에 살려냈지만 아버님은 평생 지독한 고문 후유증에 시달려야 했다. 아버님은 생사의 기로에서도 자기를 일으키는 시를 쓰셨다.

내가 만약 여기서 죽어/ 한 줌 거름으로 눈을 감는다 해도/ 나는 절대 그냥은 못썩는다/ 나는 복수심으로 하늘을 찌르는 나무를 키울테다/ 바람이 세찰수록/ 가지마다 핏대를 더해/ 눈물을 모르고 피 기름만 빨아대는/ 저 흡혈귀의 골통을 짓모는 홍두깨를 키울테다/...세월이 모질수록/ 더욱 뿌리를 단단히 내려/ 남북으로 무너져 내리는 벼랑을/ 한아름에 거머쥐는 나무를 키울 테다...

시집 『젊은 날』「전사들만 쉬어가라」, 1982

삶의 들판은 짜당하고 담하는 게 아니다

29

그때 당신을 일으킨 자기발작력 신념에 대해 아버님은 '깨트리지 않으면 깨져야 하는 철학'이라고 새기셨다. 그리고 그 절명의 철학으로 자신을 을러대는 혼신의 비나리, 시를 새기셨다고 하셨다. '듣거라 이놈들아 나의 철학은 네놈들을 깨트리지 않으면 깨져야 하는 일생이다' 시집 『젊은 날』「나의 철학」, 1982 그처럼 아버님은 헛된 꿈의 배신과 무산자의 주먹을 배우고 끝이 없는 젊음을 사는 치열한 역사적 긴장으로, 그것을 피눈물로 아로새긴 비나리 시작 詩作 으로 당신의 한 살매를 일으켜오셨다. 그런데 아버님은 그 긴장의 철학으로 당신 자신만을 닦아세운 것이 아니다. 자식들은 물론 함께 일하는, 살아가는 모든 사람들에게도 단호하게 갈파하시며 더불어 거듭나기를 서슴지 않으신 것이다.

35년 전 스물여섯 살의 나는 성남 공단에서 노동운동에 종사한 바 있다. 신생과 에스콰이어, 라이프 제화 등 당시 민주노조들의 활동을 지원하면서 그 지도부들과 상반기 공동 임금투쟁계획을 세우느라 정신이 없던 어느 날, 한밤중 회의가 끝나고 나오다 그만 눈길에 미끄러져 다리가 부러졌다. 그러나 뼈가 부서진 고통보다 신분이 드러나고 애써 준비한 임투 임금 투쟁를 그르칠 걱정이 앞서 잠을 설치는데 아침녘 아버님이 병실로 찾아오셨다. "우리 딸이 여기 있었군." 그러나 반가움과 안도도 잠시, 보안사 요원들이 들이닥쳤다. 아버님은 특유의 호통으로 쫓아 보내셨지만 아버님의 신분을 확인해갔으니 내 정체는 여지없이 드러났고, 그대로 끌려가면 박살이 날 현장과 동료들은 어쩌나 정신이 아득한 순간, 아버님은 준엄한 한마디로 나의 초조를 내리치셨다. "중요한 싸움을 앞두고 다리가 부러지는 것도 역사적 반역이야." 그 당장 서울 병원으로 옮겨가는 구급차 안, 조각난 뼈들의 반란 속에서도 그 고약한 통증보다 나의 부주의함이야말로 큰일을 그르친 '역사적 반역'이라는 아버님의 말씀 한마디는 가장 날카로운 비수로 가슴에 박혀 피로 솟구치는 듯했다. 지난 몇 년간의 노력이 물거품이 된 현실을 나는 그처럼 처절하게 직시해야 했다. 그리고 어떤 순간도 놓치지 않는 역사적 긴장을 살지 않으면 다른 미래는 결코 열 수 없다는 사실을 그때 배웠다.

4.

아버님은 1987년과 1992년 대통령선거에 민중 후보로 출마하셨다. 1987년 선거는 당시 6·10 민주항쟁과 7, 8월 노동자 대투쟁으로 어느 때보다 민주 정권 수립에 대한 국민적 열망이 지대할 때 그것을 민중민주운동의 동력으로서 이루어냄으로써 반독재 민주화운동의 한 귀결을 이루는 시대적 과제에 부응하고자 하신 것이다. 아버님은 노태우에 맞

선 반독재 민주화 세력의 승리를 위해 '민중후보 연립 정부
안'을 제안하고 김대중, 김영삼 후보의 단일화를 추동했으
나 실패했다. 아버님은 "군사독재 끝장이라는 구호로 하나
가 되자"라고 호소하며 후보를 사퇴하셨다. 사회운동의 독
자적인 정치세력화는 역부족이라는 현실을 진감하면서도
독자적인 정치 입장의 개진은 중요하다는 판단에서 나섰지
만, 현실 정치의 벽 앞에서 6월 항쟁을 정치적으로 귀결해내
지 못했음을 절감한 것이다. 그러나 아버님은 거기서 물러
서지 않으셨다. 1987년 여름 노동자 대투쟁의 자발적 분출
을 통찰하며 한반도에서 통일문제는 민족분단과 함께 사회
적 분단의 해결 없이는 불가능하고 그것은 민중의 정치세력
화를 통해서만 실현할 수 있으며 그 경로를 열어내는 것 자
체가 통일 운동임을 분연히 제기하신 것이다. 『통일이냐 반통일
이냐』1987 신군부의 잔존 세력에게 정권을 내주는 통한 속에
서 1988년 박종철 열사 기념사업회 회장을 맡고 87혁명의
새로운 전환을 위한 사회운동 세력의 결집을 추동하셨다.

그리하여 아버님은 1989년, 백범사상연구소의 후신인
통일연구소의 발전적 전화를 위해 통일마당집 마련 기획을
세우고 '벽돌 한돌500원쌓기 운동'을 전개했다. 한 장 한 장
모인 벽돌은 10만 장을 돌파했고 강연 수익금과 백범 선생
의 붓글씨 등을 모아 서울 대학로에 오늘의 통일문제연구소
사무실이 마련되었다. 당시 노동운동을 비롯한 민중운동의

전국적 조직화가 이루어졌다. 1990년 1월에는 노태우 정권의 무지막지한 탄압 속에서도 전국노동조합협의회전노협, 민주노총 전신가 결성되었으며 이들 민중운동의 전국적 조직화에 힘입어 '삼당 합당 반대 국민연합'도 출범했다. 아버님은 노동운동 등 민중운동의 발전을 추동하며 전노협 고문을 맡으셨다. 한편 문화운동의 활성화 필요성을 역설하며 민중문화운동의 발전을 도모하셨다.

1992년 아버님은 제14대 대통령 선거에 진보진영의 민중후보로 추대돼 출마했으며, 1987년 선거와는 달리 끝까지 완주함으로써 독자적인 민중 정치의 시대를 열고자 했다. 아버님은 "민중 정권만이 민중해방, 우리 겨레의 통일의 주춧돌을 닦을 수 있다"라고 역설하시며 혼신의 힘을 다하셨고, 이는 이후 진보정당의 결성과 민중의 정치세력화의 기틀을 다지는 계기가 된다.

1990년대에는 현실 사회주의의 몰락으로 세계적으로 민중민주운동이 침체기를 맞았다. 많은 사람이 좌절감 속에 떠나갔지만 아버님은 광장이든 피눈물의 삶의 현장이든 떠나지 않으셨다. 학생들의 잇단 분신사태에 이들을 엄호하고자 지팡이를 든 채 폭력 경찰에 맞서다가 물대포와 최루탄을 맞고 실신하기도 했다. 한진중공업 노조위원장이었던 박창수 열사가 옥사하는 안타까운 사건이 발생하자 아버님은 장례위원장이자 박창수 열사 진상 규명 범국민대책회의 고

문을 맡아 노태우 정권의 폭압에 대응했다.

사람들은 말한다. 백기완 선생님은 어떻게 그렇게 끝이 없는 젊음을 사시느냐고, 어떻게 분단 문제든, 반독재 민주화투쟁이든, 민중운동이든, 그 모든 사태에 그처럼 분명한 입장과 노선을 세우고 나아가실 수 있느냐고 묻는다. 나는 그에 대해, 그 도저한 실천 활동 속에서도 언제나 냉정한 평가 작업을 감행하고, 치밀한 연구에 근거한 실천 이론을 세우고 나아가시는 아버님의 끈질긴 노력과 긴장의 소산이라고 말한다. 아버님은 끊임없는 저술 활동을 통해 새로운 시대를 준비하셨다. 그것은 언제나 그렇듯이 거리와 광장, 그리고 피눈물의 현장에 나서는 싸움의 연장이었고 그 속에서 스스로 다시 재무장되는 과정이기도 했다.

아버님은 뛰어난 이야기꾼이셨다. 나는 어릴 때 '옛날옛적 한거리 벅적 세월에'로 시작하는 아버님의 옛이야기를 듣고 또 들으며 자랐다. 「멍석말이 열두 마당」「장산곶매 이야기」「골국떼이야기」 등 가고 또 가는 아버님의 옛이야기야말로 나를 키운 양식의 하나라고 할 수 있다.[2] 「이심이 이야기」또한 옛이야기 중 하나이다. 작지만 착한 물고기 이심이가 몸짓이 크고 함부로 나대는 물고기들에게 매번 당하기만 하다가 작은 물고기들이 힘을 합쳐 하나하나가 철갑비늘로 변신한 힘세고 정의로운 물고기가 되어 어긋난 세상을 바꾼

---

2   백원담, 「이야기꾼에 대한 이야기」I·II, 『공동체문화』I·II, 1982.

타오

다는 내용이다. 그렇다면 아버님은 그즈음 왜 옛이야기 양식을 끌어내신 것일까. 그것은 현실 사회주의의 몰락과 자본의 광역한 확장이라는 세계사적 전환의 시기에서 도저하게 나아가던 노동운동 등 민중운동이 점차 약화되는 안타까운 현실 앞에서 그 동력을 다시 끌어내고자 민중적 미의식의 본연을 분연히 불러 세우신 것이다. '혁명이 늪에 빠지면 예술이 앞장서는 법', 아버님은 '우리 민족문화의 전통을 찾아서, 민중해방 사상의 뿌리를 찾아서'라는 주제로 본격적인 민중문화 특강을 전개하시며, 사회 변화의 의지와 선명한 정치 전망을 촉구하고자 하셨다.

5.

아버님은 21세기 들어서면서부터 노나메기 사상을 본격적으로 가다듬고 대중적으로 전달하기 시작하셨다. '노나메기 통일 그날 음악회'를 주관하셨고, 거리와 강단에서 많은 강연을 통해 노나메기 사상을 설파해나갔다. 2003년부터는 '노나메기 문화 특강' 무료 공개강좌를 열고, 『백기완의 통일이야기』『장산곶매 이야기』『부심이의 엄마생각』을 출간하셨다. 2006년에는 '노래에 얽힌 백기완의 인생 이야기' 특강을 통해 "통일의 알짜 실체는 너도 일하고 나도 일하고 그리하여 너도 잘살고 나도 잘살되, 올바로 잘사는 노나메기 세상을 빚는 것"이라는 노나메기 사상을 이 땅의 노동자를 비롯한 대다수 민중들이 가져야 할 삶의 지향으로 제시하셨다. 노나메기 사상은 아버님의 반세기를 넘는 실천적 삶의 총결로 그것은 어떤 관념의 현시가 아니다. 아버님의 사상은 민족적 민중주의로 가름되거니와 천정환, 2021 노나메기 사상을 민중적 삶의 한복판에 던져놓고 그것이 구체적인 지점에서 새롭게 빚어지는 역동적 구성을 자기 동력으로 하는 민중 주도의 실천 사상임을 분명히 하셨다.

그리하여 아버님은 2008년 기륭전자 비정규직 투쟁으로부터 노나메기 사상을 제대로 구현해나가는 장소로 만들어가셨다. 단식 94일에 이르는 김소연 유홍희 등 비정규직 여성노동자들의 투쟁을 지지하며, 포클레인 점거 농성 진압에 맞서 혈혈단신 현장을 지키시는가 하면, 이명박 정권에 맞서 미친 소 수입 반대 투쟁을 전개하시며 거리 시위와 시국강연회를 통해 이명박 정권 타도에 진력하셨다. 2009년 용산참사가 일어나자 그것을 국가의 폭력에 의한 학살로 규정하고 빈민 철거민들의 투쟁에 동참하셨다. 이후 한진중공업의 부당 정리해고에 반대하며 김진숙 지도위원이 35미터 고공 크레인에서 300여 일 넘게 농성을 지속하자 희망버스의 1호 차 차장을 자임하고 문정현 신부와 함께 한진중공업 담을 넘기도 하셨다. 현대자동차 비정규직 문제 해결 희망버스, 밀양 송전탑 건설 반대 희망버스, 유성기업 노조 탄압 분쇄 희망버스, 거제도 조선소 비정규직 우선 해고 반대, 삼척 동양시멘트 비정규직 문제 해결 등 각종 희망버스 운동의 1호 차 차장은 늘 아버님이셨다. 팔순의 노구에도 정리해고 비정규직 없는 세상을 여는 희망시국대회, 쌍용자동차 해고자들의 죽음의 행렬을 멈추기 위한 집회, 제주 해군기지 반대 투쟁을 위해 평화 비행기에도 탑승했다.[3] 아버님은 백발을 휘날리며 이 땅의 후미진 곳이면 어디든지 달려가셨고, 노나메기 벗나래 세상을 열기 위해 혼신의 힘을 다하신 것이다.

아버님은 자전적 기록을 한겨레신문에 연재하셨고, 『사랑도 명예도 이름도 남김없이』 2009 라는 회고록으로 엮어내셨다. 2011년에는 '노나메기란 무엇인가' 특강을 진행하고, 〈노나메기재단설립추진위원회〉를 발족하셨다. 노나메기란 대다수 노동자 민중이 삶의 가파른 지경에서 신자유주의 세계화 독점자본주의 문명에 맞서 싸우며 마침내 일궈낼 땅별 지구의 다른 참세상이다. 따라서 이 땅의 역사의 알기주체들이 그 실제적인 경로를 찾아 나서고 직접 일궈낼 수 있는 길을 틔워나갈 것을 역설하셨다.

2014년 세월호 참사, 2015년 백남기 농민 학살 등으로 온 사회가 들썩일 때, 진상 규명 등 싸움에 한시도 발을 빼

---

3   통일문제연구소, 『'불쌈꾼', '거리의 백발투사' 백기완 선생의 한 살메』, 2021

신 적이 없다. 2016년에는 비정규노동자 쉼터 〈꿀잠〉 건립을 위해 문정현 신부님과 '두 어른 전시회'를 열었고, 작품판매 수익금 전액 2억여 원을 기부하여 비정규직 노동자들의 쉼터를 건립하고 그곳을 거점으로 많은 현장 투쟁의 활성화에 기여하셨다. 2016년 촛불혁명 당시 아버님은 23차례 집회에 단 한 번도 빠지지 않고 맨 앞줄을 지키셨다. 마지막 촛불집회에서 〈임을 위한 행진곡〉이 울려 퍼지는 가운데 아버님은 촛불혁명의 승리를 이룬 벅찬 감개를 사자후로 토해내시며 새로운 정치 사회의 구축을 역설하셨다.

촛불혁명으로 문재인 정권이 들어섰고 사람들은 기대감에 부풀어 있었지만 아버님은 여전히 세월호, 파인콜텍 고공농성 등 곳곳에 산재한 사회적으로 깊은 병마의 현장을 찾아 분주히 다니셨다. 지면의 한계로 일일이 다 적을 수는 없지만 당신의 하루는 이십 대 젊은 날 전쟁통에 무수한 해골들로 가득한 한강변을 그대로 두고 볼 수 없어 푸른 녹화 계몽대를 이끌고 나무를 심던 그날부터, 식민 지배와 전쟁의 참상으로 어둠에 잠긴 농촌을 일으키고자 자진 농촌 계몽대를 조직하여 강원도 두메산골로 갯가로 나서던 그때부터, 통일운동 민주화운동 민중운동 문화운동 그것이 오롯이 수렴된 노나메기 새 세상을 일구고자 하신 오늘에 이르기까지 오직 한길로 내쳐오셨다.

6.

2018년 9시간이 넘는 심장병 수술을 버텨내시고도 병든 몸을 이끌고 다시 세월호 진상 규명을 위해 동분서주하시고, 트럼프의 한반도 긴장 위기 조성에 대응하여 사회 원로들을 조직하여 평화 한반도를 열어가는 주체적 경로를 역설하시던 아버님. 2019년 마지막 투혼으로 『버선발 이야기』를 집필하시고는 이제 내 할 일은 다 했으니 죽어도 여한이 없다고 하셨다.

"민중은 글을 몰랐기에 기록이 없어. 내가 버선발벗은 발의 우리말 이야기를 어머니한테 들은 것처럼, 말로 전해오는 것밖에 없다고. 전 세계를 통틀어 민중사상이나 문화를 기록한 건 거의 없어. 인류 역사는 민중을 죽인 역사야. 이것을 서술적으로 반박하기보다는 진짜 사람이 가져야 할 희망의 실체, 민중의 역사적 실체를 기록하고 싶었어. 민중사상의 원형이 버선발이야."

노구의 발길은 어느새 태안화력 청년 비정규직 노동자 김용균의 처참한 죽음에 가닿았고, '사람 잡는 비정규직 전면 폐기'를 역설하며 신자유주의 세계화와 기업 위주 경제 정책을 사수하고 있는 정권을 향해 분통을 터뜨렸고, 공무원

노조, 전교조 법외노조 취소 촉구 시민 사회원로 기자회견을 주도하셨던 참으로 부단한 싸움꾼 아버님 백기완 선생님.

통일꾼, 이야기꾼, 거리의 투사, 시인, 백발의 전사, 불쌈꾼 할아버지, 당신을 일컫는 명명은 참으로 많기도 하다. 돌이키면 어려운 고비마다 "기완아, 백 번을 세월에 깎여도 다시 끝이 없는 젊음을 살리라"고 한없이 자신을 일으키며 역사적 긴장을 살아온 파란의 한 살매. 그러나 아버님은 자신을 역사화하는 것, 박물관의 유물로 박제화하는 것을 가장 거부하셨다.

아버님은 사람과 사람은 헤어지지만 뜻과 뜻은 헤어지는 게 아니라 역사와 함께 흐르는 것이라 굳게 믿으셨다. 따라서 그 삶을 기리는 일은 그저 기록을 하고 기념을 하는 일로는 어림도 없을 것이다. 당신이 걸음 했던 그 모든 실천 현장에서의 치열한 싸움의 내력을 단지 역사화하는 것이 아니라 오늘의 싸움으로 이어내는 버선발의 나섬만이 그 한 살매를 영원히 '쪽빛 삶으로 있게 하는' 유일한 방법이니, 그리하여 아버님 백기완 선생님이 떠나신 자리, 당신은 삶의 들락이 꽈당하고 닫히는 게 아니라 죽음은 새로운 삶이 열리는 첫발임을 알아야 한다고 하셨으니, 남은 자들은 그 첫발 떼기에 목숨을 거는 방법을 다시 일러 듣는 와중이다.

사람의 마지막이란 삶의 들락이 꽈당하고 닫히는 게 아니다. 죽음이라는 그 마지막이 바로 새로운 삶을 열어가는 첫발임을 알아야 한다. 내 한 살매란 갖은 꺾임 좌절과 온갖 깜떼 절망으로 내몰리는 썰품 비극의 거퍼 연속 이었다. 여기서 그 꺾임과 깜떼를 도리어 먹거리로 삼질 않으면 살 수가 없었던 것이니, 여기서 무엇을 깨우쳤을까, 죽어서도 다시 사는 삶, 그거이 참짜 사람답게 사는 한 살매라는 것이었다.

자전적 회고록 『사랑도 명예도 이름도 남김없이』,
「나는 늙지 않겠다」 중에서

삶의 들락은 꽈당하고 닫히는 게 아니다

강동진

역사환경 보전에 중심을 둔 도시설계를 배웠고, 현재 경성대학교 도시공학과에 재직 중이다. 근대유산, 산업유산, 세계유산, 지역유산 등을 키워드로 하는 각종 보전방법론과 재생 방안을 연구하고 있다. 지난 20여 년 동안 영도다리, 산복도로, 캠프하야리아, 북항, 동천, 동해남부선폐선부지, 피란수도부산유산 등의 보전운동에 참여하였다. 현재 문화재청 문화재위원, 이코모스 한국위원회 이사 등으로 활동하고 있다.

저자

3인의 여성, 좋은 미래를 향한 그녀들의 열정과 꿈

1. 왜 세 사람인가?

일반적으로 '도시'의 도 都 는 '많은 사람들이 모여 사는 큰 고을'로, 시 市 는 '많은 사람들이 모여드는 저잣거리'로 풀이한다. 그대로 옮겨보면 정치·행정의 중심이자 경제·문화가 집결되는 곳이 곧 도시인 것이다. 그러다 보니 도시는 지나친 집중으로 인해 발생하는 끊임없는 문제들이 연속되는 '생존 투쟁의 현장'으로 비치곤 한다. 이런 악명 아닌 악명? 이 언제부터 생겨났을까? 추정되는 그때로 잠시 돌아가 본다.

증기기관의 발명에서 시작된 산업화는 농촌으로부터의 노동력 유입과 원가 절감이라는 목표가 더해진 급속한 도시화를 유발했다. 대량 생산의 길은 열렸지만, 산업화와 도시화의 결과는 처참했다. 난립한 공장들이 내뿜는 오염물질로 인한 공해 확산, 주택 부족과 주거환경의 질적 저하, 업무·상업시설의 태부족, 오염된 물과 쏟아지는 쓰레기, 불공평한 분배와 노동자들의 피폐해진 삶, 돌봄 없는 뒷골목의 아이들 등. 급속한 변화에 따른 불만과 불신이 폭발 직전에 이른 상황에서, 또한 이전에 경험치 못했던 도시 문제 앞에서 모두가 난감해할 때 문제 극복을 위한 새로운 반향들이 나타났다. 첫 번째 반향은 오염된 도시에서의 현실 도피, 즉 '이상향을 찾던 유토피아 운동'이었다. 오웬 Robert Owen 과 퓨리에 Charles Fourier 로 대표되는 유토피안들의 행보는 하워드 Ebenezer Howard 의 전원도시이론과 페리 Clarence A. Perry 의 근린주구이론을 낳게 했고, 결과적으로 공공기초교육과 사회복지 개념을 태동시키면서 뉴타운을 창안케 했다.

두 번째 반향은 쏟아지는 도시 문제들에 대응했던 '현실 수정의 도전'이었다. 햇빛이 들지 않던 눅눅한 집에서 곰팡이와 사투를 벌였던 노동자들의 주거환경을 개선코자 채드윅 Edwin H. Chadwick 은 1834년 빈민 주거의 수준 향상을 위한 영국 최초의 법률이자 도시계획법과 건축법의 기원이 된 '구민법 the Poor Act'을 제정했다. 채드윅의 노력은 공중위생 개혁 운동으로 발전하며 상·하수도 건설과 일조권 개념 도입 등으로 이어졌다. 주택 부족 현상을 단번에 해결한 집단 주택의 공급과 노동 여건 개선을 위한 공원도 이때 탄생하였고, 옴스테드 Frederick L. Olmsted 에 의해 뉴욕의 센트럴 파크가 빛을 보았다. 철골구조와 승강기 발명, 위생 설비기술의 혁신을 배경으로 한 마천루라 불리던 초고층 빌딩들이 줄지어 선 꼬르뷔제 Le Corbusier 의 '빛나는 도시' 개념도 동시대에 탄생하였다. 시카고 만국박람회의 책임계획가였고 시카고 계획을 구상한 벤헴 Daniel Burnham 이 주도했던 '도시미화 운동 City Beautiful Movement '도 그즈음 시작되었다.

그러나 이러한 현실 수정의 방안들이 마냥 좋은 것만은 아니었다. 결과로 야기된 대량 공급에 바탕을 둔 천편일률적인 도시화 현상은 더 강력한 도시 문제들을 예견했다. 20세기 중반 이후, 이러한 현상에 이견을 제시하며 새로운 지혜를 찾는 사람들이 등장했다. 멈포드 Lewis Mumford 아놀드 토인비 Arnold J. Toynbee 를 비롯하여 쿨렌 Gorden Cullen 로우 Colin Rowe 로시 Aldo Rossi 린치 Kevin Lynch 알렉산더 Christopher W. Alexander 바넷 Jonathan Barnett 랜드리 Charles Landry 등의 석학들은 대량 공급을 기반으로 확산된 모더니즘의 모순을 지적하며 다양한 도시 이론과 실천의 대안들을 제시했다. 언급된 모든 이들의 관점과 시대 역할은 달랐지만, 이들의 주장은 19세기와 20세기를 넘어 21세기 초반인 지금까지도 도시와 건축 분야에 지대한 영향력을 미치고 있고, 언제 그칠지도 모르는 현재진행형이다.

필자의 시선은 이들과 같은 듯 다른 길을 걸었던 또 다른 세 사람으로 향한다. 그 세 사람, 옥타비아 힐 Oc-

tavia Hill 1838~1912, 영국 위스베치生   제인 제이콥스 Jane Ja-
cobs 1916~2006, 미국 펜실베이니아生   그리고 미네야마 후미 峰山
富美 1914~2010, 일본 홋카이도生 는 불합리한 현실의 방향을 틀
고자 노력했고 새로운 꿈과 희망을 세상과 소통하며 묵묵히
실천했던 시민활동가였다. 또한 세 사람은 소외되고 파괴되
던 지역의 자산들과 유산들을 지켜내는 일에 온 힘을 쏟았
던 지역 애착의 실천가들이었다. 무엇보다 가장 큰 공통점
은 모두 여성이었다는 점이다.

　　당대 그녀들은 철저한 비주류였다. 공공정책에 저항하
며 새로운 물꼬를 튼 사람들! 평등과 공평의 가치를 넓혀보
고자 그 힘든 일을 주창했던 사람들! 혼돈스러웠던 세상에
한 줄기 빛과 같은 소망의 믿음을 보여준 사람들!

2. 세 사람의 여성 이야기

옥타비아 힐 Octavia Hill 1838~1912

　　산업혁명으로 인해 유적 파괴와 자연훼손이 매우 심각
했던 19세기 말 영국에서, 힐은 변호사 헌터 Robert Hunter
와 목사 론즐리 Hardwicke Rawnsley 와 함께 '내셔널 트러스트
National Trust '를 창안했다. 국민 신탁으로 직역되는 내셔널

영국 내셔널 트러스트의 주창자들 ⓒ National Trust

트러스트는 국민들이 스스로 돈을 모아서 산업화로 인해 파괴되고 있거나 파괴가 예정된 문화유산과 자연유산을 매입하여 이를 지켜 미래 후손들에게 물려주자고 하는 운동으로, '내셔널 트러스트 운동 National Trust Movement '이라고도 불린다.

첫 번째 기증 자산은 바머스 Barmouth 의 약 4.5에이크 18,000㎡ 규모의 '다니오스 올레 Dinas Oleu '라는 바다 언덕이었다. 1895년 1월 12일은 내셔널트러스트의 창립일이자 다니오스 올레를 기증받는 날이었다. 힐은 이렇게 고뇌했다. "최초의 자산을 기증받았습니다. 그러나 이것이 마지막이 되지 않을까 걱정입니다." 힐은 두 번째 세 번째로 이어지는 기증은 매우 쉽지 않을 것으로 생각했다. 예상과 달리, 럴링

최초 기증 자산 : Dinas Oleu ⓒ National Trust

톤 Lullington 의 '엘프리스턴 목사관 Alfriston Clergy House '이 최초 매입자산이 된 이래, 산업화와 도시화의 급속한 속도 마냥 매입과 신탁의 속도도 불을 뿜었다. 영국의 역사와 전통 파괴를 두려워하던 많은 국민들이 이들의 생각에 공감하고 동참했다.

창립 125주년을 맞은 2020년을 기준으로, 영국 내셔널 트러스트의 회원은 560만 명이며 자원봉사자는 연간 6만 5천 명, 스텝은 1만 4천여 명에 이른다. 회원 기부금을 중심으로 하는 연간 수입은 약 1조 6억8천만 파운드 다. 더 놀라운 것은 120여 년간 매입하고 기증받아 보호하고 있는 신탁자산이 농지 2만 5천 헥타르 2,500㎢ , 해안선 775마일 1,200㎞ ,

타인

역사적 장소 500개소 이상, 건축물 25,000개소 이상, 유품 1백만 점 이상, 영국 보전 습지의 16%, 국가보호종 약 50% 등에 이른다는 사실이다 자료: National Trust .

　가장 눈길을 끄는 자산은 2,500㎢에 이르는 농지와 1,200㎞에 이르는 해안선이다. 실로 대단한 규모라 할 수 있다. 이들이 농경지와 해안선 매입에 매달리는 이유는 '국토의 사유화'를 막아 이곳을 찾는 국민들이 자연을 친구처럼 삼도록 도와주기 위함이라 한다. 산업혁명과 연결된 19세기 영국 사회의 실상 속에서 힐의 결단과 추진력은 정말 놀라운 것이었다. 산업혁명과는 켜를 달리했던 사회문화혁명의 수준이었다고 할 수 있다.

최초 매입자산 : Alfriston Clergy House ⓒ National Trust

원래 힐은 빈민구호활동가였다. 그녀의 활동은 1853년 옥스퍼드대학의 교수이자 개혁 사상가였던 러스킨 John Ruskin 1819~1900 과의 만남에서 비롯되었다. 1864년부터 런던에서 시작된 사회주택 social housing 과 빈민 세입자들의 공동체 활성화를 위한 공공문화시설 community amenities 확충을 위한 그녀의 노력은 당시 어느 누구도 실천하지 못하던 사회 변혁의 길이었다. "고귀한 삶, 행복한 가정, 좋은 가정 만들기 make lives noble, homes happy and family life good "를 주창했던 그녀의 꿈은 2021년 현재에도 자선주택협회이자 사회적 협동조합인 'OCTAVIA Housing'으로 작동되고 있으며, 런던 내에만도 무려 5천 개소가 넘는 주택자산을 관리하고 있다.

그녀에게 있어 내셔널 트러스트는 빈민들의 인간다운 삶 추구를 위한 박애정신에서 비롯된, 국민을 대상으로 하는 미래 정신운동이었다. 힐에게 묻고 싶다. 모든 것이 척박했던 당시, 어떻게 그 일들이 마음에 와닿았고 또 해낼 수 있었는지.

제인 제이콥스 Jane Jacobs 1916~2006

약 60~70년 전, 한 손엔 피켓을 또 한 손에는 펜을 들고 뉴욕 맨해튼을 누비던 제이콥스를 기억한다. 당시 뉴욕은 무지막지한 개발 속도 가운데 마천루들과 끝없는 경쟁을 벌이고 있었다. 그녀는 음흉한 정치 논리와 경제적인 힘에 주도되던 미국식 도시 재개발에 대한 문제 제기와 함께 시민 보행권 회복과 도시 약자 중심의 도시재생 운동을 펼쳤다.

1961년 『The Death and Life of Great American Cities』라는 책 속에 담긴 현실 추종적인 미국 도시들에 대한 그녀의 강력한 경고와 주장들! 이 책의 시작은 단순했다. 맨해튼의 오래된 동네인 그리니치 빌리지 Greenwich Village 를 영원히 지켜내기 위한 그녀의 의지에서 비롯되었다.

제이콥스는 무던히도 다양한 용도의 혼합, 저층고밀의 소규모 블록 block 개발, 오래된 건축물의 보존, 시민 활동의 집중 등을 외치며, 다양한 요소들이 공존하는 도시의 필요성을 주장했다. 이는 다양한 주체들이 도시에서 함께 걷고 머물며 살아갈 수 있는 삶터로의 도시를 주창한 것이었다. 당시 강력한 시대 흐름이었던 모더니즘에 저항했던 그녀의 믿음, 즉 작고 오래된 것에서 진정한 창조가 시작될 수 있다는 그녀의 혜안은 지금 맨해튼 곳곳의 골목길에서 번지고 있는 시민 웃음과 활력의 바탕을 제공했다.

'그때 뉴욕에 제이콥스가 없었다면!' 현재 뉴욕은 도시 행정가 모제스 Robert Moses 가 저질러 놓았던 삭막한 회색

그리니치 빌리지 보전을 위한 회견장에서의 제이콥스, 1961년 ⓒ wikipedia

의 모더니즘 도시로만 기억되고 있을 것이다. 사후 6년째 되던 해인 2011년, 『Wrestling with Moses: How Jane Jacobs Took On New York's Master Builder and Transformed the American City』라는 흥미로운 책이 발간되었다. 그리니치 빌리지를 관통하도록 계획된 고가형 고속도로 Lower Manhattan Expressway의 건설을 놓고 제이콥스와 모제스가 벌였던 투쟁의 기록이었다. 모제스를 비롯한 개발주의자들에 저항했던 제이콥스의 활동은 결과적으로 도시에 대한 미국인들의 인식을 바꾸게 했고, 더 나아가 하향적 권위주의에 경종을 울리는 계기가 되었다.

특이하게도 제이콥스는 도시계획이나 건축을 공부한 사

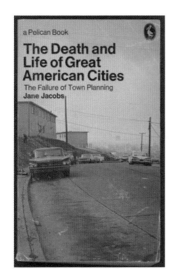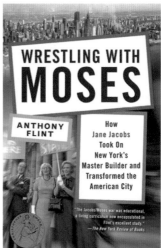

두 권의 책

람이 아니었다. 타이피스트를 거쳐 지방 신문사의 프리랜
서 기자였던 제이콥스가 1952년 뉴욕에서 우연히 시작한
'Architecture Forum'의 부편집장 일이 끝없는 재개발 논리
속에서 마천루들과 도시 고속도로의 건설을 밀어붙이던 뉴
욕 도시계획과 건축에 반기를 들게 된 전환점이 되었다. 도
시는 행정가와 전문가들에 의해서만 변화되어 가는 것 같지
만, 실상은 그 도시를 사랑하는 사람들이 있을 때 제대로 움
직여간다. 제이콥스는 1950~60년대 뉴욕에 있어 가장 소중
한 역할을 했던 시민 중 한 사람이었다.

　　맨해튼에 대한 제이콥스의 판단은 단지 재개발 사업을
반대하는 수준의 것이 아니었다. 도심 활력을 위해서는 도

1963년 뉴욕의 역사를 간직한 펜실베이니아역의 철거를 반대하고 있는
제이콥스 피켓 사이의 여성 ⓒ New York Post

심 용도가 복합되어야 하기에 단일 용도의 초고층 빌딩을
짓는 일은 지양되어야 하고, 흥미롭고 즐거운 도시를 위해
서는 모퉁이를 돌 기회가 많은 짧은 길이의 블록들로 도시
를 채워야 하고, 그래서 대형 단지로 개발하거나 밀어내기
식 재개발은 지양되어야 하며, 오래된 건축물은 새로운 도
시 변화의 촉발제가 될 수 있기에 함부로 해체하는 일은 금
지되어야 하며, 또한 어떤 장소든 사람들이 오밀조밀 집중
하여 즐겁게 머물 수 있도록 해야 한다는 것이 그녀의 도시
철학이었다. '도심은 시민의 것 Downtown Is for People '이라는

그녀의 논리 속에는 후손들이 살아갈 미래 도시에 대한 깊은 성찰이 담겨있다. 그녀에게 도시가 도시답게 지속될 수 있는 핵심 요인 한 가지를 꼽아 달라면 분명 '풍부한 다양성'으로 결론지을 것이다. 또한 다양성이 가장 크게 드러나는 장소로는 '거리'를 꼽을 것이다. 도시의 거리들이 살아나는 것, 이것이야말로 살아 숨 쉬는 좋은 도시가 되기 위한 최고의 지향점이라고 제이콥스는 얘기한다.

일관된 그녀의 도시 정의에 대한 참여는 베트남 전쟁의 반전 시위로 이어졌고, 그녀를 못마땅하게 여겼던 주류들에 의해 그녀는 폭동 선동죄로 옥중생활을 거쳐 결국 1968년 미국을 떠나야 했다. 생을 마감한 2006년까지 줄곧 토론토에 머물며 자신만의 시선과 방법으로 도시 애착에 대한 표현과 다양한 영향력을 펼쳤다.

미네야마 후미 峰山富美 1914~2010

동해안과 접한 홋카이도 연안에 자리한 오타루는 20세기 중반까지 일본 최고의 청어 집산지이자 석탄 집산과 반출지로 기능하며 번영을 누렸다. 이 과정에서 해안 가용지 확보를 위해 북측 해안을 매립하였고, 해안과 매립지 사이 공간에 각종 수산물을 하역하기 위해 폭 40m 수심 2.4m, 길이

1,324㎡의 수로를 남겨놓았다. 그곳이 1923년에 완공된 '오타루 운하 小樽運河'다.

　1950년대에 시작된 청어 어획량의 급속한 감소와 석탄 고갈, 그리고 이웃한 삿포로가 경제중심지로 부상하면서 오타루는 급격히 쇠퇴하기 시작했다. 항구 전반의 기능이 쇠퇴하며 청어 반입과 저장을 위해 조성했던 운하 또한 역할을 잃고 폐수가 흐르는 수로로 변하고 말았다. 1966년 오타루항 재개발계획에 운하 매립과 6차선 임항 도로 건설 구상이 포함되었고, 수년의 논란 끝에 1973년 도로 계획이 공식화된다. 이에 반발한 25명의 시민이 1973년 12월 4일 '오타루 운하를 지키는 모임 小樽運河を守る会'을 결성하였고, 전국에서 2만 4천 명 서명을 받는 등 운하 매립에 대한 반대 운동이 본격화되었다.

　1966년 이후 시민운동을 주도했던 후미가 1976년 2대 회장에 취임하면서 운하 보존을 위한 그녀의 역할이 본격화되었다. 그녀는 세 가지 활동에 집중했다. 첫째는 '운하 보존의 이유 재정립'을 통해 왜 이곳이 지역의 유산이며 이를 지켜야 하는지에 대한 시민 설득 작업이었다. 이 일을 위해 1978년부터 3년간 총 27회에 걸쳐 '오타루 운하 연구강좌 小樽運河研究講座'를 개최하며 운하 보존의 당위성 확보의 논리를 확장시켰다. 둘째는 전국마을 가로보존연맹 全国町並み保存連盟에 가입하며 '전국 상대로 보존 논리를 확대하는 것'

우리

오타루 운하의 옛 모습 ⓒ大石章 2002

이었다. 셋째는 '오타루를 사랑하는 젊은이들과의 연대'였는데, 그들은 1978년 7월 중 이틀 동안 운하와 바지선 등에서 포크와 록 중심의 음악축제 ポートフェスティバル를 개최하여 무려 10만 명당시 오타루 인구의 약 1/3이 참여하는 대성공을 거두었다. 이 일은 운하 보존에 대한 시민의 관심을 본격화하는 기폭제가 되었다.

그런데도 오타루 시는 1983년 운하 폭원을 40m에서 약 20m로 축소하고 도로 건설을 강행했다. 결과적으로 원형을 잃고 만 운하 앞에서 그녀는 지난 10여 년 동안의 시민운동은 실패라고 고뇌했다. 함께했던 시민조직도 스스로 해체했다 1985년에 '오타루 재생포럼 小樽再生フォーラム'으로 부활하여 현재까지

후미 여사 ⓒ 小樽観光協会

지속되고 있다.

그러나 그녀가 10년 동안 주도했던 시민운동은 결코 실패가 아니었다. 운하 옆 60여 동의 석조창고군들이 살아남게 되었고, 더 나아가 오타루 시의 인식 자체를 혁신시키는 계기가 되었다. 시는 운하 경관의 보존을 위한 일본 최초의 도시계획 조례인 '역사적 건축물 및 경관지구 보전 조례 小樽市歷史的建造物及び景観地区保全条例'를 제정하고, 1992년에는 '오타루의 역사와 자연을 살린 마을 만들기 경관 조례 小樽の歷史と自然を生かしたまちづくり景観条例'를 제정했다. 또한 오타루항의 구조물 방파제 운하 창고군 폐철도 석탄반출시설 등 들을 지역유산으로 인식하였고, 2008년에는 15개소의 근대풍 경관지구들을 '오타루 역사경관구역 小樽歷史景観区域'으로 지정

지정하기도 했다. 이후 오타루 운하와 석조창고들은 '홋카이도 유산' '근대화산업유산군33' '일본 유산'과 '아름다운 일본의 역사적 풍토 100선'에 포함되며 오타루 부활의 주역이 되었다.

1960년대 이후 급격한 쇠퇴기를 걷던 오타루가 30여 년 만에 일본 최고의 근대 풍경을 주제로 한 문화관광 도시로 발돋움하게 된 것은 1973년부터 시작된 시민운동이 결정적인 계기를 제공한 것으로 평가된다. 당시 후미는 초등학교 교사직을 마친 노년의 주부였다, 물밀듯 밀려들던 개발시대 가운데, 지극히 일반적이었던 시민 한 사람이 냈던 용기가 50여 년이 지나 천만 관광객이 찾는 오타루 혁신의 씨앗이 되었다.

1. 기존의 오타루 운하

2. 도도임항선 계획으로 인한 오타루운하의 매립계획(1966년)

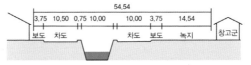

3. 시민운동으로 인해 변경된 오타루 운하의 매립계획(1979년)

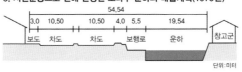

단위:미터

오타루 운하 매립의 변천 ⓒ 성원석·강동진

3. 마치며

그녀들은 어떻게 해낼 수 있었을까?

　나라와 시대는 조금씩 달랐지만, 세 사람은 모두 폭풍 노도의 개발시대를 살았다. 힐은 산업혁명의 후유증을 앓던 영국에서, 제이콥스는 1950~60년대 승전 후 흥청거리던 미국에 그것도 뉴욕의 맨해튼에서 있었으며, 후미가 활동했던 시대는 1964년 도쿄올림픽 개최 후 지역개발이 휩쓸던 때였다. 그 시대에 그녀들은 어떻게 누구도 실천하지 못했던 용기를 낼 수 있었을까? 더군다나 그녀들은 주류가 아니었고, 그녀들의 관심 대상은 더더욱 주류가 아니었는데. 무엇이 그녀들을 일으켜 세웠을까? 그 요인은 무엇이었을까?

　세 가지 정도를 꼽을 수 있을 것 같다. 첫째는 '스스로의 공분'이었다. 산업화와 도시화의 물결 속에서 시대를 주름 잡던 강자들 행정가, 기업가 등 너머에 가려진 그늘들이 그녀들의 시야에 들어왔다. 그녀들의 선택은 놓치고 있던 것들에 대한 공분이었고, 이를 실행에 옮겼다.

　두 번째는 '자기희생에 대한 용기'였다. 당시 주류에 반하는 행보는 사회에서 자칫 단순한 질타의 수준을 넘어설 수 있었기에 그녀들이 선택한 자기희생의 길은 실로 위대한 것이었다. 그래서 그녀들은 시대의 경직된 프레임을 깨고 새로운 세상을 열 수 있었던 것이었다.

세 번째는 '함께했던 사람들의 존재'였다. 가장 중요한 이유라고 생각한다. 그녀들의 공분을 들어주고 또한 이해하며 그녀들의 희생을 인정하며 함께했던 사람들은 그녀들의 용기에 가장 큰 요인이었을 것이다. 헌트와 론즐리는 물론 120년이 훌쩍 지난 지금까지도 함께하고 있는 힐의 추종자들. 맨해튼의 유산과 보행권을 지키자고 피켓을 들고 함께했던 수많은 뉴욕 시민과 그녀를 기억하는 전 세계의 사람들. 오타루 운하의 매립 소식에 공분했던 24명의 동료와 50년이 지난 지금도 오타루의 재생을 꿈꾸고 있는 시민들.

그녀들이 냈던 용기는 공공정책만으로는 도시가 온전할 수 없고 모든 시대 변화를 충족할 수도 없으며, 오직 상호 신뢰 하의 시민들만이 그 빈자리를 채울 수 있다는 인식의 발로였다.

그녀들을 기억하는 방식

그녀들은 이제 이 땅에 없지만, 지금도 현장에서 그녀들의 생기는 살아 움직이고 있다. 옥타비아 힐이 지켜냈던 자연과 장소 곳곳에 그녀의 이름이 남겨져 있다. 영국 곳곳에서 수없이 발견되는 기념석, 명판, 스테인드글라스, 돌 의

옥타비아 힐의 묘비
Westminster Abbey, London

블루 플라스크 명판
Marylebone, London

메모리얼 벤치
Hydon's Ball Hill, Weald

Living for the City: On Jane Jacobs

Cities, Jane Jacobs famously observed, offer "a problem in handling organized complexity." In her first and still most famous book, The Death and Life of Great American Cities, published in 1961. Jacobs argued that cities are not chaotic or irrational: they are essentially systems of

뉴욕사람들은 지금도 제이콥스를 불러낸다. © Kevin Downs

자 등에는 한결같이 'Social Reformer and Founder of the National Trust'라고 새겨져 있다. 시대를 앞서갔던 그녀의 개혁 정신으로 영국은 가늠할 수 없는 삶의 행복과 유산들을 가질 수 있게 되었다.

제이콥스를 기억하는 방법은 더 독창적이다. 2006년 그녀의 사망 후 뉴욕시는 서거일 6월 28일을, 1968년 이후 살았던 토론토시는 생일 5월 4일을 'Jane Jacobs Day'로 정하고, 지역을 걷는 'Jane's Walks'를 시행하고 있다. 지금은 전 세계로 확산 및 시행되고 있다. 1961년부터 제이콥스와 연을 맺었던 록펠러 재단은 시민의 편에서 뉴욕의 도시 디

자인에 크게 기여한 사람이나 단체에 'Jane Jacobs Medal' 을 2007년부터 시상하고 있다. 이외 Jane Jacobs Lifetime Achievement Award, Jane Jacobs Prize 등의 이름으로 다 양한 시상이 행해지고 있다. 이뿐 아니라 2016년 5월 4일 제 이콥스 탄생 100주년을 기념하여 Google 웹사이트의 로고 에도 그녀가 등장했다.

1950~60년대 뉴욕의 행정가들은 지나칠 정도로 수구적 인 입장을 취했던 제이콥스를 싫어했다. 그런 취급을 받았 던 그녀의 이름이 맨해튼의 허드슨 가와 11번가의 교차점 일대에 등장했다. 'Jane Jacobs Way!' 이를 계기로 미국과 캐나다 곳곳에서 그녀의 이름을 붙인 거리와 공원들이 등장 했고 그 수가 10여 개소에 이른다. 이러한 폭발적인 그녀에 대한 반응은 아마 2009년 도시계획 관련 웹사이트 플레니 티즌 planetizen.com 이 뽑은 '100명의 위대한 도시 사상가' 중

뉴욕의 Jane Jacobs Way

1위에 올랐던 것이 계기였던 것 같다. 개발에 대한 반대 운동만 줄기차게 했던 그녀를 위대한 도시 사상가로 칭한 일은 정말 놀라운 일이 아닐 수 없었다.

후미의 경우는 힐과 제이콥스에 비하면 국제적 명성이 떨어진다. 그러나 필자 관점에서는 쇠퇴하던 작은 항구도시의 정체성을 180도 바꾸게 한 그녀의 업적은 누구보다 위대해 보인다.

후미는 1995년 자신의 이야기를 담은『地域に生きる : 小樽運河と共に』라는 책을 펴냈다. 책 제목처럼 오타루 운하와 함께 공생했던 그녀의 흔적은 오직 한 곳, 오타루 운하 옆 공원에 쓸쓸히 남아있다. 운하와 석조창고 군의 보존과

2008년 후미가 받은 일본건축학회 문화상 기념석 ⓒ 小樽観光協会

시민운동을 이끌어 오타루 도심 부흥과 재생에 대한 공로를 인정받아 받은 '일본건축학회상 문화상 2008년' 수상 기념석 이다. 동양과 서양의 문화가 달라 그런가? 화단 속의 작은 돌로 된 기념석이 무척 외로워 보인다.

참고문헌

강동진, 2008, 『빨간벽돌창고와 노란전차 - 산업유산으로 다시 살린 일본이야기』, 비온후.

유강은 역, 2010, 『미국 대도시의 죽음과 삶(Jane Jacobs, The Death and Life of Great American Cities, 1961)』, 그린비.

성원석·강동진, 2020, '일본 면형 유산 보존제도의 확산과정과 특성', 『문화재』, 53(4).

大石章(2002)「小樽 街並み今·昔」. 札幌: 北海道新聞社.

西村幸夫(1997)『町並まちづくり物語』. 東京: 古今書院.

安東 つとむ, 2014, '誰が, どんな思いで, 誰に残すのか: 市民運動にとって市民活動資料とは何か', ·大原社会問題研究所雑誌』, 666卷, 발행: 法政大学大原社会問題研究所.

伊東孝(2000)「日本の近代化遺産」. 東京: 岩波新書.

峰山冨美, 1995, 『地域に生きる:小樽運河と共に』, 北海道新聞社出版局.

Anthony Flint , 2011, *Wrestling with Moses: How Jane Jacobs Took On New York's Master Builder and Transformed the American City*, Random House.

Graham Murphy, 1999, *Founders of the National rust*, National Trust.

Hill, Octavia, *Our Common Land*, 2011, Biblio Life

Maurice, C. Edmund , 2016, *Life of Octavia Hill as Told in Her Letters*, Wentworth Press.

Peter L. Laurence, 2016, *Becoming Jane Jacobs*, University of Pennsylvania Press.

https://wikipedia.org

장현정

작가이자 사회학자이며 호밀밭출판사 대표이다. 10대 후반부터 록밴드 활동을 했고 1998년 록밴드 '앤 ANN'의 보컬로 활동하며 1집 앨범을 발매했다. 부산대학교 사회학 박사 과정을 수료했고『소년의 철학』『록킹 소사이어티』『무기력 대폭발』『삶으로 예술하기』『아기나무와 바람』등의 책을 썼다.

타인

인간에 대한
믿음은
모든 것을
뛰어넘는다

의인 이수현의 20주기를
추모하며

1

문화란 무엇일까. 학술적으로는 여러 가지 정의가 있겠지만 개인적으로는 '남은 것'이라고 생각한다. '남기려는 것'이라고도 할 수 있지만, 인간의 힘과 의지가 아름답다고 해서 모두 남는 것은 아니기에 아무래도 '남은 것'이 더 어울린다. 우주의 원리가 '진인사 盡人事'만으로 이루어지는 건 아니고 '대천명 待天命'까지 더해진다는 걸 떠올리면 더욱 그렇다. 오랜 세월의 흐름 속에서도, 파편적이고 우연적인 모든 사건을 견뎌내고서도, 마침내 남은 것들. 그것들은 다른 걸 떠나 그 견딤의 힘만으로도 충분히 주목할 가치가 있다.

우리는 그렇게 '남은 것'을 믿고 그것에 의지하며 살아간다. '남은 것'에 기대어 이 세계를 받아들이고 경험하며 기어코 버틴다. 인문학을 대표하는 '문사철 文史哲'을 떠올려보면 문학과 역사 같은 이야기에 기대고 또 그 이야기 너머로 가보려는 인간의 상상과 모험에 기댄다. 물론 한편으로 우리는 그 남은 것에 대한 믿음을 끊임없이 다시 바라보고 의심하며 비판적으로 재구성하려 노력하기도 한다. 그럼으로써 우리에게 남은 것을 대체하는 새로운 것들을 '남기려는' 시도가 성공할 때도 있다. 마치 데카르트가 모든 것을 의심하고 또 의심하다가 마침내 더 이상 의심할 수 없는 단 하나의 자명한 사실, 바로 자신이 생각하고 있음은 의심할 수 없다는 걸 의식하며 '코기토 에르고 숨 Cogito, ergo sum'을 우리에게 남긴 것처럼.

2

우리는 남은 것을 믿고, 그중 일부의 믿음을 의심하여, 다시 새로운 것을 남긴다. 다음 세대는 그렇게 우리가 남긴 것을 믿고, 그중 일부의 믿음을 다시 의심하여, 또 새로운 것을 남긴다. 이와 같은 장구한 흐름을 문화의 변증법이라

타이

불러도 좋겠다. 그런 믿음 중 가장 강렬하고도 한편으로 취약한 믿음이 있다면 다름 아닌 '인간에 대한 믿음'일 것이다. 당연히 그래야 함을 알면서도 우리는 이기적인 욕망 때문에, 어떤 착각 속에서 공공연히 인간에 대한 믿음을 거두고 만다. 차별하고 혐오하며 구별짓기 한다. 인간이 끊임없이 변화하는 존재라는 이유로 믿지 않고 나아가 미워한다. 물론 인간은 개별적으로 보면 한 사람 한 사람이 위대하기도 하고 한편으론 나약하고 사악한 존재이기도 할 것이다. 그러니 이런 인간을 믿는다는 건 어쩐지 불안하고 위험한 일인 것처럼 느껴질 수도 있다. 그럼에도 인간이 끝끝내 믿어야 할 대상은 고대처럼 자연도 아니고, 중세처럼 신도 아닌, 바로 우리 자신을 비롯한 인간일 것이다. 자연에 대한 믿음, 신에 대한 믿음도 모두 바로 이 인간에 대한 믿음 안으로 수렴되고 인간에 대한 믿음으로부터 확산된다고 믿기 때문이다. 인간에 대한 믿음 위에서만 우리는 비로소 겨우 조금씩 함께 앞으로 나아갈 수 있을 것이다. 만물은 적자생존하더라도 만물의 영장으로서의 인간은 상호부조하며 앞으로 나아간다. 인간에 대한 믿음만이 모든 것을 뛰어넘을 수 있는 가능성을 준다.

3

작년 한 해 내내 나는 이런 인간에 대한 믿음의 소중함을 다시 한번 절절하게 느끼게 되었다. 우선 코로나19 사태때문이었다. 인류가 모두 연결되어 있다는 사실을 시시각각 실감할 수 있었다. 서로 만나지 못한다는 것은 단순히 즐기는 차원을 넘어 서로 연결된 우리의 생사가 달린 문제라는 것도 알게 되었다. 많은 자영업자가 가뭇없이 가게 문을 닫은 텅 빈 거리처럼 우리 마음도 불안해졌고 쓸쓸해졌다. 그것은 관념적인 쓸쓸함이 아니라 물리적으로 실체를 가진 불안이었고 쓸쓸함이었다. 우리는 결국 만나야만 하는 존재라는 걸, 서로에게 기대어 살 수밖에 없는 존재라는 걸 여실히 깨닫게 된 순간들이었다.

그리고 개인적으로는 『이수현, 1월의 햇살』의 집필도 큰 영향을 주었다. 20년 전인 2001년 1월 26일, 일본 도쿄의 신오쿠보역에서 선로에 빠진 취객을 구하려다 스물일곱의 젊은 나이에 숨진 아름다운 청년 이수현. 올해는 그의 20주기가 되는 해이다. 나는 ㈔부산한일문화교류협회의 의뢰를 받아 이 책의 집필을 준비하고 또 취재하는 동안 국경을 초월한 인간에 대한 믿음이 얼마나 숭고한 가치를 갖는 것인지 새삼스레 다시 깨닫고 감동했다. 그의 삶을 기록한 국내최초의 책인 『이수현, 1월의 햇살』은 지난 1월 26일 그의 기

타인

일에 맞춰 발간되었다.

　나는 수현이가 일본으로 유학을 떠나기 직전에 잠깐 밴드 활동을 함께 한 인연이 있었다. 1999년 여름이었다. 록 밴드의 보컬로 활동하며 1998년 봄에 앨범을 내고 서울에서 한창 활동하다 문득 지쳐있던 나는 부산으로 돌아와 다른 삶을 꿈꾸고 있었다. 그때 뛰어난 기타리스트가 있다며 소개받은 사람이 수현이었다. 부경대 대연동 캠퍼스 연습실에 모여 일주일에 두 번 정도 합주했는데 그는 늘 자전거를 타고 오갔던 기억이 있다. 우리는 가끔 합주를 마치면 부경대 앞 친구가 하던 술집에서 맥주를 마시며 잘 알지도 못하던 예술과 음악에 대해 떠들곤 했다. 까무잡잡한 피부와 유난히 하얀 치아, 수현을 떠올리면 건강하고 열정적인 어떤 젊은 남자의 모습이 가장 먼저 떠오른다. 하지만 그 짧은 인연이 그의 생을 추모하고 기록할 자격을 주는 건지 혼란스러웠고 무엇보다 나는 그에 대해 너무 아는 게 없었다.

4

　그럼에도 2020년 1월에 수현의 어머니를 모시고 도쿄에 가서 19주기 추모 행사에 참여하고 이후로 꾸역꾸역 수현의 어머니와 동생으로부터 이야기를 듣고, 수현이 어릴 적부터 가장 많은 시간을 함께 보낸 친구 정성훈을 만나는 동안 수현의 삶이 하나의 키워드로 수렴되는 걸 느낄 수 있었다. 그것은 '인간에 대한 믿음'이었다. 수현이 그토록 건강하고 열정적으로 세상을 살아갈 수 있었던 힘도 바로 그 믿음 때문에 가능했을 것이다. 대가족의 사랑을 듬뿍 받으며 성장한 수현은 어릴 적부터 맛있는 게 생겨도 다 먹지 않고 늘 할머니, 부모님, 삼촌, 동생을 위해 챙겨둘 줄 아는 심성의 아이였다. 학창 시절에도 내내 곤란한 상황에 처한 친구들을 허투루 지나치지 않았다. 그런 성정은 일본에 가서도 마찬가지였다. 그런 삶의 경로를 따라가는 동안 나는 인간으로서의 품위란 과연 어떤 건지, 무엇이 진정으로 멋있는 삶의 모습인지 자주 오래 생각하게 됐다.

나는 수현을 위해 우선 추모의 서시序詩를 썼고 책의 본문에서는 2001년 사고 당시의 일을 상세히 소개한 뒤 이후 수현의 어린 시절부터 일본에 갈 때까지의 삶을 모두 10개의 장으로 나눠 담았다. 이 책은 독자들에게도 그렇겠지만 우선 글을 쓴 나 자신에게 긍정적이고 건강한 젊음이란 어떤 것인지 크게 환기시켜 주었다. 수현의 부친 이성대 선생과 모친 신윤찬 여사의 이야기를 통해서는 지금 우리가 다시 살펴야 할 교육의 본질은 과연 무엇일지 생각해 보게 되었다. 운동과 음악을 열정적으로 사랑했던 수현은 사춘기와 일탈의 시간을 보내기도 했지만 끝까지 사려 깊고 멋진 어른이 되려는 꿈을 포기하지 않았다.

5

시간이 지나면 사라지고 마는 인물과 사건의 소중한 의미를 되새기기 위해 우리는 자주 무언가를 남긴다. 글을 시작하며 말한 것처럼 물론 남기려는 것이 모두 남는 것은 아니다. 하지만 나는 차별과 혐오가 난무하는 오늘날과 같은 시대일수록 더욱, '이수현 정신'이라고 해도 좋을 그 특유의 낙천성과 긍정적인 세계관, 무엇보다 국경을 초월한 인간에 대한 믿음의 정신이 오래오래 꼭 우리 곁에 남아있으면 좋겠다고 소원해본다. 수현의 몸은 우리 곁을 떠났지만 그가 남긴 정신은 우리 주변 곳곳에 여러 형태로 표상되어 남아 있다.

우선, 수현이가 세상을 떠난 해 5월 26일에 가장 먼저 부산교육청에서 부산 어린이대공원 학생교육문화회관 광장에 이수현 추모비를 건립했다. 2005년에 아소 다로 일본 외무대신이 참배하고 헌화했던 곳이다. 누구보다 음악을 사랑했던 수현이 고등학생 시절 부모님을 속이고 종종 공연을 했던 곳이 바로 여기 어린이대공원 광장이기도 하다.

그리고 1974년 울산에서 태어나 1976년부터 부산 동래

어린이대공원 내 추모비

구에서 자란 수현이가 다닌 학교에도 모두 그를 추모하고 그의 정신을 계승하고자 만든 추모비와 흉상 등이 있다. 낙민초등학교 동래중학교 내성고등학교가 그 학교들이다. 모두 동래구에 위치하고 있다. 낙민초등학교에는 일본 기업인 코지마 료지로 小島鐐次郎 의 기증으로 2004년 수현의 흉상이 교정에 설치되었고 동래중학교에는 20주기를 추모하는 올해 보건복지부와 부산광역시의 후원으로 추모비가 세워졌다. 내성고등학교 입구에는 이수현 의행 기념비가 있고 그 길은 이수현의 이름을 딴 명예 도로로 지정되었다. 지금 수현은 영락공원 부산 금정구 두구동 부산 시립공원 묘지 내 7묘원 39블록 1106호 에 잠들어있으니 그야말로 그의 삶 전체가 부산 시내 곳곳에 여전히 생생하게 '남아있는' 셈이다. 수현의 묘소

내성고등학교
의인 이수현길

내성고등학교

인간에 대한 믿음은 모든 것을 뛰어넘는다

영락공원

낙민초등학교

옆에는 지난 2019년 3월 21일 별세하신 수현의 부친 이성대 선생도 영면해 계시다. 이 지면을 빌려 다시 한번 삼가 두 분의 명복을 빈다.

6

수현은 일본 유학을 가느라 채 학업을 마치지 못했지만 그가 다녔던 고려대학교에서는 제1호로 명예 졸업장을 수여했다. 고려대 세종캠퍼스에도 수현의 추모비가 있고, 수현의 이름을 딴 이수현 강의실도 있다. 수현의 유족들은 그의 유품과 사후 수여한 훈장 등 총 82점을 고려대학교 박물관에 기증했다.

그의 의로운 죽음으로 큰 충격과 더 큰 감동에 휩싸였던 일본에서는 20주년이 지난 지금까지도 매년 그를 추모하기 위해 수많은 사람이 다양한 방식으로 노력하고 있다. 그가 공부하던 아카몽카이일본어학교 교정에도 추모 동판과 작은 공원이 조성되었고 20년 전 그날 사고가 난 장소인 도쿄 신오쿠보역 입구에도 수현을 추모하는 동판이 설치되어 매년 1월 26일 수많은 일본 언론과 시민들이 함께 모인 가운데 한 해도 빼놓지 않고 추모 행사가 열리고 있다.

한일 관계가 사나운 요즘이지만 수현의 홈페이지에는

도쿄 신오쿠보역에 있는 이수현 추모 동판

義人 이수현 추모비

동래중학교 추모비 옆에서 필자

20년이 지난 지금까지도 많은 한일 양국의 네티즌이 다녀가고 있다. 역사를 보면 언제나 국가권력은 저마다 나름의 목적을 가지고 여러 사실을 가공하여 자신들에게 유리한 방식으로 '남기려' 해왔다. 하지만 그런 시도가 늘 성공하는 건 아니다. 아니 그런 작위적인 시도는 성공하는 경우가 오히려 드물었다. 우리가 믿고 기대려는 세계는 그렇게 '남기려는 것'보다는 '남은 것'으로 구성되어 있기 때문이다.

7

개인주의와 무관심을 넘어 차별과 혐오가 어느 때보다 사납게 세상을 할퀴고 있는 시대다. 하지만 그럴수록 수현이 보여준 '우리는 모두 인간'이라는 고귀한 인류애는 빛을 발한다. 자동차가 돌아다니면서 매연을 뿜듯 시시각각 수많은 말의 독이 여기저기서 뿜어져 나와 가끔은 마비된 듯 어지러울 때가 있는데 그렇게 혼란스러울 때 인간이 마지막까지 믿어야 할 것도 인간이라는, 일견 당연하지만 멀게만 느껴졌던 믿음과 마주할 때 느끼게 된 감동이 그런 독을 씻어준 것 같다. 카타르시스 katharsis, 淨化 라는 말에도 정확히 부합한다. 인간과 세계에 대한 열정적인 믿음은 그 뜨거움에 비례해 우리를 경건하게 만든다. 무언가를 믿는다는 것, 어떤 가치를, 내 옆의 누군가를, 공동체를, 동료를 믿는다는 것의 의미를 새삼 생각해 본다. 믿는다는 것은 서로에게 기댈 수 있다는 뜻이기도 하다. 지금 우리 사회에 그런 믿음이 있을까. 그런 믿음이 너무 멀게만 느껴지고 오히려 두렵고 무서워진 세상에서 혼자 힘으로 아등바등 살아보려니 외로워지는 것일 텐데 이런 세상에서 수현이의 존재와 그에 대한 기억은, 그래도 된다고 온화하게 말해주는 것 같다. 마음의 샤워를 한바탕 한 느낌이다.

타인

인간에 대한 믿음 위에서만
우리는 비로소
겨우 조금씩 함께 앞으로
나아갈 수 있을 것이다.
만물은 적자생존하더라도
만물의 영장으로서의
인간은 상호부조하며
앞으로 나아간다.
인간에 대한 믿음만이
모든 것을 뛰어넘을 수 있는
가능성을 준다.

이성철

창원대학교 사회학과 교수이며, 산업 및 노동사회학을 가르치고 있다. 산업 문제를 문화의 시각에서 바라보려는 관심으로 여러 논문과 단행본을 썼다. 대표적인 저서로『영화가 노동을 만났을 때』『안토니오 그람시와 문화정치의 지형학』『노동자계급과 문화실천』『경남지역 영화사』가 있다.

필자

믿음에 대하여

일상에서 무심하게 사용하는 말들을 막상 제대로 정의하고 자세히 설명해보려고 하면 까마득해지는 것들이 많다. 마음이나 사랑, 문화 같은 단어들이 그렇기도 하고, 이 글에서 살펴보려는 '신뢰'나 '믿음'이라는 것도 마찬가지다. 실마리는 잡히지 않고 실타래만 엉켜버리는 느낌이라고 할까? 이유가 뭘까? 아마도 이런 말들이 지니고 있는 다차원성 때문이 아닐까? 『마담 보바리』의 플로베르는 일물일어설 一物一語說 을 강조했다. 이것의 기본 정신은 하나의 사물이나 현상에 제일 걸맞은 하나의 표현만을 쓰는 것이 중요하다는 것이었겠지만, 어디 세상의 일이라는 게 그렇게 딱 들어맞는 것만 있겠는가. 더구나 다양한 관계에서 비롯되는 신뢰나 믿음의 문제야말로 그렇다.

우선 일상에서 흔히 접하는 신뢰나 믿음의 사례들에 대해 살펴본다. 어떤 이들은 믿음을 일방적인 것이라고 말한다. 이 경우, 일방성을 '무조건성'이라 불러도 되겠다. 아마 신에 대한 믿음을 두고 이렇게 생각한 모양이다. 그러나 이에 대해 서로 다른 생각들이 부딪힌다. 예컨대 믿음이란 신에 대한 경배이지만 그러한 경배가 이웃사랑으로 확산되지 않으면 오히려 주화입마에 빠질 뿐만 아니라 자신이 믿는 신조차도 이를 마땅하지 않게 여기실 것이라는 반론 등이 그것이다. 즉 믿음에도 일방성이 아니라 상호작용이 필요하다는 토론 정도로 이해할 수 있겠다.

좀 뜬금없는 예지만, 통계학에도 신뢰도 relia-bility 라는 것이 있다. 사람들의 가치관이나 행위의 특성 등을 알아보기 위해 사용하는 설문지를 떠올려보자. 이런 설문지는 일종의 측정 도구다. 측정 도구는 누가 재더라도 정확해야 한다. 이러한 정확도는 타당성 validity 이라고 따로 부르지만, 정확성이 인정되려면 반복적으로 측정해도 동일한 결과가 나오는 신뢰성이 있어야 한다. 즉 통계학의 신뢰도라는 개념 역시 일방성이 아니라 누구에게라도 열려있는 방법론적 도구라는 것을 알 수 있다. 그래야 결과를 놓고 서로 믿고 의지한다. 한자 신뢰 信賴 의 뢰 賴 에는 '의지한다'는 뜻도 있다. 공자님도 '무신불립 無信不立'이라 하셨다.

이처럼 신뢰나 믿음에 대한 용례들은 주위에서 쉽게 찾아볼 수 있다. 때문에 믿음이나 신뢰와 관련된 단어들도 많다. 대충 열거해 봐도 다음과 같은 것들이 떠오른다. 신뢰 trust 믿음 belief 신심 faith 친숙함 familiarity 그리고 친밀성

intimacy … 이 단어들은 이웃사촌이다. 모두 신뢰나 믿음이라는 키워드를 중심에 놓고 소용돌이치는 것들이다. 그만큼 복잡하지만 풍부한 내용을 담고 있다는 것이다. 영어뿐만 아니라 한자의 믿을 신信에도 다채로운 뜻이 있다. 이를 들여다보면 의미부에 해당하는 말씀 언言 옆에 소리부인 사람 인人이 있다. 형식과 내용이 잘 어우러진 단어이다. 이 한 음절에 담긴 뜻은, "사람人의 말言은 언제나 진실信하고 신뢰가 있어야 한다"라는 것이다. 중국 전국시대 때의 일부 글자에서는 언言이 구口로 쓰인 경우도 있다고 한다. 이로부터 믿음, 신앙, 진실하다, 편지, 소식, 신호 등이 나왔다고 한다. 하영삼, 『한자어원사전』 해당 항목에서 참조 이러한 예들 역시 신뢰나 믿음이 일방적인 것이 아니라 상대방을 전제 또는 배려한 것에서 파생된 것임을 알 수 있다.

사회학자들도 신뢰라는 말이 지닌 이러한 다층성 때문에 골치가 아팠던 모양이다. 그래서 연구자들 간에 다양한 논쟁이 생겼다. 복잡한 내용을 간단하게 정리해서 살펴보도록 한다.

영국의 사회학자 앤서니 기든스는 신뢰의 기본적인 특성을 '맹목적인' 것에서 찾는다. 그러나 그가 말하는 '맹목성'은 부정적인 느낌만 주는 것은 아니다. 오히려 현대 자본주의 사회가 강조하는 합리적 인간과 이에 따른 극단적인 이해관계를 넘어서려는 일종의 대안적인 행위를 말한다. 역설인 셈이다. 우리는 자본주의 사회에서도 마땅히 존중되어야 할 일들이 아주 간단하게 무시되는 상황을 자주 본다. 특히 사회적 약자들에 대해 정당하게 적용되어야 할 법이나 제도들이 무력화되는 상황들을 접한다. 그래서 기든스는 탈법적으로 폭주하는 자본주의의 비인간화에 대항하는 일종의 정서적 연결망으로서의 신뢰 또는 친밀성을 말한 것이라 할 수 있다. 일상에서의 '연대'를 떠올리면 될 것 같다. 그래서 겉으로는 맹목적인 것 같아 보여도 사실은 신뢰인 것이다.

프랑스의 사회학자 피에르 부르디외는 이러한 정서적인 연대감에서 생기는 신뢰의 문제를 좀 더 운동의 방식으로 풀이한다. 부르디외는 신뢰를 '사회적 자본'의 하나로 본다. 문화 자본 cultural capital 의 일종이기도 한 사회적 자본은 공동체의 연줄망이나 자발적 결사체 등의 참여에 의해 자란다. 물론 부르디외는 학연, 혈연, 지연 등의 연고주의라는 사회적 자본이 지닌 부정적인 측면들을 간과하지 않는다. 오히려 그는 이러한 부정적인 연고주의로 똘똘 뭉친 집단들의 사회적 영향력에 대응하는 아래로부터의 사회적 자본을 강조한다. 그의 '장場'이라는 개념이 그것이다. 여기에서 '장'은 사회적 공간을 뜻하는 말이다. 그래서 단순한 스페이스 space 가 아니라 필드 field 가 된다. 이 필드에서는 참여-배제, 수용-무시, 대화-단절, 타협-용인 등이 다양한 조합으로 생겨난다. 부르디외는 사람들이 이러한 필드 상황에 돌입함으로써 구성원들 간의 신뢰라는 사회적 자본이 생성된다고 본 것이다. 물론 자신이 속한 집단의 구성원들이 갖는 신뢰의 내용은 상대방의 그것과 반드시 동일하지는 않다. 즉 신뢰의 문제를 힘의 문제로 보고 있는 것이다.

그런데 서로 힘을 겨루다가 지칠 때도 있고, 질 때도 있지 않겠는가? 니콜라스 루만은 다음과 같이 생각해 보자고 한다. 신뢰가 무너지면 실망으로 이어지기 때문에 실망을 이겨낼 수 있는 신뢰 형성의 사회적 메커니즘, 즉 '신뢰의 작동 the function of trust' 방식을 찾아보자는 것이다. 그는 실망을 이겨내는 첫 출발을 친밀성에서 찾는다. 즉 거창한 데서 먼저 찾지 않는다. 그는 친밀성을 개인 간의 신뢰관계라고 말한다. 함께 잘 지내다가 난데없이 어색한 것들이 퍼져나갈 때는 먼저 서로 잘 알고 있던 익숙한 것들을 찾아내서 그것을 복원하자는 것이다. 그래야 깜빡했던 위험들에 대해 경계하게 되고 일상세계가 제자리로 돌아온다는 것이다. 루만은 이러한 과정을 통해 형성되는 신뢰는 확신과는 다르다고 말한다. "신뢰는 다른 사람의 행위에 실망할 가능성이 있음에도 불구하고 다른 합리적인 행위 확신들보다 더 선호하는 것"이라고 한다. 열려있는 태도가 아니겠는가. 상대방을 믿는 행위가 아니겠는가. 그리고 예상되는 나의 손해를 감수하는 태도이기도 하다. '위협 danger 보다는 위험 risk'을 넘어서려는, 연대를 전제한 바람직한 개인주의라고 할 수도 있을 것이다.

신뢰에 관한 사회학자들의 이야기는 이 정도로 소개하고, 일상에서 만나는 신뢰의 예들을 살펴보자. 어차피 이론들은 현실에서 길어 올린 '색출적 도구 heuristic device'이므로. 보다 구체적인 논쟁의 흐름들에 대해서는 이선미 2012, 「현대적 재주술화로서의 신뢰」, 한국이론사회학회, 『사회와 이론』을 참고할 것.

요즘은 가장 좋아하는 친구를 절친이라고도 하고 베프라고도 한다. 베스트 프렌드의 준말일 것이다. 그런데 영어에서도 사용 빈도가 점점 줄어드는 것 중에 컬처드 프렌드 cultured friend 라는 말이 있다. 앞서 말한 절친이라는 뜻이다. 잘 알려져 있듯이 컬처는 '문화'라는 명사이지만, 어원에는 '기르다' '가꾸다' '경작하다'라는 동사, 즉 인간 활동의 의미가 들어있다. 친구는 비교적 오랜 시간에 걸쳐 서로 키우고 가꾸고 소출을 위해 서로 경작하는 사이가 아닐까? 이런 일들은 믿음과 신뢰를 증폭시키는 것이기도 하다. 그래서 친구 사이에는 무시가 없다.

일본어 ‘시카토스루 しかとする’는 ‘무시하다’라는 뜻으로 1960년대부터 일부 젊은이들 사이에서 사용되기 시작한 말이라고 한다. 그러나 최근 들어와서는 거의 모든 젊은이가 사용하는 말이 되었다고 한다. 어원은 화투의 10월 그림 ‘사슴’의 모습에서 비롯되었다. 화투의 10월은 사슴이 옆을 보고 있는 그림이기 때문에 옆을 보고 있거나 무시하는 것을 ‘시카토스루’라고 말하게 되었다는 것이다. 말의 변천사는 곧 사회의 변천사이기도 하다. 시선은 원래 사람의 사람다움을 보여주는 특징 중의 하나이다. 동물도 시선을 지니고 있지만, 사람의 그것과는 다르다.

리트허르 브레흐만은, 『휴먼카인드』에서 이렇게 말한다. 인간을 제외한 200여 종이 넘는 다른 모든 영장류는 눈의 색을 결정하는 멜라닌 색소를 생성한다. 그래서 마치 선글라스를 착용한 것처럼 그들이 어느 곳을 바라보는지 알 수 없다. 하지만 인간은 그렇지 않다. “인간의 눈은 홍채를 둘러싼 흰자위를 갖고 있다. 다른 사람의 시선이 향하는 곳을 알 수 있다. 서로에게 비밀이 없다. 관심을 가진 대상을 알 수 있다. 서로를 믿을 수 있다는 느낌”을 가질 수 있다. 일상적인 신뢰의 첫 출발이 우리의 눈초리에 있음을 말해주는 내용이라 할 수 있을 것이다. 그런데 신뢰의 기초가 되는 우리의 시선은 생물학적 눈이 아니다. 시력 1.5나 0.5 등을 말하는 것이 아니다. 금방이라도 '본다는 것'과 관계된 몇 가지 예를 들 수 있다. 무시 편견 경시 백안시 멸시 … 모두 눈과 관련된 말이지만, 모두 사회적 시선이다. 눈초리에도 옥타브가 있는 셈이다. 신뢰의 시작에는 따뜻한 눈길이 있다. 가족이나 친구, 연인 사이에만 나누는 따뜻한 눈길을 넘어서는 관심이 정말 중요하지 않을까. 나는 관심도 눈과 관계되어 있다고 생각한다.

이런 공자님? 같은 말들을 서로 믿기 위해서는, 무엇보다 꼰대의 태도를 벗는 것이 좋다고 생각한다. 신뢰와 믿음이 수평적으로만 일어나서는 곤란하다. 수직적으로도 생겨야 한다. 십자가의 가로와 세로가 만나야 사건이 생기듯이.

한때 우리 사회에 멘토와 멘티라는 말이 유행했다가 요즘은 좀 시들해진 느낌이다. 꼰토와 꼰티가 재생산되고 있기 때문이 아닐까? '세계'를 안다면서 '세상'을 알고 있는 후배들에게 법칙만 따르라고 하는 것은 신뢰에 금 가게 하는 일이다. 선배들이 아는 지식은 후배들에게 큰 도움이 된다. 그렇지만 지식의 세계에서 얻은 규칙성은 적절한 여유를 지니며 후배들에게 이어져야 한다. 지식 知識 은 알 '지 知'로 시작된다. 알 '지'는 '화살'을 뜻하는 '시 矢'와 '입'을 뜻하는 '구 口'로 되어 있다. 그래서 지 知 는 화살처럼 빨리 입에서 나오는 것을 뜻한다고 한다. 하영삼, 『100개 한자로 읽는 중국문화』 반

면 지혜智慧의 '지智'는 알 '지知'에 세월 '해日'를 더 한 것
이다. 그래서 지식은 먼저 생기고 지혜는 나중에 생긴다는
해석도 있지만, 나는 반드시 그렇다고 생각하지 않는다. 한
글도 모르셨던 부모님들의 지혜를 떠올리면 그것을 좀처럼
따라갈 수 없기 때문이기도 하고, 그람시 A. Gramsci 가 말하
는 '유기적 지식인'을 떠올려도 그렇기 때문이다. 선배들의
지혜에 상식 commom sense 뿐만 아니라 양식 good sense 까지
곁들여져 있다면, 신뢰나 믿음을 두고 이처럼 구구절절한
말들을 할 필요가 없었을 것이다.

최강민

우석대학교 교양대학 교수이자 웹진〈문화 다〉편집주간, 문학·문화 평론가 활동을 하고 있다. 2002년〈조선일보〉신춘문예 문학평론에 당선되었고, 평론집으로『문학 제국』『비공감의 미학』『고독한 말』『엘리트 문학의 종언시대』가 있다.

타오

믿음에 대한 확실한 질문

1. 믿지 않을 이유가 없다

"여러분, 믿습니까?" "예, 믿습니다." 이런 말들을 주변에서 들어보았을 것이다. 도대체 그들은 무엇을 믿고 있는 것일까? 믿음은 어떤 사물이나 사람, 초자연적인 것을 신뢰하고 확신하는 정신 상태나 사고방식을 의미한다. 인간은 왜 믿음을 갖게 되었을까? 인간 생명의 유한성, 자연과 세계의 불확실성은 인간들에게 지속적인 불안감을 던져준다. 지식이 발달하지 못한 시대에 종교에 대한 믿음은 인간이 풀기 어려운 다양한 문제를 해결하는 중요한 수단이었다. 애니미즘, 유일신, 천국과 지옥, 전생과 윤회 등 다양한 종교의 가르침은 인간의 도덕과 윤리를 만들며 삶의 정체성을 부여했다.

근대 이후 산업혁명과 과학기술의 발달 속에 인간의 지식은 대폭 확대되었다. 과학자 다윈은 19세기 중반에 진화론을, 철학자 니체는 19세기 후반에 "신은 죽었다"라는 도발적 명제를, 20세기 초에 천문학자 조르주 르메트르는 한 점이 모여 있다가 폭발하여 우주를 형성했다는 빅뱅 우주론을 제기했다. 이들은 신 중심의 세계관을 해체하고 과학적 믿음의 전성시대를 만든 상징적 인물들이다. 그렇지만 많은 사람들은 여전히 비합리적인 종교적 믿음에서 벗어나지 못한다. 과학자 마이클 맥과이어는 『믿음의 배신』 2013 에서 현대인들은 정보의 과부하, 단일한 믿음의 분열, 현재를 지나치게 중시하는 태도로 인해 비타협적 믿음이 확산된다고 주장한다. 정보의 홍수 속에 사람들은 무엇을 믿어야 할지 모르는 불확실한 상황에서 각자 자신이 의지하는 대상을 믿고 있다는 것이다.

신과 관련해서 사람들은 크게 유신론자 무신론자 불가지론자로 나뉜다. 현대인들은 과학적 지식을 학습했기에 선뜻 유신론자가 되지 못한다. 그렇다고 무신론자가 되지도 못한다. 무신론자가 되는 것은 결과적으로 자신에게 이득을 주지 못하기 때문이다. 여기에서 신이 있는지 없는지 알 수 없다는 불가지론자가 생겨날 수밖에 없다. 현대인들은 자본주의 이해타산의 논리를 내면화했다. 그 결과 불가지론도 자신에게 특별한 이득을 주지 못한다는 결론에 도달한다. 영악한 현대인들은 신의 유무를 확신할 수는 없지만 적어도 있다면 손해는 보지 않겠다는 계산 하에 신을 믿거나 종교의 신도가 된다. 그들의 입장에서 보면 신의 존재는 일종에 사후를 보장하는 보험이기에 신을 믿지 않을 이유가 없다.

그 결과 현대의 종교는 신도가 많지만, 진정으로 신을 온전하게 믿는 신도는 상대적으로 적다.

신을 이해타산의 입장이 아니라 전적으로 신뢰하는 종교인들은 순종의 자세를 취한다. 이 순종에는 자본주의가 강조하는 이해타산의 계산이 존재하지 않는다. 예를 들어 고 이태석 신부는 2001년 아프리카 오지인 수단의 남부 톤즈에 가 자신을 희생하며 선교와 봉사 활동에 전념했다. 남부 수단의 새로운 희망으로 자리했던 이태석 신부는 중년의 나이에 암에 걸려 2010년 48세에 사망했다. 이태석 신부의 삶은 종교적 믿음과 소명을 빼놓고 설명할 수 없다. 하나님을 전적으로 신뢰한 이태석 신부는 신을 믿지 않을 이유가 없었던 것이다.

우리는 다양한 이유로 종교적 믿음을 갖는다. 여기에서 순종과 비순종 중 어떤 자세가 더 바람직한 것인지는 중요하지 않다. 신에 대한 물음을 통해 자신의 삶을 바람직하게 만들어 가는 것이 더 중요하다.

2. 확증 편향의 오류

믿음은 인간의 삶을 만드는 핵심적인 열쇠였다. 하지만 그 믿음으로 인해 많은 문제가 초래되기도 했다. 믿음을 기준으로 다른 사람을, 세계를 평가하고 분류하면서 계급화 인종차별 종교차별이라는 배제성과 폭력성이 발생했다. 이 것의 결정판은 전쟁이다. 믿음은 믿음의 유무와 종류에 따라 갈등이 증폭되면서 오히려 인류를 위협하는 자충수가 되기도 했다. 이런 점에서 믿음은 긍정과 부정이 공존하는 양날의 검이다.

인간을 규정하는 용어에 유희하는 인간을 뜻하는 호모 루덴스, 지혜로운 사람을 뜻하는 호모 사피엔스, 도구적 인간을 뜻하는 호모 파베르 등이 있다. 이 중에서 인간을 뜻하는 말로 자주 사용된 것이 호모 사피엔스 Homo sapiens 이다. 인간은 이성을 통해 진화하여 다른 동식물을 지배하는 최종의 포식자가 되었다. 그렇다면 인간은 정말 합리적 이성을 사용하는 지혜로운 존재일까? 불행히도 인간은 100% 이성적인 존재가 아니다. 그렇게 믿고 싶은 욕망이 호모 사피엔스라는 용어에 담겨 있을 뿐이다. 이성적인 존재는 사람들 중에서 일부이고, 그 일부도 항상 이성적인 것은 아니다. 인간은 이성적인 존재가 되도록 노력하는 존재일 뿐이다. 결국 호모 사피엔스는 인간의 속성 중 일부를 과대 포장한 자존과 오만이 만들어낸 용어이다. 인간은 비합리적인 믿음도 쉽게 믿을 수 있는 약한 존재이다.

믿음이 잘못된 신념이나 대상을 무조건적으로 숭배하거나 신뢰할 때, 믿음은 미신·우상 숭배·사악한 사기로 변질

된다. 미국의 과학 저술가인 마이클 셔머는 『믿음의 탄생』 2011 에서 인간이 유전적, 신체적, 환경적, 뇌의 생리학적 요인으로 인해 비이성적인 믿음을 탄생하고 유지한다고 주장한다. 그에 따르면 인간은 수많은 객관적인 증거를 바탕으로 믿음을 형성하는 것이 아니다. 기존의 다양한 조건 속에 형성된 믿음을 내면화한 채 추후에 그 믿음을 지지하는 근거들을 선별적으로 수용한다. 그 결과 믿음이 우선이고 믿음에 대한 증거적 설명이 뒤를 따른다고 주장한다. 마이클 셔머가 보기에 인간의 믿음은 객관성을 상실한 주관적 선택에 불과하다.

우리는 가족, 친구, 동료, 문화, 사회에 의해 형성된 환경의 맥락에서 다양한 주관적, 개인적, 정서적, 심리적인 이유로 믿음을 만든다. 믿음이 형성된 후에는 수많은 지적 이유, 날카로운 주장, 이성적 설명으로 믿음을 합리화한다. 요컨대, 믿음이 우선이고 믿음에 대한 설명이 뒤를 따른다.

마이클 셔머, 『믿음의 탄생』, 김소희 옮김, 지식갤러리, 2012, 13쪽

사회적 동물인 인간은 가족 친구 문화 사회 등 기존 환경 속에서 무의식적 세뇌를 받으며 기존의 믿음들을 자연스럽게 복제한다. 이 과정에서 자신의 믿음을 위태롭게 하는 것들을 자연스럽게 배제한다. 최종적으로 형성된 믿음은 반

대 증거들이 다수 등장해도 쉽게 바뀌지 않는다. 16세기에 천문학자인 니콜라스 코페르니쿠스는 관측을 기반으로 지구가 태양을 중심으로 돈다는 지동설을 주장했다. 그의 주장은 당대에 이단으로 취급받으며 지구가 우주의 중심이라는 천동설을 뒤엎지 못했다. 코페르니쿠스에 이어 여러 사람들이 주장한 이후에 지동설이 겨우 새로운 정전이 되었다. 이처럼 사람들은 과학적인 증거가 명백하더라도 자신들의 믿음을 쉽게 변경하지 않는다.

이러한 사실은 미국의 언어학자 조지 레이코프가 쓴 『프레임 전쟁』2006 에서 또다시 확인할 수 있다. 프레임은 사물과 세상을 인식하고 이해하는 이데올로기 창문이다. 상대 후보에게 부정적인 프레임이 작동하면 유권자들은 그 프레임을 통해서만 그 후보자를 바라보게 된다. 선거 때 프레임 전쟁에서 진다면 부정적 프레임을 뒤집어쓴 후보자는 선거에서 패배할 수밖에 없다. 프레임은 유권자들이 선거 후보자들에 대한 생각, 즉 믿음을 쉽게 바꾸지 않는다는 말과 같다.

여기에서 믿음은 필연적으로 확증 편향의 오류를 범한다. 확증 편향의 오류는 자신의 신념에 맞는 정보는 받아들이고 그렇지 못한 정보는 받아들이지 않는 극단적인 편식에서 발생한다. 교주를 신격화한 사이비 종교는 교주의 말에 중독된 채 잘못된 길로 가는 확증 편향의 오류를 보여준다.

지역감정에 기반한 특정 지역에 대한 부정적 인식, 고착화된 성별 개념으로 인한 불평등한 남녀 차별, 자민족중심주의에 기반한 민족 차별 등도 확증 편향 오류의 대표적 사례다. 과거 유럽 문명과 이슬람 문명 사이에 벌어졌던 십자군 전쟁은 맹목적 믿음이 확증 편향의 오류로 나타난 비극적 참사였다. 확증 편향의 오류를 범하는 사람들은 자신들이 그러한 오류에 빠져 있음을 제대로 인지하지 못하거나 인정하지 않는다. 그들은 자신의 생각과 행동을 합리화하는 증거들을 편향적으로 수용했기 때문이다. 확증 편향의 오류에 빠진 사람들은 일종의 광기에 휩싸여 인간과 세계에 해악을 발생시킨다.

3. 믿음, 기적의 연출자

현대사회에서 믿음은 긍정적 역할도 많이 한다. 영국의 생물학 교수인 루이스 월퍼트는 『믿음의 엔진』2006 에서 믿음의 특징으로 인간 존재에게 확신을 제공하고, 지식이나 증거에 크게 구애받지 않고, 어떤 사건의 원인이나 양상을 설명해주는 인과성을 제공한다고 말한다. 그는 진화론적 관점에서도 인간의 믿음은 개인의 생존에 도움을 주었다고 평가한다. 굳건한 믿음은 새로운 상황을 만들어 인간의 가능성을 극대화하는 희망의 에너지로 작용할 수 있다.

사유재산제도를 인정하는 자본주의는 더 많은 재산 또는 이윤을 얻기 위해 생산과 소비가 이루어지는 경제체제다. 학교에서 수시로 학습하는 수학은 계산의 정확성과 효율성을 자연스럽게 학습시키면서 졸업 후 더 많은 이윤을 얻도록 움직이게 만든다. 자본주의 체제에서 사람들은 이윤의 가능성이 별로 없는 곳에 투자를 하지 않는다. 그런 곳에 투자하는 것은 비이성적 투자이기에 바보나 하는 헛짓으로 취급된다.

이런 상황에서 군건한 믿음으로 자신의 길을 묵묵히 걸어가는 경우가 있다. 이때 믿음은 온갖 유혹이나 걱정에 사로잡히지 않도록 하는 삶의 나침반 역할을 한다. 중국의 고사에 어리석은 사람이 산을 옮긴다는 우공이산 愚公移山 이라는 말이 있다. 이것은 남이 보기에 어리석은 일처럼 보이지만 한 가지 일을 끝까지 밀고 나가면 언젠가 목적을 달성할 수 있다는 의미이다. 우공은 할 수 있다는 믿음을 갖고 산을 옮기려는 작업을 계속했기에 신들이 감동하여 산을 옮겨주는 기적을 보여준다.

이런 중국의 고사를 실제로 실현한 인물이 있다. 1934년생인 인도의 다쉬라트 만지히는 농촌 시골에서 가난한 노동자였지만 아내를 사랑한 평범한 남자였다. 어느 날 부상당한 아내는 길이 막혀서 제때 병원에 갈 수 없어 죽고 만다. 그 이후 아내에 대한 사랑과 산에 대한 분노, 다시는 자신과 같은 고통을 다른 사람들에게 겪게 하지 않겠다는 굳은 의지로 큰 망치와 정 등의 조잡한 도구로 산을 뚫는 작업을 22년간 계속한다. 그는 1982년에 길이 100m 폭 9m의 길을 완성한다. 마을 사람들은 70km를 돌아가지 않고 뚫린 길로 불과 5km만 가면 되었던 것이다. 다쉬라트 만지히는 굳은 믿음으로 남들이 다 불가능하다는 온갖 장애물을 극복했던 것이다. 케탄 메타 감독의 〈마운틴 맨〉 2015 은 다쉬라트 만지히의 실화를 극화해서 만든 영화다.

확고한 믿음을 가진 존재들은 믿음을 기반으로 삼아 남들이 보기에 무모한? 도전에 나선다. 조선시대 이순신 장군은 임진왜란 당시에 절대적으로 불리한 상황에서도 승리할 수 있다는 믿음을 통해 일본에 대승을 거두었다. 한국전쟁 이후 세계 최고의 후진국이었던 한국은 할 수 있다는 믿음 속에 한강의 기적을 통해 선진국으로 발돋움하는 놀라운 반전을 보여주었다. 이외에도 다양한 분야에서 불가능하다는 당대의 평가에도 불구하고 믿음을 갖고 열심히 노력한 끝에 성공하는 경우가 생겼다. 믿음이 없는 당신에게 기적은 결코 일어나지 않는다. 굳건하게 믿는 자에게 기적은 일어날 수 있다. 믿음은 불가능을 가능으로 바꾸는 기적의 연출자인 것이다.

4. 믿음에 대한 끊임없는 질문

　믿음은 기적을 가져오는 축복이 될 수 있고, 맹목에 빠져 자신과 집단을 위기로 내모는 재앙이 될 수도 있다. 믿음의 선택은 개인의 자유로운 권리이지만 믿음의 피해가 본인을 넘어 타인과 세계에 악영향을 끼친다면 그에 대한 무한책임을 져야 한다. 그렇다면 우리는 어떤 것을 믿고, 어떤 것을 믿지 말아야 할까? 아쉽게도 이것과 관련한 정확한 기준이나 모범답안은 없다. 세속적 인간은 합리적 이성을 통해 믿음의 합리성을 따질 수는 있지만 기적과 같은 상황을 정확하게 예측하기 힘들다. 종교적 인간은 신에 대한 굳건한 믿음을 통해 순종이라는 형식으로 믿음의 길을 걷지만, 그것이 과연 올바른 길인지 제3자는 확신할 수 없다. 그래서 믿음은 여전히 쉽게 풀리지 않는 수수께끼이다.

　어떤 믿음이 제대로 된 것인지, 어떤 것이 진리인지 확신할 수 없는 불확실성의 시대에 우리들이 할 수 있는 것은 끊임없이 자신의 믿음을 되돌아보고 성찰하는 일이다. 성찰하는 기도나 반성은 믿음과 항상 붙어있는 세트 메뉴이다. 이것이 믿음의 확실성을 보장하고 오류를 방지하고 믿음의 아름다움을 유지시키는 최고의 비결이다. 이때 습관화된 타성의 반성과 자기합리화의 성찰은 믿음의 건강성을 확보하지 못하게 한다. 그래서 우리는 '무엇을 믿을 것인가'라고 생각하기보다 '무엇을 성찰하고 어떻게 살 것인가'라는 '확실한 질문'을 먼저 날카롭게 던져야 한다. 그것이 종교인과 비종교인을 포함한 모두가 유일하게 믿어야 할 '확실한 믿음'이다.

여러분은 현재, 믿고 있습니까? 그 믿음은 건강합니까?

정 훈

문학평론가. 2003년 부산일보 신춘문예로 등단했다. 평론집으로 『사랑의 미메시스』 『시의 역설과 비평의 진실』이 있다.

우리가 그것을?

돌아나가는 동학을 생각한다

1. 우리

오늘 뜬 해가 내일쯤엔 보이지 않으리라 생각하는 사람은 없다. 늘 그래왔으므로. 지금까지 그래왔으므로 앞으로도 쭉 그럴 것이라는 생각은, 아마 생각 이전에 주어진 '선험적인 질서'나 '정서'에서 비롯할 것이다. 한술 더 떠보자. 우리가 태어나기 전에도 '우리'가 있었고, 우리가 소멸하고 난 뒤에도 '우리'는 남아있을 것이라는 생각에 미쳐 본다. 이런 물음에 담긴 의미는 무엇일까. 나는 '우리'란 말로써 이 글을 시작했다. 참으로 징글징글한 말이다. '우리'라는 말. 나는 '우리'가 주는 어감이나 효과에는 별 관심이 없다. 내내 써왔던 말이므로, 나는 무심코, 아니 그냥 우리 부모들이 써왔던 말이기에 쓴다. '나'도 아니고 '너'도 아니고, 그렇다고 '그'도 아닌 '우리'가 우리에게 안긴 것이 무엇이든, 나는 꼭 이 말에 대해서 쓰고 싶었다.

우리는 살아간다. 어제도 그랬고 앞으로도 그럴 것이다. 살아감은 '사라가는' 일이다. 우리가 사라간다. 말장난

같지만 나는 '우리가 살아간다 사라간다'는 글자에 주목하고 싶다. 사라간다는 말에는 '살라간다'는 뜻이 들어 있는 것처럼 보인다. 그러니까 살아감은 사라감이고, 사라감은 또한 살라감이다. 무엇을 '사르는가?' 물론 '나'를 사른다. 나는 나를 불에 태워 없애기 위해서 태어났다. 그러니까 우리가 살아가는 일은 저마다, 각자가 받은 온갖 본능과 습성, 그리고 '에고 ego'를 말끔히 살처분하는 실천과 다를 바 없다. 이게 말이 되겠는가? 우리는 마치 '우리 a fence'에 갇혀 꼼짝달싹할 수 없는 상태에 있다. 우리 밖에 무엇이 있는지조차 생각하지도 않은 채 우리는 우리에 갇혀 있다. 이 우리 밖으로 넘어갈 수만 있다면, 아니 우리를 옭아매는 우리를 짓뭉개서 완전한 자유와 해방을 누릴 수 있다면 얼마나 좋겠는가. 하지만 우리는 그런 생각을 잘 안 한다. 나 또한 우리를 둘러싼 견고한 '우리'가 무엇인지 잘 모르고 생각해본 적도 별로 없다. 그러나 글자를 적고 보니 자꾸만 헤집고만 싶어진다. 우리에 갇힌 우리가 저마다 주어진 몸과 의식을 모조리 불에 태워 사른다면 우리를 벗어날 수 있을까.

　나는 활활 타는 생명에 대해서 말하고 있다. 생명, 참으로 많이 써왔던 말이고 앞으로도 그럴 말이다. 이 생명을 부여받은 나와 우리는, 아니 그 누구도 생명을 부정하거나 거부하지 않는다. 그만큼 '절대적인 명령'이 들어 있는 말이 생명이다. 산목숨, 살아있는 목숨, 그리고 살아내야 할 목숨이란 뜻이 들어 있는 생명을 어느 누가 부정하겠는가? 그런데 우리는 생명을 소중히 여기면서도 한편으로 생명을 경시한다. 생명을 경시하는 이유는 바로 우리를 살리기 위해서다. 표면적으로는 온갖 명분을 대면서까지 생명을 부정하고 급기야 죽이기까지 한다. '죽임의 문화'가 횡행한다. 우리는 스스로 모조리 불태워 살라야 하는 존재이지만, 다른 이들에게 불태움, 다시 말해 자기희생을 요구하는 아이러니한 존재이기도 하다. 전자의 불태움은 마침내 참으로 살기 위한 자기부정이요, 후자의 불태움은 자신을 살리기 위한 남의 희생이다. 이러한 자가당착의 역사가 바로 우리들의 역사였다. 전쟁은 약탈을 수반하고 약탈은 폭력이요 죽임이다. 어느 누가 폭력을 좋아하고 전쟁을 좋아하겠는가? 지금까지의 역사를 훑어보면 전쟁 속의 평화, 혹은 평화 속의 전쟁이 줄곧 지속되었다는 사실을 알 수 있다. 물론 지금도 그렇다. 우리는 살아가지만 살라가지만 남을 사르는 바탕 속에서 우리 a fence 안에서만 살아가는, 생명에 갇힌 존재다.

2. 그렇지 않다, 그렇다 不然基然

생각할수록 묘연한 일이다. 수운 최제우 선생이 득도한 1860 지 60년이 지나 천도교에서 종합 인문교양지 『개벽』

1920 이 창간되었고, 그로부터 100년이 지나 도서출판 모시는사람들에서 『다시개벽』 2020 이 발간되었다. 숫자야 중요하지 않다. '동학하는 사람'들이 일군 일련의 정신과 운동, 그리고 수운으로부터 샘솟듯 생겨나기 시작한 수많은 민족종교의 가르침과 실천이 무엇이었든, 우리는 지난 삶에서 버려야만 했던 것들을 고스란히 움켜쥔 채 지금도 내일도 살아갈 것이다. 변하지 않은 듯 보이는 이 세계를 유심히 들여다보면, 변하지 않는 중에도 분명 변한 것들이 수두룩하다. '근대'가 준 선물인 듯, 아니면 나날이 자라온 정신문명의 발전인 듯 차별과 적폐의 두꺼운 층이 조금씩 얇아지고 있는 것만은 틀림이 없어 보인다. 하지만 물질문명의 급속한 발달 속에서 사람들은 왠지 삶의 가치와 의미를 잃은 채 바다 위를 표류하듯 마냥 흘러가는 것처럼 보이기도 한다. 정체성 혼란이라는 흔한 말을 하고 싶지는 않다. '종교적 인간'에서 너무 멀어진 현대인들의 정신적 황폐화는 더더욱 아니다. 과학은 삶을 윤택하고 편리하게 만들지만, 이 과학기술에 기댄 사람들의 마음 지도에 어딘가 금이 가 있는 것처럼 보인다.

'우리'에 갇힌 우리가 '우리'를 벗어나지 않고 급기야 '과학기술'의 도움을 얻어 속도와 편리를 추구하다 맞이한 지금의 세상을 본다. 코로나19의 기세에 부랴부랴 백신을 만들었지만, 백신은 오히려 불신과 음모만 키우고, 촛불정권의 탄생으로 기대에 부풀었던 문재인 정부의 이면에 속속 드러난 공직자들의 부패, 그리고 아무 이유도 없이 남을 해치는 기사들로 넘치는 끔찍한 세상에 우리는 놓여 있다. 만나는 사람마다 근심과 한숨으로 가득 차고, 가족나들이에 행복하게 나선 사람들의 발걸음조차 장차 다가올 미래에 대한 불안으로 무겁기만 하다. 세상이 늘 그래왔노라고 말한다면 달리 할 말이 없다. 앞으로도 그러리라 생각하기엔 우리 정신은 너무 멀리 와버렸다. 눈에 뻔히 보이고 토를 달 필요도 없이 자명한 것들이 있는가 하면, 도무지 궁리에 궁리를 거듭해도 까마득한 것들이 있다. 종교인을 비롯하여 숱한 사상가들과 철학자들이 논했지만 해답을 풀지 못했던 영역이었던 신이나 죽음의 문제를 이 지면에서 논할 바는 못 된다. 지면상의 제약도 그렇지만 '믿음'이라는 기획에도 알맞지 않기 때문이다.

'우리'로부터 운을 뗀 글이 닿는 지점을 전혀 헤아리지 못하겠다. 그러므로 이 글은 자그마한 시도에 그친다. 알다가도 모를 일이다. 왜 우리는 위를 쳐다보며 희망을 점치는지, 그리고 깜깜하게 놓여 있는 앞길을 생각하며 저 자신의 마음에 크나큰 돌을 던지곤 불안해하는지. 분명한 것은 너나 내가 아등바등 살다 죽게 되어 있다는 사실이다. 반드시 돌아가게 되어 있다는 점이다. 네가 돌아가시는 걸 보고서야 나도 돌아가게 되어 있다는 사실을 안다. 그러나 어디로 돌아가는지는 죽어서도 모른다. 그러니 알다가도 모를 일이다. 이런 역설적 이치를 수운은 불연기연 不然基然 이라 하였다. 무신론자들의 대답은 확고하다. 신은 없다. 그리고 죽으면 사라진다. 몸도 마음도 생각도 모조리 죽음의 언덕을 넘으면 말끔히 지워진다. 그러니 오로지 눈에 보이는 이치가 중요하다. 무신론자들에게 눈에 보이는 자명한 이치는 말하자면 '그렇다'. 그러나 무신론자들뿐 아니라 모든 사람들조차 고개를 갸우뚱거리게 하는 '의식'이나 '무의식'의 메커니즘은 도무지 '그렇지 않다'. 즉 부정 否定 이 밀려온다. 선하기만 했던 사람이 어느 날 부정한 짓을 저질렀다. 나쁜 짓만 골라서 행했던 사람이 어느 날엔가 참회의 눈물을 흘린다. 무엇이 맞고 무엇이 틀렸는지, 무엇이 옳고 무엇이 그른지 인류 역사가 시작된 이래 수수께끼 풀 듯 달려들었지만, 오늘날 푼 것이라곤 기껏해야 몸이나 우주의 재발견 정도다.

이치가 궁하면 기존의 이데올로기에 쉽게 감염된다. 보국안민과 광제창생을 기치로 '탄생'한 동학이 움튼 배경에는 구한말의 지적, 사상적 체계로는 설명할 길도 풀 길도 없었던 시대적 한계가 자리 잡고 있었다. 당시의 문제의식은 오늘날에도 유효한가. 나라 안팎으로 혼란스러운 정세와 나날이 미궁 속으로만 빠져들어 가는 듯한 백성들의 살림살이를 보아도 단박에 알 수 있듯이, 지금이나 그때나 변한 건 별로 없다. 물질이 개벽되었으니 정신을 개벽하자는 원불교의 가르침이나, 후천개벽의 시대로 접어들었다는 강증산의 예언자적 말씀, 그리고 하느님은 초월적인 존재지만 모든 사람들이 모시고 있다는 일종의 내재신론을 펼친 최제우의 문제제기는 비단 종교적인 각성을 떠나 병든 세계를 처방하기 위한 대처 방안이었다.

제각각 독특하면서도 창조적인 모색으로 세계와 우리의 교통交通, 그리고 나와 초월자의 관계를 천착하며 개시해온, 동학을 원류로 하는 여러 민족종교들의 바탕에는 끊임없이 '절대자'와 나를 잇게 하려는 기도가 놓여 있다. 기도 속으로 빠져들면 세계와 내가 둘이 아닌 것처럼 느껴지고, 기도를 외부에서 바라보면 한갓 침묵이나 중얼거리기만 하는 형상일 뿐이다. 여기에 무슨 변화며 안녕을 이끌어낼 수가 있겠는가. 그러니 '그렇지 않다'. 하지만 '그렇다'.

3. 그것

그렇다. '우리'에 빠져 허우적대는 우리 삶을 건져내면서 아울러 나를 둘러싼 세계가 환한 빛으로 가득한 광명의 공간으로 탈바꿈하려는 우리 마음 한가운데에는, 헤아리기 어려울 만큼 아주 오래전부터 이어져 내려온 씨앗이 있는 듯하다. 씨앗이 곧 씨알이다. 누가 심은 씨앗인지 모르겠지만, 저 높은 곳에 '계시는', 그래서 우리와 아주 동떨어진 듯한 존재이지만 그를 찾고자 속으로 침잠해 들어가는 사람들이 있는 것만으로도 낌새를 느낄 수 있다. 우리 조상들이 무슨 일만 생기면, 아니 무슨 일이든 '천지신명'께 정화수를 올리고 빌었던 까닭이야 쉽게 헤아릴 수 있지만 왜 하필 눈에 보이지도 않고 애써 찾으려 해도 흔적조차 만지고 볼 수도 없는 '존재'를 향해 바보처럼 중얼거렸을까. 이것은 미신일까. 단지 쌀米을 구하기 위한 얄팍하지만 정성 어린 풍속일까. 그래서 저도 영문도 모른 채 자신의 조상이 해왔던 행위를 무심코 따라하기만 하는 어리석은 행동일까.

신앙의 대상이 무엇이든, 신앙의 실천이 무엇이든 사람들이 찾고자 하는 게 제각기 다르면서도 끝내 하나로 귀결되는 것이 바로 자신과 남들을 위한 '돌봄'일 것이다. 돌보는 일이야말로 살리는 일이요, 살리는 일이야말로 사르는 일이다. 이런 마음에 남녀가 없고, 노소가 없으며, 나라가 없다. 동학으로 돌아가 보자. 동학은 한때 들끓다 지난한 부침과 분열을 거쳐 '각개전투'마냥 여기저기 널브러진 종교의 한 형태가 아니다. 그래서 동학을 믿는다고 하지 않고 동학한다고 한다. 동학하는 사람들은 삶 자체가 이미 요소론적인 하나의 실존이 생존하는 것과는 다르다. '그것'을 모시면서 살아가기에 사르기에 만사, 시시때때로 엄숙하고도 경애 敬愛롭다. 자신을 높이지만 절대 자만하지 않는다. 이는 무엇을 말함인가.

"우리가 그것을?"

종합잡지 『개벽』1920년 창간 주필을 맡았고 해방 후 북한 천도교도를 지도하기 위해 북한으로 올라갔다 1947년 행방불명이 된 소춘 김기전 1894~? 선생이 돌아가시기 직전에 뱉었던 말로 전해진다. 우리가 그것을? 아이들에게 경어를 썼으며, 평생 신앙과 사회운동을 게을리하지 않았던 한 사람의 삶을 추동한 힘은 무엇이었던가? 그것이 '천도교'라는 종교심 때문에 가능했으리라 추측은 할 수 있겠지만, 그것만으로는 설명하기 힘든 묘한 기운을 느낀다. 어떻게 한 사람이 개인의 욕망마저 끊어버린 채 한평생을 수도정진과 사회적 실천에만 매진할 수 있을까. 순교라기에는 어디가 모자란 표현인 듯하고, 희생이라기엔 그 죽음마저 거룩하다. 믿음? 한 번 믿음의 숲에 빠진 사람은 어지간해서는 그 믿음을 저버리기 힘들다. 그래서 한 번 믿으면 그뿐이다. 믿기에 믿음을 얻고, 믿음을 얻었기에 평온하다. 평온하면 가뿐히, 언제라도 삶을 사를 살 준비가 되어 있다. 온몸을 찢는 것 같은 고통마저 마치 '타인'처럼 응시하면서 저 높은 데를 쳐다보며 한 가지 던질 수 있는 말이 솟아 나왔다. 우리가 그것을? 그래서 동학이라는, 믿음 너머에서 다시 돌아나가는 사름 사람, 삶 의 엄정한 윤리적 잣대가 동학하는 사람들에게 심어져 씨앗처럼 자라난 것이다.

정천구

삼국유사를 연구의 축으로 삼아 동아시아 여러 나라의 문학과 사상 등을 비교 연구하면서 대학 바깥에서 '바까데미아바깥+아카데미아'라는 이름으로 인문학 강의를 하고 있다. 논어, 대학, 한비자 등에 관한 다수의 책을 썼고 동아시아의 여러 책을 우리말로 옮겼다.

동아시아에서
믿음과 그 변주

처음에 나는 사람에 대해서 그 말을 들으면 그 행동을 믿었다. 이제는 사람에 대해서 그 말을 들으면 그 행동을 살핀다. 재여 宰予 로 말미암아 이렇게 고쳤다.

『논어』「공야장」

믿음, 사회 윤리에서 정치 원리로

한무제 漢武帝, 기원전 141~기원전 87 재위 때 유학은 다른 모든 학문을 누르고 국가의 통치 이념이 되면서 유교로 불리었고, 공자 孔子 는 소왕 素王 으로 떠받들어졌다. 유교는 곧 동아시아 각국에 전해져 중세화를 이룩하는 데에 큰 구실을 했다. 『논어』「술이」편의 "공 스승께서는 네 가지를 가르치셨으니, 문화와 실천, 참됨과 미쁨이었다 子以四敎, 文行忠信 "는 대목에 잘 드러나듯이 중세화는 보편적인 윤리와 문화를 구현하는 일이었다. 그 윤리 가운데 하나가 미쁨 곧 믿음이다. 상대에게 믿음을 주기에 충분한 모습이 미쁨이다.

미쁨은 신信 이라는 글자에서 드러나듯이 믿음을 주는 '말'에서 시작되지만, '말'에서 끝나지 않고 '행위'에서 마무리된다. 공자는 "말을 삼가고 미쁘게 해야 한다 謹而信"고 말했다. 아무 말이나 해서는 안 되고, 자신이 감당할 수 있는 말만 해야 한다는 뜻이다. 감당한다는 것은 곧 그 말대로 행동한다는 뜻이다. 행동이 따르지 않으면 그 말은 불신不信 된다. 이러한 미쁨 곧 믿음은 기본적으로 사회생활에서 요구되는 덕목으로서 사회 윤리의 근간이었다. 그런데 공자는 이를 정치 원리로까지 확장시켰다.

자공이 정치에 대해 여쭈니, 공자가 말했다.

"먹을거리가 넉넉하고 병력과 무기가 넉넉하고 백성들이 믿는 것이다."

"어쩔 수 없이 꼭 버려야 한다면, 세 가지 가운데 무엇을 먼저 버릴까요?"

"병력과 무기를 버려라."

"어쩔 수 없이 꼭 버려야 한다면, 두 가지 가운데 무엇을 먼저 버릴까요?"

"먹을거리를 버려라. 옛날부터 모든 사람은 죽었다. 그러나 백성에게 믿음이 없으면, 그 나라는 바로 서지 못한다."

『논어』「안연」편

공자를 통해 믿음은 사회 윤리를 넘어 정치 원리가 되었다. 그러나 유교를 통치 이념으로 삼은 한대 漢代 이후의 중국사를 돌아보면, 믿음의 정치가 실행된 경우는 거의 없었다고 해도 과언이 아니다. 남북조시대 386~589 의 선비족에서 청 淸, 1636~1912 의 만주족까지 한족 인구의 100분의 1도 채 되지 않는 이민족들이 거듭해서 거대한 중국 땅을 별 어려움이 없이 차지하고 통치했다. 소수의 이민족들이 중국을 통치한 기간이 무려 1천여 년이다. 한족 왕조들의 정치가 백성에게 믿음을 주지 못했기 때문임은 두말할 나위도 없다.

패거리즘이 된 중국의 믿음

오늘날 중국인들이 일상에서 또 중국이 국제 사회에서 보여주는 행태들을 보면, 유교의 그 믿음이 존재하기는 했는지 의문스러워진다. 물론 보편적인 윤리로 뿌리를 내리지 못했을 뿐이고, 변형된 형태로 전해지고는 있다. 바로 협객들의 믿음으로, 오늘날의 '꽌시 關系'도 그 연장선에 있다.

『한비자』에서 한비는 "협객은 무예로써 금령을 어긴다"고 하고 또 "협객들은 무리를 모아서는 절의를 내세우면서 제 이름을 드날리지만 관청의 금령을 어긴다"라고 하면서 비난했다. 그러나 사마천은 『사기』의 「유협열전 游俠列傳」을 통해서 협객에 대해 이렇게 말했다.

"지금 유협은 그 행동이 비록 정의에 들어맞지는 않지만, 그 말은 믿을 수 있고 그 행동은 과감하며, 일단 승낙하면 반드시 지극히 하면서 제 몸을 아끼지 않고 남의 곤경에도 뛰어들면서 자신의 존망과 생사를 다 건다. 그럼에도 제 능력을 뽐내지 않고 제 덕을 자랑하는 걸 부끄럽게 여긴다."

사마천도 유협들의 행동이 보편적 정의에 들어맞지 않다고 지적했다. 그럼에도 사마천이 이들을 옹호하고 중시한 까닭은 자신의 경험 때문이다. 흉노를 정벌하러 간 이릉이 흉노에게 투항한 일을 변호하다가 궁형에 처했을 때, 사마천은 50만 전의 돈을 빌리지 못해 면죄를 받지 못하고 치욕을 당했다. 어느 누구도 그를 도우려 하지 않았다. 불의와 배신감에 치를 떤 사마천의 마음을 파고든 이들이 바로 유협들이었다.

은혜를 입거나 원한이 있으면 반드시 갚았던 유협들은 사마천뿐만 아니라 차츰차츰 민중의 마음에도 파고들었다. 정치적으로나 사회적으로 믿음이 사라진 자리를 유협의 신의가 대신한 것이다. 그러한 현실이 응결되어 나타난 것이 『수호전』이다. 『수호전』은 양산박에 모인 108명의 호걸들, 정확하게는 도적들이 조정과 관아에 맞서는 이야기다. 출신이 다양한 그들은 서로 뜻이 맞아서 한패가 되었는데, 공통적으로 잘하는 것은 살인이다. 탐관오리든 평민이든 자기

무리에 속하지 않는 자는 어린애까지도 서슴없이 죽인다. 보편적인 정의나 도리는 찾아보기 어렵다. 그럼에도 대부분 중국인들은 그들을 도적이 아닌 협객으로 본다.

조정에서 보낸 총관 진명은 군사들을 이끌고 양산박의 도적들과 맞붙었다가 도리어 함정에 빠져 사로잡혔다. 송강은 진명을 자신의 무리로 끌어들이려 했으나, 진명은 마다하고 홀로 성으로 돌아갔다. 그런데 성에서는 진명이 배신했다며 그 부인의 목을 보여주었다. 진명은 하는 수 없이 양산박으로 돌아갔는데, 그때 송강이 이렇게 말했다.

"총관께서는 너무 책망하지 마십시오. 어제 총관을 붙잡아 산채에 남도록 권했으나 끝까지 마다하셔서 내가 부득이하게 계책을 냈습니다. 졸개 중에 총관과 모습이 흡사한 자를 골라 총관의 갑옷과 투구를 입히고, 그 말을 타고 낭야봉을 빗겨 들고 바로 청주성으로 화적들을 이끌고 가서 살인을 했습니다. 총관께서 집으로 돌아가려는 것을 막으려 했기에 부득이 살인과 방화를 했습니다."

제 맘에 드는 자를 얻으려고 살인과 방화를 저지르고서는 '부득이했다'고 송강은 말했다. 과연 정당화될 수 있겠는가? 그런데 중국인들은 아무런 거부감이 없이 받아들였다. 이런 패거리즘의 믿음만 남았으므로 모든 중국인이 하나로 뭉치기가 쉽지 않았을 것임은 뻔하다. 20세기 초 일본이 대륙을 침략해 왔을 때, 조선처럼 의병들도, 단 한 명의 열사

나 의사도 없었던 것을 보라. 당시에 중국인을 '흩어진 모래'
라는 말로 표현한 적이 있는데, 그것이 역사적으로 '보편적
인 믿음'을 상실한 탓임을 아는 이는 거의 없다.

상명하복이 삼켜버린 일본의 믿음

일본의 가장 오래된 역사서 『일본서기 日本書紀』720년 를
보면, 604년조에 쇼오토쿠 聖德, 574~622 태자가 지었다는
일본 최초의 법이 나온다. 이른바 〈십칠조헌법 十七條憲法 〉
이다. 그 아홉째 조목은 이러하다.

아홉째. 믿음은 올바름의 뿌리이니, 무슨 일에서나 믿음이 있
어야 한다. 일이 잘 되고 못 되는 것, 성공과 실패의 요체는 믿음에
달려 있다. 신하들이 함께 믿는다면, 무슨 일인들 성공하지 못하겠
는가? 신하들이 믿지 않는다면, 모든 일에서 다 실패한다.

쇼오토쿠 태자가 이 헌법을 지었는지 여부에 대해서는
여전히 논란이 되고 있다. 중요한 것은 '믿음'을 정치 원리로
제시했다는 사실이다. 이는 일본에서도 유교를 정치 이념으
로 받아들였다는 것을, 그리하여 일본 또한 중세화를 이룩
함으로써 고대의 낡은 틀에서 벗어났다는 것을 의미한다.

동아시아의 일원이 되겠다는 의지의 표명이기도 하다.

그런데 위의 조목에서 믿음은 그 함의가 매우 독특하다. 정치 원리로서 믿음은 군신 君臣 의 수직 관계를 수평 관계로 전환함으로써 함께 국사를 토의하고 운영하려는 것인데, 위에서는 신하들 사이에서만 믿음이 운위되고 있다. 더구나 신하들끼리 서로 믿는다는 것도 아니다. 신하들이 함께 '천황'을 믿느냐 믿지 않느냐에 따라 성패가 나뉜다고 했다. 속뜻은 천황을 무조건 믿고 따라야 한다는 것이며, 그것이 올바름이라는 말이다. 이 믿음과 올바름은 모두 '상명하복上命下服'을 전제로 한 것이다. 나중에 무사 정권이 이어지면서 '참된 마음'을 뜻하던 '충 忠'이 상명하복의 '복종'으로 쓰이다가 마침내 일본인들의 정신과 정서를 지배하는 덕목이 된 것도 이로부터다.

일본 최고의 국민 문학인 『츄신구라 忠臣藏 』는 '충으로서 믿음'을 잘 보여준다. 18세기 초에 아코번 赤穗藩 의 낭인 무사들 47명이 주군의 복수를 위해 막부의 고위관리인 키라 코즈케노스케를 비롯해 그 호위 무사들을 집단 살해한 뒤에 모두 할복해 죽은 사건이 있었다. 『츄신구라』는 이를 바탕으로 각색한 문학으로, 주군에게 복종하고 주군을 위해 죽는 것이 충이고 신의임을 보여준다. 47명의 낭인 무사들이 은인자중하면서 용의주도하게 기회를 노렸다가 2년 만에 주군의 원수를 갚은 일은 〈십칠조헌법〉의 9조에서 말한 "신하들이 함께 믿는다면, 무슨 일인들 성공하지 못하겠는가?"를 그대로 구현한 것이었다.

사실 47명의 무사들은 국법을 어기고 사사로이 복수했다. 그럼에도 당시 무사들과 지식인들 대부분 그 복수를 인정했고, 특히 서민들은 그들을 '올바른 무사' 곧 '의사 義士'로 칭송했다. 그러나 그 올바름은 보편적인 원리나 이치에 근거한 올바름이 아니라 가신으로서 주군에 대한 신의를 다했다는 뜻에서 올바름이다. 이런 신의는 위를 향한 아래의 일방적인 믿음이며, 복종의 다른 이름일 뿐이다. 이런 믿음의 문화에서는 민심을 헤아리는 정치도, 민중이 주체가 되는 정치도 좀처럼 나오기 어려운데, 메이지 유신 이후 지금까지의 정치를 보더라도 확인된다. 밀실에서 이루어지는 협잡을 정치라 해도, 정권이 아무리 부패하고 타락해도 대규모 시위 한 번 일어나지 않았다. 복종으로서 믿음이 정부와 국민을 오야붕 親分 과 꼬붕 子分 의 관계로 고착화하는 구실을 한 셈이다.

애정에 녹아든 한국의 믿음

신라시대의 고승 원광 圓光, 542~640 과 함께 거론되는 것이 '세속오계 世俗五戒 '다. 전형적인 유교의 가르침인 사군이

충 事君以忠 과 사친이효 事親以孝, 교우이신 交友以信 에 임전무퇴 臨戰無退 와 살생유택 殺生有擇 이 더해신 것으로, 화랑을 비롯한 신라 젊은이들의 규범이었다. 여기에도 믿음이 주요한 원리로 제시되어 있다.

신라의 대표적인 문장가 강수 强首 는 귀족 출신이다. 그런데 일찍이 부곡 釜谷 의 대장장이 집 딸을 사랑해 정을 통했다. 스무 살이 되자 부모가 용모와 행실이 좋은 여자를 중매해서 혼인시키려 했다. 강수는 두 번 장가들 수 없다며 거절했다. 그 아버지가 "너는 명망이 있어 온 나라 사람들이 다 아는데, 미천한 여자를 배우자로 삼는 것은 부끄러운 일이 아니냐!"라고 성내며 다그쳤다. 이에 강수는 두 번 절하고서 말했다.

"가난하거나 신분이 천한 것은 부끄러워할 게 아닙니다. 도리를 배우고서도 행동하지 않는 것이야말로 참으로 부끄러워할 일입니다. 저는 일찍이 '함께 고생을 한 아내는 내칠 수가 없고, 가난하고 미천했던 때의 벗은 잊을 수 없다'는 말을 들었습니다. 그러니 미천한 아내를 차마 버리지 못하는 것입니다."

강수는 정식으로 혼인을 하지 않았음에도 미천한 여인을 아내라고 당당하게 밝혔다. 신분의 경계를 뛰어넘는 '애정'에 벗 사이에서 볼 수 있는 믿음이 더해져 아내를 자신과 대등하게 여기고 있다. 이렇게 남녀 사이의 애정에 믿음이 더해진 정서나 심리는 매우 한국적인 것이라 말할 수 있다.

중국에 『수호전』이 있고 일본에 『츄신구라』가 있다면, 한국에는 『춘향전』이 있다. 춘향과 이몽룡은 신분의 차이가 엄연한 10대였으므로 그들의 사랑은 한때의 불장난처럼 보였으나, 오래 헤어져 있으면서도 그리움과 사랑은 더욱 깊어졌다. 수령 변학도의 수청 요구는 기녀인 춘향을 압박해 그들의 사랑은 위기를 맞았다. 그런데 춘향은 "충신은 두 임금을 섬기지 않고, 열녀는 두 지아비를 섬기지 않는다"는 유교의 논리로 맞서면서 신분의 질곡과 사랑의 자유 사이에서 자신의 길을 찾았다. 당당하게 곤장을 맞고 옥에 갇힌 춘향은 거지 차림으로 찾아온 이몽룡을 보고서도 안타까워하기만 하고 흔들리지는 않았다. 어사가 되어 돌아온 이몽룡 또한 춘향을 아내로 맞이했다.

헤어진 연인은 그리움으로 감정의 늪에 빠져들기 쉽다. 그러나 춘향과 이몽룡은 그렇지 않았다. 시련과 위기를 겪으면서도 파탄에 이르지 않았던 것은 그 애정에 믿음이 더해져 있어서다. 오늘날 남편들이 자신의 월급을 고스란히 아내에게 넘겨주고는 용돈을 받는 것이나, 남편이 직장을 잃었을 때 아내가 남편을 위로하고 그 짐을 자신이 떠맡는 일이나 모두 애정에 믿음이 녹아 있어서다. 물론 이런 마음을 대충 '정'이라 표현하기도 하는데, 중요한 것은 그 정이 애정과 믿음을 고갱이로 하고 있다는 사실이다.

강수와 춘향의 발언에서 엿볼 수 있듯이 한국의 믿음은 보편적인 정의를 바탕에 깔고 있다. 그 보편성이 민중항쟁, 동학혁명, 국채보상운동, 3·1운동, 의병 활동, 4·19 의거, 민주화 운동, 촛불혁명 등이 계속되도록 만들었고, 동아시아에서 한국이 가장 빨리 민주화를 이룰 수 있게 했다. 한국인은 정이 많다고들 말하는데, 사실은 아무런 의심이 없이 쉽게 믿는다는 뜻이다. 온 국민이 쉽게 화합하고 결속해서 거대한 위기를 넘기는 일도, 일상에서 터무니없이 쉽게 사기를 당하는 것도 모두 쉽게 믿어서다. 흔히 "그놈의? 정 때문에!"라고 말하지만, 따지고 보면 그 '정'도 "너도 그도 다 나와 같다"라고 하는 '믿음'의 다른 표현일 뿐이다.

김문기

부경대학교 사학과 교수. 하동에서 태어나 20대부터 부산에서 지냈다. 부산대학교에서 석사학위 및 박사수료를 마치고, 부경대학교에서 박사학위를 받았다. '소빙기 Little Ice Age'라는 기후 변동이 근세 동아시아에 끼친 영향을 연구했다. 현재는 동아시아의 자연사 Natural History 및 어류 지식의 역사에 관심을 기울이고 있다. 저서로는 『바다, 물고기, 지식: 근세 동아시아의 어류박물학』 한국학술정보, 2019 이 있다. 공저로는 『해양사의 명장면』 산지니, 2019, 『바다를 읽다: 바다와 인류문화의 관계사』 국립해양박물관, 2016, 『19세기 동북아 4개국의 도서분쟁과 해양경계』 동북아역사재단, 2008 등이 있다.

타오

후조候鳥,
기후의 뜻을 묻다

살다 보면 가슴에 꽂혀 빠지지 않는 단어가 있다. 태풍이 멎은 이기대 바닷가에서 수평선 너머 쏟아지는 햇살을 볼 때, 삶과 죽음이 영겁의 시간에 엉켜 찰나로 멈춰버린 원원사지遠源寺址 쌍탑 사이에 짙은 바람 몰아칠 때, 옛 백제병원 뒤 탑 마트 주차장에서 남선창고의 기억을 붙들고 있는 붉은 벽 앞에 섰을 때, 그 단어는 살아나서 내게 달려들었다. 내장 깊은 곳에서 식도를 치고 올라 입으로 새어 나오는 신음 같은, '허허한.'

경주 원원사지 쌍탑

별것 아닌 이 단어에 나는 왜 매료되었을까? 어린 시절 읽었던 한 편의 시 때문이었다. 조금만 연배가 있으신 분들은 짐작할 것이다. 김남조 시인의 「후조」다. "갓 추수를 해 들인 허허한 밭이랑에, 노을을 등진 긴 그림자 모양, 외로이 당신을 생각해 온 이 한철." 시골에서 자랐던 내게 이 시구는 눈 앞에 펼쳐진 아스라한 가을날의 한 장면이었다. 가을걷이를 끝내고 텅 비어 있는 들판에서 노을 지는 하늘 끝에 편대를 이루며 날아가는 그 새 떼를 보았을 때, 그렇게 '허허한'이란 단어는 깊숙이 박혔다.

시를 읊조리다 보면, '허허한'만큼 매력적인 단어가 있었다. '후조 候鳥'였다. 후조? 느낌만으로도 무엇을 말하는지는 짐작할 수 있었다. 철에 따라 서식지를 옮겨 다니는 새, 이른바 철새이다. 시인은 왜 '철새'가 아니라, 굳이 '후조'라고 했을까? "어여쁘디 어여쁜 '철새'"라고 했다면? 그때의 질문을 떠올릴 때면, 지금도 입가에 웃음이 스민다. '허허한'이던 '후조'이던, 한글만으로 표현하기 어려운, 한자가 가진 나름의 묘미 때문이리라. '후조'는 더욱 그러하다. '후조'를 철새라고 번역하고 있지만, 그것만으로는 그 적확한 의미를 음미할 수 없다. 이 단어에 보다 심오한 의미가 있음을 깨닫는 데는 제법 긴 시간이 필요했다. 역사학자로서 내가 연구하고 있는 대상과 깊이 관련되어 있다. 기후변화가 그것이다.

감히 말하건대, '후조'는 동아시아 '기후'의 개념을 알지 못하면 오롯하게 이해할 수 없는 단어이다. '기후'란 무엇인가? 일반적으로 날씨 Weather 를 뜻하는 '기상 氣象'이 공기 중에서 일어나는 하나하나의 대기현상, 또는 순간적으로 나타나는 대기 상태를 의미한다면, 기후 Climate 는 이런 기상의 종합적인 상태를 말한다. 즉, 기후란 매년 되풀이되어 출현하는 대기현상으로, 특정 장소에서 매년 비슷한 시기에 출현하는 평균적이며 종합적인 대기 상태라고 할 수 있다. 기상이 순간적이고 개별적인 대기현상이라면, 기후는 이런 기상현상의 장기적인 평균 상태인 셈이다. 기후의 정확한 개념을 이해하기 위해서는, '매년 비슷한 시기'와 '되풀이되는'이라는 말에 주목할 필요가 있다.

기후를 뜻하는 '클라이미트 Climate '라는 단어는 고대 그리스어 "내가 기운다 $K\lambda\iota\omega$=klino "는 의미에서 유래한다. 땅 또는 산맥 등의 경사 혹은 기울기에서 출발한 개념은 적도에서 극 極 으로 향하는 지구 표면과 하늘의 경사로 확대되었다. 곧 태양의 지표면에 대한 경사, 지표면의 극에 대한 경사 등을 의미했다. 태양의 지표면에 대한 경사에 따라 태양복사의 강도가 각기 달라서, 경사각의 편차가 작을수록 따뜻하고 클수록 추워진다는 사실에서 기원한다. 위도의 변화를 '클라이미트'의 차이로 표현했고, 그 위도선을 중심

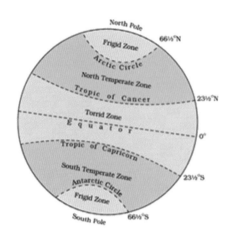

고대 그리스 '기후대 Climatic Zone'

으로 7개의 지대 클라이미트 로 나누었다. 이처럼 '클라이미트'
는 지표면과 태양 사이의 기울기라는 공간적인 개념이 강했
다. 이후에 기상 현상에 대한 지식이 덧붙여지면서, 대체로
18세기가 되면 오늘날과 같은 의미의 '기후 Climate '라는 개
념이 정착했다.

그렇다면 동아시아적인 의미의 '기후 氣候'는 무엇일까?
동아시아적인 개념에서 기후 氣候 란 '24기氣 72후候'의 줄
임말이다. 24기의 '기氣'는 절기 節氣 를 의미한다. 태양이
지나는 황도 黃道 를 기준으로 1년을 24개의 마디로 나눈 것
이다. 입춘 우수 경칩으로부터 동지 소한 대한까지, 태양력
에서 매년 반복되는 시간의 기준점이다. 우리에게 24절기가

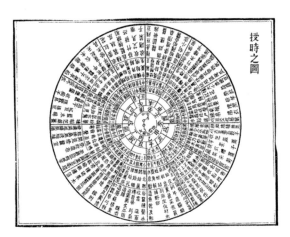

「왕정농서」「수시지도」

익숙하다면, 72후는 약간 낯설 것이다. 72후는 각 절기를 기준으로 자연의 변화를 보여주는 3개씩의 징후이다. 예컨대 입춘立春은 북두칠성의 자루가 간방을 향하는 때로, 봄기운이 처음으로 이른 때이다. 입춘의 1후候에는 동풍에 얼음이 녹고, 2후에는 동면하여 움츠리고 있던 벌레가 꿈틀대기 시작하며, 3후에는 물고기가 수면 가까이 떠올라 얼음을 등에 진다.

정리해보자. 1년歲이 4계절時 12달月로 이루어져 있으니, 24절기의 한 절기는 15일이다. 72후는 한 절기에 3개씩 있으니, 한 후候는 5일이다. 그러므로 5일이 1후候, 3후가 1기氣, 2기가 1월月, 4월이 1시時, 4시가 1세歲가 된

다. 1년 360일에서 24기는 15일씩의 시간의 마디이며, 72후
는 5일마다 펼쳐지는 자연의 변화를 의미한다. 하늘의 시간
을 인간이 발 딛고 있는 지상의 시간으로 바꿔놓은 것이 24
기라면, 그 순환에 따라 변화하는 자연의 징후들이 72후인
것이다. 따라서 '기후 氣候'란 매년 비슷한 시기에 자연의 변
화가 일정하게 되풀이되는, 시간의 리듬이라고 할 수 있다.
유럽의 기후 Climate 가 공간적인 개념이 강했다면, 동아시아
의 기후 氣候 는 시간적인 개념이 강했다는 점에서 확연한 차
이를 보인다.

1년 4계절, 24절기에 따른 한난 寒暖·건습 乾濕 의 변화를
반영하는 것이 '72후'이다. 거기에는 우레와 번개, 무지개,
풀과 나무, 곡물과 꽃, 곤충, 새, 짐승 등 다양한 자연물이 등
장한다. 예컨대 우수의 1후 候 에는 복숭아꽃이 피기 시작하
며, 2후에는 꾀꼬리가 운다. 곡우의 1후에는 땅강아지가 울
며, 2후에는 지렁이가 나온다. 소설의 2후에는 호랑이가 교
미하며, 대설의 2후에는 고라니의 뿔이 떨어진다. 그런데 전
체 자연물을 통틀어 가장 빈번하게 등장하는 것이 있다. 무
엇일까? 답은 '기러기 鴻雁'다.

기러기는 72후 가운데 무려 네 군데에 등장한다. 백로
의 1후에는 기러기 鴻雁 가 온다고 했으며, 한로의 1후에도

『청궁금보清宮禽譜』 「빈안賓雁」

기러기가 와서 손님으로 묵는다고 했다. 소한의 1후에는 기러기가 북쪽으로 향한다고 했으며, 우수 2후에도 기러기가 북쪽으로 날아간다고 했다. 앞의 두 경우는 북쪽에서 남쪽으로 내려오는 것이며, 뒤의 두 경우는 남쪽에서 북쪽으로 돌아가는 것이다. 각각 비슷한 내용이 두 번 반복되는 것은 일종의 선발대와 후발대를 묘사한 것이다. 중국에서는 기러기가 태양을 쫓아 남북으로 오가기 때문에 '양조陽鳥'라고도 했다.

이제 '후조候鳥'라는 말의 의미를 보다 선명하게 알 수 있을 것이다. '72후'에 등장하여, 절기에 따른 기후변화의 징후를 보여주는 새이다. 기러기야말로 대표적인 후조이다. 청말민초 淸末民初 의 서가 徐珂 는 "기러기는 날아갈 때 스스로 행렬을 이루어 가을에 왔다가 봄에 돌아간다. 이런 까닭에 기러기를 후조候鳥 라고 한다."라고 분명하게 지적했다. '후조'는 단순히 철새라는 의미를 넘어, 24기 72후라는 동아시아 기후 개념의 핵심을 차지하고 있다.

동아시아에서 '기후'의 개념이 시간의 리듬에서 출발한다고 했을 때, 그 중요성은 훨씬 크다. 천시 天時 지리 地利 인화 人和 라는 삼재 三才 사상이 강력했던 동아시아에서, 기후는 곧 천시가 지상의 자연에 발현된 이름이었다. 인간은 기후라는 시간의 리듬에 따라 생활의 패턴을 맞추고 길들여야 했다. 이것이 '세시풍속'이다. 동아시아에서 농업은 농민이 이 시간의 리듬에 맞추어 곡물을 성장시키고 수확하는 과정이었다. 인간의 질병과 건강 또한 기후라는 시간의 리듬에 몸이 얼마나 조화롭게 맞추는가에 따라 결정된다고 보았다.

동아시아 대부분의 의서와 농서에서 '24기 72후'에 대한 이론이 빠짐없이 실려 있는 까닭도 기후 자연 인간에 대한 종합적이고 유기적인 사고방식 때문이다. 1742년 건륭제의 칙령으로 간행된 방대한 농서의 이름이 왜『수시통고 授時通考 』인지도 짐작할 수 있다. 황제에게 농업은 곧 농민에

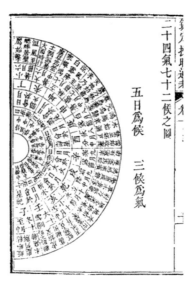

「수시통고」「이십사기칠십이후지도」

게 기후라는 시간의 리듬을 알려주고 授時, 그 순환에 맞추어 농사를 짓게 하는 은혜를 베푸는 것이다. 실제로『수시통고』는 「천시문 天時門」에서 시작되고 있어, 이런 정신을 그대로 반영하고 있다. 동아시아에서 '기후'는 인간의 몸에서 농업, 세시풍속, 국가 통치에 이르기까지 하나로 관통하는 핵심 요소였다.

그런데 역사적으로 기후는 끊임없이 변화해 왔다. 지난 밀레니엄 동안에는 중세온난기 Medieval Warm Period 와 소빙기 Little Ice Age 를 겪었다. 오늘날에는 지구온난화 Global

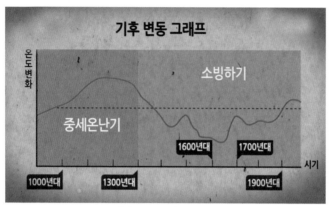

지난 밀레니엄의 기후 변동

Warming를 우려하고 있지만, 불과 수백 년 전에는 차가워
진 날씨에 시달렸다. 이러한 기후변화를 어떻게 인지할 수
있을까? 인간이 기온을 수량화하는 데에 성공했던 것은
17세기 언저리였다. 1593년 갈릴레이가 온도계를 발명하
고, 1643년 토리첼리가 기압계를 발명했다. 더하여 1714년
에는 화씨온도계, 1736년에는 섭씨온도계가 발명되면서 기
온은 오롯하게 숫자로 측정되었다. 하지만 온도계가 없었던
동아시아에서는?

기후변화를 잘 보여주는 것은 자연의 변화이다. 봄이 왔
지만 봄 같지 않다는 '춘래불사춘 春來不似春'이야말로 대표
적인 표현이다. 이전보다 기후가 추워지면 얼음도 늦게 녹
고, 꽃의 개화도 늦어지며, 작물의 생장도 지체된다. 이런

정경운, 『고대일록』, 선조 33년 7월 2일 조

자연의 징후, 곧 기존의 72후가 때에 어긋나게 된다. 예를
들어보자. 함양 출신의 의병장 정경운 鄭慶雲 이 임진왜란을
겪으면서 남겼던 『고대일록 孤臺日錄 』이라는 일기가 있다.
선조 33년 1600 7월 2일의 기록에는 흥미로운 내용이 하나
있다. "기러기 소리를 들으니, 마침내 서리 내리는 가을이
멀지 않았음을 알겠다."라는 것이다. 일기의 '7월 2일'은 양
력으로 8월 3일인데, 입추를 며칠 앞두고 있기는 하지만 마
지막 늦더위가 기승을 부릴 때이다. 기러기가 내려오는 백
로를 기준으로 보면 무려 한 달이나 앞선다. 이것을 어떻게
봐야 할까?

『강희경직도 康熙耕織圖 』「모내기 揷秧 」

황당해 보이는 이 기록에는, 정경운은 알 수 없었지만, 흥미로운 비밀이 있다. 실제로 1600년은 세계적인 이상저온 현상으로 여름이 매우 한랭했다. 원인은 그해 2월 19일 페루의 화나푸티나 Huaynaputina 화산의 폭발이었다. 그 여파로 이듬해 아열대에 속하는 중국 남부지역에서는 한여름임에도 눈이 내렸고, 강추위에 여름 내내 갖옷을 입어야 했다. 정경운 또한 4월인데도 경상도에 눈이 쏟아지는 모습에 놀라워했다. 이런 이상저온현상으로 세계 곳곳에서 기근이 들었다. 전 지구적인 한랭화로 인해, 기러기가 이전보다 훨씬 일찍 남쪽으로 내려온 것이다.

중국에서도 기러기와 관련된 흥미로운 기록이 발견된다. "순치 17년 1660 10월, 기러기가 날아왔다. 윈난 雲南 에는 종래에 기러기가 없었는데, 홀연히 기러기가 떼를 이루어 동북에서 날아왔다. 우매한 사람들은 무엇인지 알지 못했다. 식견이 있는 사람이 이것을 기러기라고 일러줬다. 그 이후 매년 겨울에 백여 마리가 떼를 이루어 하루에도 여러 무리가 지나갔다." 이 기록은 17세기 후반 날씨가 한랭해져, 열대지역까지 기러기가 남하했음을 말해준다. 무엇보다 생생한 '소빙기'에 대한 증언인 셈이다.

중국에서는 후조를 '신조 信鳥'라고도 한다. 계절의 변화에 대한 신뢰를 보여준다는 '믿음' 때문이었다. 전통시대 동아시아에서 기후가 변한다는 것은 단순히 기온의 변화에 그치는 것이 아니라 시간

변문진 邊文進, 「홍안일성추색노 鴻雁一聲秋色老」

의 리듬이 변화함을 뜻했다. 거기에 맞추어져 있는 모든 사회적 '믿음'이 흔들리는 것을 의미했다. 어쩌면 그것이야말로 진정한 위기였다. 오늘날 인류가 겪고 있는 지구온난화 또한, 여름과 겨울이 확연하게 길어지고 봄과 가을이 아주 짧아진, 시간의 리듬 자체가 변화했음을 보여준다. 어쩌면 훨씬 남쪽까지 내려왔던 기러기를 앞으로는 보기 어렵게 될지도 모를 일이다. 시인의 말처럼, "우리들 이제 오랜 이별 앞에 섰다."

역사를 연구하는 나는 인간보다는 작은 풀벌레, 꽃, 물고기, 용과 고래, 괴물에 관심이 더 많다. 가끔 '왜 조금은 특이한 주제에 천착하는가?'라는 질문을 받곤 한다. 그럴 때면 어린 시절 노을 지던 허허한 벌판에서 멍하니 하늘을 바라보았던 한 소년을 떠올리곤 한다. 그때 그 소년은 기러기가 향하는 저 하늘 끝을 궁금해했었다. 지금의 나도, 그러하다.

우타가와 히로시게歌川廣重, 「다카나와高輪의 명월 明月」

후조候鳥, 기후이 뜻을 묻다

한형식

연세대학교에서 철학을 전공했고, 같은 학교 철학과 박사과정을 수료했다. 대중과 함께하는 강의, 세미나를 진행하며 책을 쓰고 옮긴다. 『맑스주의 역사 강의』『처음 읽는 독일현대철학』『현대 인도 저항운동사』『인도 수구세력 난동사』『공산당선언에 대해 알고 싶은 모든 것』근간『기울어진 식탁에서 철학하기』근간 등의 책을 썼고 또 몇 권의 책을 번역했다.

믿음에서
과학으로의 발전

　20세기에 존재했던 공산주의 사회에서 『공산당선언』의 제목이 논란거리가 될 것이라고 예상한 사람이 있었을까? 그것도 '공산주의'가 아니라 '당'이 문제여서 말이다. 공산주의에 적극적으로 찬성하는 사람들 한편에서는 당이 공산주의 실현의 핵심적이고 필수적인 정치적 수단이라고 믿었다. 당이 아니라면 어떤 수단으로 공산주의 사회에 도달할 수 있을까? 또 공산주의 사회가 오면 민중들은 명실상부 공산당과 한 몸이 될 텐데 당이 왜 문제라는 것인가? 그러나 다른 한편은 바로 그 당이 진정한 공산주의의 실현을 가로막는다고 믿었다. 전자는 그래서 『공산당선언』이라는 책의 제목이 공산주의를 선언하고 실천하는 주체가 당이라는 생각을 마르크스 자신이 가졌던 증거라고 보았다. 후자는 『공산당선언』을 『공산주의자 선언』으로 고쳐 불러야 당의 폐해를 알릴 수 있다고 믿었다.

　양측은 각기 자신들의 믿음의 근거를 제시했다. 당 옹호자들은 『공산당선언』의 '당'이 20세기에 실재했던 공산당과 같은 것임을 의심하지 않았다. 당 반대자들은 1872년에 발간된 『공산당선언』 독일어 2판부터 『공산주의자 선언 Das Kommunistische Manifest』이라는 제목을 사용했으며 이후의 독일어판들은 모두 이 제목을 사용했다는 사실에 주목했다. 그들은 마르크스가 처음에는 당이란 조직을 공산주의 운동의 주체로 여겼지만, 사상이 성숙하면서 당의 역할을 부정적으로 보았기에 제목을 바꾼 것이라고 주장했다.

그러나 1872년 이후로 나온 독일어 이외 언어로의 번역판에는 『공산당 선언 Manifest of the Communist Party』이라는 제목을 계속 사용했다. 마르크스와 엥겔스는 그들이 살아 있을 때 발간된 모든 번역본을 검수했기에 이 제목도 그들의 뜻이었음은 분명하다. 따라서 두 가지 제목 사이의 차이는 큰 의미가 없다는 의견이 지배적이다. 또 『공산주의자 선언 Das Kommunistische Manifest』이라는 제목의 1872년 독일어 2판의 출판을 주도한 것이 독일의 사회민주주의자들이었다는 점도 중요하다. 마르크스의 노선을 따라 독일의 노동운동을 발전시키던 이들은 급속히 세력이 커지자 자신들의 노선을 분명히 표명하기 위해 마르크스 엥겔스의 『공산당선언』을 선전물이자 교재처럼 사용하기로 했다. 그런데 이들은 오늘날 활동하는 형태의 근대적 대중 정당을 처음으로 만든 집단이다. 독일사민당SPD이 그 당으로 지금도 독일

정당 체제의 한 축이다. 정당으로의 발전을 분명히 지향하고 있던 이들이 당을 부정해서 제목에서 당을 빼고 대신『공산주의자 선언』이라는 이름을 붙였다고 보는 것은 설득력이 전혀 없다.

마르크스와 엥겔스가 1848년과 이후에 사용한 당 partei 이라는 단어는 오늘날 민주주의 사회의 대중 정당, 레닌의 전위당, 그리고 소련과 중국 혁명 이후의 공산당 중 어떤 것과도 상당히 다른 의미로 사용되었다. 1848년에는 이 당들 중에 어떤 것도 없었다. 당시의 '당'이라는 말의 의미는 정치 사상이나 노선과 정책에 대한 의견을 같이하는 사람들의 느슨한 모임이었다. 책의 본문에서 마르크스가 여러 번 사용한 계급 Stand , estate , 민주주의 Demokratie , democracy , 민족 혹은 국민 Nation , national 같은 용어들 역시 지금에 와서는 1840년대의 정치적, 철학적 의미를 가지고 있지 않다. 따라서 소련의 공산당이 마르크스 사상의 초기부터 일관되게 주장된 공산주의 운동의 정치 형태라고 믿거나, 스탈린 시기 소련 공산당 같은 정치 조직을 비판하려는 의도에서 마르크스 엥겔스가 1872년부터 당에 반대했다고 주장하기 위해 『공산당선언』의 제목을 근거로 대는 것은 시대착오적이다.

이것 말고도『공산당선언』이 자신들의 입장, 믿음을 정당화하기 위해 곡해된 사례는 적지 않다. 마르크스가 농촌 농민 농업 그리고 전통과 자연을 도시 산업 근대성보다 열등한 것으로 보고 무시했다는 비판은 생태 위기가 심각해진 20세기 후반부터 서구에 회자되었다. 비판자들은 『공산당선언』의 이 문장을 유죄의 증거로 내세운다. "부르주아지는 인구의 현저한 부분을 '농촌 생활의 우매함 idiocy '으로부터 떼어 내었다. 부르주아지는 농촌을 도시에 의존하게 만든 것과 마찬가지로 야만적 및 반야만적 나라들을 문명국에, 농업 민족들을 부르주아 민족들에, 동양을 서양에 의존하게 했다." 마르크스가 "농촌 생활의 우매함"이라는 문구를 썼다는 이유만으로, 그에게는 반 反 생태주의자라는 딱지가 붙었다.

이 표현에는 당시 도시인들이 가진 농촌에 대한 무시의 의미가 없지는 않다. 그러나 '우매함 idiocy '은 지적인 열등함 stupidity 의 의미가 아니라, 협소한 시야, 혹은 더 넓은 세상으로부터 고립된 처지를 의미하는 단어다. 이 문장은 급속한 도시화, 산업화에서 배제되어 고립되어가던 당시의 시골 사람들이 처해 있던 상황을 묘사한 것이다. 마르크스주의자들은 근거 없는 악의적 비판에 지나치게 친절하게 답하기도 했는데, 존 벨라미 포스터는 『마르크스의 생태학』에서 idiocy는 그리스어 idiotes의 원래 의미를 살린 표현이라고 설명한다. 이 말은 '공동체의 광범한 문제보다 자신의 사적인 문제에만 관심이 있는 사람'이라는 뜻의 단어다. 고전에 익숙했던 마르크스는 고대 아테네에서 우매한 사람 idiot 의 의미가 Idiotes, 즉 공회에 참여하는 사람들과는 달리 공적 생활과 단절한 채 폴리스에서의 생활 같은 공적인 활동을 협소하고 지방적인 관점에서 보는 시민임을 알고 있었다. 고전어 교육을 받지 못한 이후 세대에게는 이 의미가 전달될 수 없었다.

어원까지는 모르더라도 마르크스 엥겔스의 사상과 저작에 조금 더 주의를 기울였다면 이런 오해는 발생하지 않았을 것이다. 『공산당선언』의 위의 구절은 마르크스가 2년 전에 저술한 역시 유명한 책 『독일 이데올로기』에서 도시와 농촌 사이의 적대적 노동 분업에 대해 논의하면서 이미 말했던 것을 간략히 되풀이한 것이다. 그 책에서 마르크스는 도시와 농촌 사이의 분리가 "물질적 노동과 정신적 노동의 가장 커다란 분리"이며, "어떤 사람을 편협한 도시 동물로 만들고, 다른 사람을 편협한 농촌 동물로 만들"며 농촌 인구를 "모든 세계와의 교유로부터, 따라서 모든 문화로부터" 단절시키는 종속 형태라고 비판적으로 진술했다. 자본주의 사회의 가장 큰 병폐인 분업에 의한 소외가 도시와 농촌의 적대적 분리로 나타난다는 말이다. 마르크스에게 도시가 농촌을 복속시키는 현상은 긍정적이거나 피할 수 없는 것이 아니라 극복해야만 하는 부정적 현상이다.

이상의 설명을 통해 알 수 있는 것은 마르크스가 농촌 농민 자연을 멸시한 것이 아니라 부르주아 문명에서 농업과 자연이 소외되는 현상을 "부르주아지는 농촌을 도시의 지배 아래 복속시켰다."고 표현했다는 것이다. 도시의 농촌 지배는 자본주의 모순의 본질적인 측면으로 마르크스가 죽을 때까지 중요하게 다룬 주제다. 그는 도시와 농촌 사이의 물질적 신진대사의 균열이 생태적 위기로 나타난다고 설명한다. 농촌-도시 관계, 야만-문명의 관계, 농업 민족과 부르주아 민족 관계, 동양과 서양의 관계는 더 이상 대등할 수 없다. 이것은 모두 자본주의가 비자본주의 영역을 지배하게 된 결과다. 이 관계들의 본질은 자본주의적 생산양식이 세계의 모든 곳에 침투하여 비자본주의적 영역들을 지배하는 것이다.

자본주의 사회를 공산주의 사회로 전환해야 하는 주된 이유 중 하나는 도시와 농촌의 지배 종속의 관계를 대등하고 조화로운 것으로 만들며 인간과 자연 사이의 균열을 회복하기 위함이다. 마르크스는 프롤레타리아트가 공기, 청결함, 삶의 물리적 수단을 박탈당하는 것과 자본주의 사회의 농민이 세계적 문화와의 관계, 사회적 교류의 더 큰 세계를 모두 박탈당하는 것이 같은 자본주의 모순의 결과라고 보았다. 마르크스는 사회가 농촌 생활과 도시 생활 사이의 극단적 분리 때문에, 점차 "광대 같은 시골뜨기"와 "거세된 난쟁이"로 분열되어 노동 인구의 한 부분으로부터는 지적 영양분을, 다른 부분으로부터는 물질적 영양분을 빼앗았다는 20세기 사람들의 문제의식을 19세기 중반에 가졌다.

한 경우만 더 살펴보자. 마르크스가 젠더, 연령의 문제는 중요하지 않고 노동자냐 아니냐만 중요하다고 생각했거나, 남성 노동자의 이익을 지키기 위해 아동과 여성을 배제해도 된다고 생각했다는 비판도 반생태주의자라는 비판만큼이나 많은 사람들이 믿고 있다. 그 근거로『공산당선언』의 고작 한 문장만을 제시하는 이들이 많다. "성별과 연령의 차이는 노동자 계급에서 더 이상 어떠한 사회적 의의도 갖고 있지 않다." 위의 문장 앞과 뒤에 어떤 말이 나오나 보자. "손노동이 숙련과 힘쓰기를 덜 요구하면 할수록, 즉 현대 공업이 발전하면 할수록 남성 노동은 여성 노동에 의해 밀려난다. 성별과 연령의 차이는 노동자 계급에서 더 이상 어떠한 사회적 의의도 갖고 있지 않다. 기껏해야 연령과 성별에 따라 서로 다른 비용이 드는 노동 도구들이 존재할 뿐이다."

이 단락은 당시의 노동 현장의 상황을 묘사하고 있다. 기계가 대규모로 사용되면서 노동자들의 노동에서 숙련이 필요한 부분은 줄어들고 기계를 보조하는 단순한 노동이 늘어나고 있었다. 기계 도입과 노동 단순화 때문에 성인 남성에 비해 근육의 힘이 약하고, 작업장의 노동 경험으로 숙련된 기능이 없더라도 할 수 있는 일이 늘어났다. 자본가들은 노동력 공급을 늘리기 위해 숙달된 성인 남성만 할 수 있던 노동에 여성과 아동 노동력을 사용하였다. 그리고 아동과 여성에게는 성인 남성 숙련 노동자보다 낮은 임금을 주었다. 노동시장에서 경쟁이 치열해지고 임금이 하락했다. 당시 중요 쟁점이었던 여성과 아동 노동 금지 운동은 인권적 의미뿐 아니라, 노동시장 경쟁을 제한하기 위한 동기도 있었다. 현재 일어나고 있는 정규직-비정규직 노동자, 원청-하청노동자의 경쟁처럼 성인 남성 노동자와 여성 및 아동 노동자 사이의 갈등이 발생했다.

자본가 계급의 입장에서 노동자 계급이 성인이든 아동이든, 남성이든 여성이든 상관없었다. 자본가의 관점에서 경제적 유용성만을 따지자면, 노동자 계급의 젠더와 나이의 차이라는 것은 의미가 없다. 노동자들은 노동도구에 지나지 않기 때문이다. 여성, 아동, 남성 모두 생산의 도구일 뿐이고, 젠더와 연령의 차이는 임금 차별을 정당화하려는 자본가의 핑계로 사용되었다. 젠더와 연령을 생산도구의 구매 비용으로 환원한 것은 마르크스가 아니라 자본가들이다. 마르크스는 자본가들의 이런 행태를 비판적으로 묘사하고 있다. 이런 맥락을 무시하고 마르크스가 젠더, 연령 등의 다양한 모순을 노동 문제로 환원했다는 비판은 근거 없는 것이다.

위의 사례들에 나온 『공산당선언』의 옹호자나 비판자들은 모두 자신들이 보고 싶은 대로, 다른 대중들에게 선전하고 싶은 내용을 『공산당선언』에서 찾아냈다. 하지만 텍스트 밖과 안의 맥락을 무시하고 자신의 믿음으로 미리 판단한 내용을 읽었을 뿐이다. 이런 경우 흔히 잘못된 믿음에 빠져서 객관성을 잃어버렸다고들 말한다. 이 글에서 했듯 사실에 근거해 검증해보고 사실과 일치함이 밝혀지면 올바른 믿음이고 사실과 부합하지 않는다면 잘못된 믿음일까? 아니다. 믿음에 잘못된 믿음은 없다. 옳은 믿음 또한 없다. 옳고 그름의 판단은 믿음에는 적용되지 않는다. 사실에 부합'한다면', 논리적으로 정합적'이라면' 등등의 조건에 따라 옳고 그름이 경정된다면 애초에 믿음이 아니다. 믿음은 믿는 자의 믿음이 유지되는 한 무조건적이다. 믿음이 현실과 다르다는 증거를 인식할 때 믿음이 약해지는 것이 아니다. 믿음이 약해지고서야 믿음을 뒤엎을 증거가 눈에 들어온다.

마르크스는 믿음과 윤리적 가치에 의존하는 공산주의는 자신의 공산주의가 아니며 노동자 계급을 진짜로 해방시킬 수 없기에 그것들을 넘어서려 했다. 그래서 자신의 공산주의에 '과학적 사회주의'라는 이름을 사용했다. 과학의 영역에서는 사람들이 믿든 말든 진리는 진리고 오류는 오류다. 공산주의를 믿느냐 마느냐는 공산주의 사회를 실현해 노동자 계급이 스스로를 해방하는 것과는 아무런 관련이 없다고 마르크스는 생각했다. 『공산당선언』을 읽을 때 우리의 믿음의 틀로 텍스트를 걸러내고 덧칠하면 마르크스의 집필 의도와는 멀어진다. 내 믿음과 상관없이 텍스트는 이미 출판되어 고정된 사실이다. 있는 그대로를 제대로 인식하려는 태도, 믿음에서 과학으로의 전환이 이 책을 읽기 위해 필요하다.

옳고 그름의 판단은
믿음에는 적용되지 않는다.
사실에 부합'한다면', 논리적으로
정합적'이라면' 등등의 조건에 따라
옳고 그름이 경정된다면
애초에 믿음이 아니다.
믿음은 믿는 자의 믿음이
유지되는 한 무조건적이다. 믿음이
현실과 다르다는 증거를 인식할 때
믿음이 약해지는 것이 아니다.
믿음이 약해지고서야 믿음을
뒤엎을 증거가 눈에 들어온다.

김도현

장애인언론 〈비마이너〉 발행인이자 노들장애인야학 교사이며, 노들
장애인야학 부설 노들장애학궁리소 연구활동가이다. 저서로『차별에
저항하라』『당신은 장애를 아는가』『장애학 함께 읽기』『장애학의 도
전』이 역서로『우리가 아는 장애는 없다』『장애학의 오늘을 말하다』
『철학, 장애를 논하다』『장애와 유전자 정치』가 있다.

장애학에 대한
잘못된 믿음과
새로운 이해의 길

2019년 말 『장애학의 도전』이라는 책을 한 권 출간한 바 있다. 제목을 장애학 disability studies 의 '도전'으로 정했던 이유는, 그 책을 통해 장애에 대한 우리 사회의 잘못된 믿음과 편견에 문제를 제기하고 싶었기 때문이다. 세계보건기구 WHO의 『세계 장애 보고서 World Report on Disability 』2011 에 따르면 전 세계 인구의 15%, 즉 인류 사회 구성원의 7명 중 1명은 장애인이지만, 많은 이들이 장애와 장애인에 대해 잘 모른다. 여러 이유가 있겠지만, 기본적으로 장애인들이 일상적인 삶의 영역에서 너무나 오랫동안 배제되어 '없음'의 존재로 살아왔기 때문일 것이다. 잘 모를 때, 사람들은 자연스레 통념에 기대게 된다. 그리고 그 통념은 대개 잘못된 믿음일 경우가 많다.

장애에 대한 주류 사회의 믿음

주지하다시피 장애는 영어로 'disability'라고 표기된다. 'disability'는 'ability'의 반대말이다. 'ability'는 '능력/할 수 있음'을 의미하고, 'disability'는 '불능/할 수 없음'을 의미한다. 요컨대 장애라는 말이 가지고 있는 본래 함의는 '무언가를 할 수 없음'이다. 그렇다면 장애인은 왜 무언가를 할 수 없는 존재가 되는가?

장애에 대한 우리는 통상적 이해는 1980년 WHO가 발표한 '국제 손상·장애·핸디캡 분류 International Classification of Impairments, Disabilities and Handicaps, ICIDH'에 기반을 두고 있다. 혹은 거꾸로 주류 사회의 통상적 믿음에 근거해 ICIDH가 만들어졌다고 할 수도 있겠다. ICIDH에 따르면 장애란 신체적인 것이든 정신적인 것이든, 어떤 사람의 몸에 손상 impairment이라고 간주할 수 있을 만한 이상異常이 존재하는 것을 말한다. 그렇게 어떤 사람의 몸에 손상이 존재하게 되면, 그 사람은 손상으로 인해 무언가를 할 수 없는 상태 disability에 빠진다. 그리고 다른 사람들은 할 수 있는 것을 할 수 없게 되기 때문에 결국 그는 사회적으로 불리한 처지 handicap에 놓이게 된다. 즉 장애란 '손상→불능→핸디캡'이라는 3단계 인과 도식을 통해 규정된다. 장애에 대한 이러한 설명은 대다수 사람들의 고개를 끄덕이게 할 만한 것이다.

막연하게 생각하고 있던 장애를 간결하면서도 논리적으로 깔끔하게 정리해준다는 느낌이 든다. 그러나 정말 장애인은 그들의 몸에 존재하는 손상 때문에 무언가를 할 수 없는 무능한 존재가 되는 것일까?

장애인이 버스를 탈 수 없는 진짜 이유

우선 눈에 잘 띄는 신체적 손상에 관한 이야기부터 해보자. 어떤 사람이 다리에, 척수 장애인이라면 척수에, 뇌병변 장애인이라면 운동을 관장하는 뇌의 특정 부위에 손상을 지니고 있을 수 있다. 그래서 휠체어를 이용할 수 있을 것이다. 이들이 휠체어를 탄 채 일반 시내버스에 승차하기란 불가능하다. 즉 그들은 '버스를 탈 수 없음'이라는 장애를 경험한다. ICIDH에 따르면, 이런 경우 버스를 탈 수 없는 이유는 그 사람의 몸에 존재하는 손상 때문이다.

장애인들의 이동권 투쟁으로 2005년 '교통약자의 이동 편의 증진법'이 제정된 덕분에, 요즘은 일반 시내버스와는 조금 다르게 생긴 버스가 돌아다닌다. 바닥이 낮고 계단이 없으며 뒤쪽 문에서 경사로가 나오는 저상버스 말이다. 그렇다면 앞서 언급한 것과 똑같은 손상을 지닌 사람이 저상버스는 탈 수 있을까? 그렇다, 당연히 탈 수 있다. 이를 정리해보면 다음과 같다. 동일한 손상을 지닌 동일한 사람이, 버스 타기라는 동일한 행위를, 어떤 경우에는 할 수 있고 어떤 경우에는 할 수 없다. 그렇다면 '버스를 탈 수 없음'의 원인이 과연 그 사람의 몸에 존재하는 손상이라고 이야기할 수 있을까? 그렇게 이야기할 수 없다. 원인이란 일정한 결과를 만들어내는 요인이다. 손상이라는 요인은 그대로인데 버스를 탈 수 있기도 하고 탈 수 없기도 하다면, 문제의 원인은 그 사람의 몸이 아니라 바로 버스에 있다고 해야 할 것이다.

다음으로는 감각적인 영역의 손상, 이를테면 청각에 손상을 지니고 있는 농인에 관해 이야기해보자. 우리는 흔히 농인이 의사소통할 수 없다고 여긴다. 실제로 농인들은 일상생활에서 '의사소통할 수 없음'이라는 장애를 경험하는 경우가 많은데, ICIDH에 따르면 농인이 의사소통할 수 없는 것은 그 사람의 청각에 존재하는 손상 때문이다.

다른 한편 한국어를 모어母語로 사용하는 한국인과 영어를 모어로 사용하는 영국인은 서로 의사소통할 수 없겠지만, 어느 한쪽이 다른 쪽 말을 배우면, 혹은 둘 사이에 통역 서비스가 제공되면 원활하게 의사소통할 수 있다. 그런데 이는 농인 역시 마찬가지다. 즉 청인이 수어를 배워 능숙하게 할 줄 알게 되면, 혹은 둘 사이에 수어手語 통역 서비스가 제공되면 청인과 농인은 원활히 의사소통할 수 있을 것이다. 더군다나 청각에 손상이 있는 사람과 청각에 손상이 있는 사람, 즉 농인과 농인은 매우 원활히 의사소통한다. 그런데 어떻게 청각의 손상 때문에 의사소통을 할 수 없다고 말할 수 있겠는가?

이는 맹인의 경우도 마찬가지다. 사람들은 흔히 맹인이 책을 읽을 수 없다고 여기고 무의식적으로 그렇게 말한다. ICIDH에 따른다면 그들이 '책을 읽을 수 없음'이라는 장애를 경험하는 건 시각에 존재하는 손상 때문일 것이다. 하지만 그건 정확히 비장애인비맹인 중심적인 사고일 뿐이다. 그들이 읽지 못하는 책은 묵자墨字로 된 책일 뿐, 점자點字로 된 책은 얼마든지 읽을 수 있다. 즉 맹인의 눈에 손상이 있다는 사실에는 변함이 없지만, 제공되는 책의 형식에 따라 읽을 수 있는 경우도 있고 읽을 수 없는 경우도 있다. 그렇다면 책을 읽을 수 없는 것이 그들의 시각에 존재하는 손상 때문이라고 말할 수는 없을 것이다.

무엇이 발달장애인들을
자립할 수 없게 하는가

이번에는 인지적 영역에 손상을 지니고 있다고 간주되는 사람들, 즉 발달장애인지적장애인과 자폐성장애인에 대해 이야기해보도록 하자. 우리나라의 장애인구 중 발달장애인의 비율은 그리 높지 않다. 전체 등록 장애인 중 약 9% 정도가 발달장애인이다. 그런데 장애인이 수용되어 있는 거주시설에 가보면 생활인의 80% 이상이 발달장애인이다. 장애인구의 9%에 불과한 발달장애인이 시설 거주인의 80%를 차지하고 있는 것은, 그들 대다수가 자립하지 못하는 현실을 적나라하게 드러낸다.

누군가는 그들이 지역사회에서 자립할 수 있는 능력이 부족하기 때문에, 혹은 ICIDH를 따라 그들의 인지적 영역에 존재하는 손상 때문에 시설에서 살아갈 수밖에 없다고 생각할지 모른다. 그러나 이미 오래전 장애인시설 자체를 없앤 나라들도 있다. 노르웨이와 스웨덴이 대표적이다. 1985년 발간된 노르웨이 정부 보고서 『발달장애인의 생활 여건 Levekår for psykisk utviklingshemmede』은 "시설에서 발달장애인이 처해 있는 생활 여건은 인간적으로나 사회적으로나 문화적으로 용납될 수 없"는 것이며, "그러한 상황은 활동의 재조직화나 자원 공급의 증가에 의해 실질적으로 변화될 수 없다"고 결론 내린다. 그리고 이 보고서의 내용과 입장에 따라 노르웨이에서는 1988년 6월 시설 체제의 전면적 개혁을 위한 입법 조치, 즉 일명 '시설해체법'이 시행되었다.

그 법은 장애인의 신규 시설 입소는 1991년 1월 1일을 기점으로 종료되고, 기존의 시설 생활인들도 1995년 12월 31일까지 모두 지역사회에 있는 자신의 주거 공간에서 거

타인

주해야 하며, 이에 따른 비용은 모두 중앙 정부가 각 자치구에 지원해야 한다고 명시했다. 스웨덴에서도 1990년부터 본격적인 탈시설 작업이 시작되었고, 1997년 10월 제정된 '특수병원 및 거주시설 폐쇄법 Lag om avveckling av specialsjukhus och vårdhem'에 따라 1999년 12월 31일까지 모든 장애인시설이 폐쇄되었다.

그렇다면 생각해보자. 우리나라에도 발달장애인이 있고, 노르웨이와 스웨덴에도 발달장애인이 있다. 하지만 우리나라의 발달장애인은 자립할 수 없고, 그 나라들의 발달장애인은 자립한다. 우리나라의 발달장애인과 그 나라들의 발달장애인이 특별히 다른 '인지적 영역에서의 손상'을 지니고 있기라도 한 것일까? 그렇지는 않을 것이다. 인지적인 영역에서의 손상이라는 것만 놓고 보면 양쪽 나라의 발달장애인들은 대동소이할 것이다. 그런데 비슷한 손상을 지니고 있는 발달장애인들이 어떤 나라에서는 자립할 수 있고 어떤 나라에서는 자립할 수 없다면, 발달장애인들이 '자립할 수 없음'이라는 장애를 경험하는 원인이 그들의 인지적 '손상' 때문이라고 말할 수는 없는 것이다.

장애인이기 때문에 차별받는 것이 아니라, 차별받기 때문에 장애인이 된다

이제 정리해보자. 일정한 손상을 지닌 사람들은 '버스를 탈 수 없음' '의사소통할 수 없음' '책을 읽을 수 없음' '자립할 수 없음'이라는 장애를 경험할 수는 있다. 그러나 앞서 설명한 것처럼, '무언가 할 수 없음'의 원인이 그들의 몸에 있는 손상이라고는 결코 말할 수 없다. 그렇게 말하는 것은 기만이다. 그렇다면 그들이 무언가를 할 수 없게 되는 원인은 무엇일까?

칼 마르크스 Karl Marx 는 "흑인은 흑인일 뿐이다. 특정한 관계 속에서만 흑인은 노예가 된다"고 말했다. 마찬가지로 우리는 이렇게 이야기할 수 있다. '손상은 손상일 뿐이다. 특정한 관계 속에서만 손상은 장애가 된다.' 그리고 여기에서 특정한 관계란 바로 '차별적'이고 '억압적'인 관계를 말한다. 즉 검은 피부를 지닌 사람들이 노예가 되는 원인이 검은 피부가 아니라 차별과 억압인 것처럼, 일정한 손상을 지닌 사람들이 무언가를 할 수 없게 되는 원인도 손상이 아니라 바로 차별과 억압인 것이다. 또한 이런 맥락에서 우리는 장애인은 '장애인이기 때문에 차별받는 것이 아니라, 차별받기 때문에 장애인이 된다'고 말할 수 있다. 요컨대 손상을 지닌 무능력한 사람이어서 차별을 받는 것이 아니라, 차별을 받기 때문에 무언가를 할 수 없는 사람이 되는 것이다. 이러한 관점의 전환, 혹은 잘못된 믿음의 정정은 장애를 '불운'이 아닌 '불평등'의 차원에서 볼 수 있게 만들며, 장애 문제의 사회적 해결을 가능하게 해준다. 우리에게 장애에 대한 인식 개선이 아닌, 인식 전환이 필요한 이유다.

장애 문제는 장애인과 비장애인 간 '관계'의 문제

그리고 이 같은 인식의 전환 속에서 우리는 비장애인들이 장애 문제에 관심을 가져야 하는 근거도 조금 다르게 생각해 볼 수 있다. 그동안 많이 이야기되어 왔던 근거는 크게 다음의 두 가지일 듯하다. 첫째, 지하철의 엘리베이터 설치 같은 사례를 얘기하며, 장애인의 접근권을 보장하는 것은 단지 장애인만을 위한 게 아니라 노약자·임산부·어린이 등 사회 구성원 전체를 위한 일이라는 것. 둘째, 장애인 열 명 중 아홉 명은 후천적 장애인이기에, 비장애인도 언제든 장애인이 될 수 있다는 것. 즉 우리 모두가 일종의 '예비 장애인 the potentially disable-bodied' 내지 '일시적 비장애인 the temporarily able-bodied'이라는 것이다.

이는 분명 맞는 말이지만 아마도 근본적인 지점은 아닐

것이다. 사실 이런 논리로 우리 모두가 장애 문제에 관심을 가져야 한다면, 여성이 될 가능성이 없는 남성은 여성 문제에 관심을 가질 필요가 없고, 동성애자가 될 가능성이 없는 이성애자는 퀴어 문제에 관심을 가질 필요가 없으며, 흑인이 될 가능성이 없는 백인 역시 인종 문제에 관심을 가질 필요가 없게 된다.

그렇다면 우리 모두가 장애 문제에 관심을 갖고 함께해야 하는 이유, 혹은 장애 문제가 우리의 문제인 이유는 무엇인가? 이는 여성 문제가 여성 일방의 문제가 아니라, '가부장주의'를 매개로 한 여성-남성 간 관계의 문제인 것처럼, 장애 문제는 '비장애중심주의 ableism'를 매개로 한 장애인-비장애인 간 '관계'의 문제이기 때문이다. 즉, 남성이 여성 문제의 한 일방이며 따라서 남성이 바뀌어야만 여성 문제가 해결될 수 있는 것처럼, 비장애인 역시 장애 문제의 한 일방이며 비장애인과 비장애인 중심 사회가 바뀌어야 장애 문제가 해결될 수 있다. 이런 맥락에서 장애 문제는 언제나 우리 모두의 문제로 존재할 수밖에 없는 것이다.

'장애인이기 때문에 차별받는 것이 아니라, 차별받기 때문에 장애인이 된다'고 말할 수 있다. 요컨대 손상을 지닌 무능력한 사람이어서 차별을 받는 것이 아니라, 차별을 받기 때문에 무언가를 할 수 없는 사람이 되는 것이다. 이러한 관점의 전환, 혹은 잘못된 믿음의 정정은 장애를 '불운'이 아닌 '불평등'의 차원에서 볼 수 있게 만들며, 장애 문제의 사회적 해결을 가능하게 해준다. 우리에게 장애에 대한 인식 개선이 아닌, 인식 전환이 필요한 이유다.

한성안

영산대 경영학과 교수로 재직하다 현재 좋은경제연구소 소장으로 재임 중이다. 한겨레신문, 이투데이, 국제신문, 르몽드디플로마티크 등에 필진으로 참여해왔고, KBS, MBC, TBN에서 수년간 경제코너를 이끌어왔다. 기술과 제도로부터 경제를 이해하는 제도경제학과 분배지향적 케인지언경제학을 인문학적 방법으로 연구하고 있다. 『진보집권경제학』『경제학 위의 오늘』『경제학자 베블린, 냉소와 미소 사이』등을 저술했으며 페이스북과 네이버 블로그를 통해 시민들과 활발히 대화중이다.

사회적 자본의
경제학

사회적 자본,
사회적 경제는 얼마나 좋은가?

사회 society 는 존재하는가? 뜬금없는 질문일지 모른다. 그러나 그것은 본질적인 질문이고, 이 본질적 질문을 소홀히 하지 않는 습관 때문에 비로소 우리는 통찰력을 얻게 된다.

1.

사회, 그것은 사람들의 모임이다. 사람이 모이는 건 돌덩이가 모이는 것과 다르다. 두 개의 돌과 세 개의 돌을 모으면 다섯 개의 돌이 된다. 그걸로 끝이다. 하지만 두 사람과 세 사람이 모이면 단지 다섯 명으로 그치지 않는다. 일단 무리를 형성하게 되니 힘이 세진다. 감히 할 수 없었던 일들이 이제 가능하게 된다. 한 명으론 꿈쩍도 안 하던 바위를 거뜬히 옮길 수 있게 된 것이다. 이처럼 '비슷한' 사람들이 모이면 이익이 등장한다. 이를 '협업의 이익'이라고 부른다.

'서로 다른' 사람들이 모이면 새로운 모습의 이익이 발생한다. 돌쇠 다섯이 모이면 바위를 옮기는 것에 그치지만, 두 명의 돌쇠, 한 명의 농부, 한 명의 정미공, 한 명의 제과공이 만나면 빵과 과자라는 '새로운 재화'를 만들어낼 수 있다. 사람들의 모임은 이처럼 '창조'를 가능하게 한다. 협업을 '분업'에 기초함으로써 얻은 결과다. 이 역시 각자가 모여 협력하지 않았더라면 도저히 일어날 수 없는 사건이다. 하지만 단지 모였다고 이런 결과가 창조되진 않았다. 다른 것들이 조화를 이루어 창조로 이어지기 위해서는 각자의 전문화된 역량이 일정한 '관계'로 엮어져야 한다. 따지고 보면 웅장하면서도 아름다운 오케스트라 연주도 분업화된 역량들을 독특한 관계로 엮어 협업을 이뤄, 그 새로운 결과를 낳은 사례다.

사회는 다양한 양과 질을 보유하고 있는 사람들이 모여 일정한 관계를 맺기 때문에 존재하고 인간들의 그러한 관계적 회합을 우리는 사회라고 부른다. 그리고 이러한 관계적 회합은 경제적 결과를 낳게 되는데 그 첫째가 양적인 증가요, 둘째가 질적인 창조다. 사회의 존재는 이처럼 그것이 낳는 경제적 효과를 통해 입증된다. 사회는 존재하며, 사회 없이 경제 없다!

　　하지만 사회를 이처럼 물리학적이고 화학적인 관계로만 이해하면 큰 오산이다. 이는 경제학을 자연과학에 대입함으로써 자부심을 얻는 경제학자들이 자주 저지르는 실수다. 사회는 물질이나 원자들의 모임이 아니다. 사회는 사람들의 모임이다. 사람은 물리량과 원소 그 이상의 존재인데, 특히 학습역량과 도덕적 역량을 갖춘 '문화적 존재'다. 문화적 존재들이 맺는 관계는 물리학적 방정식과 화학반응식과 질적으로 다르다. 문화적 존재들이 갖는 관계 양식은 무한하며, 그 결과도 불확정적이다. 왜 그런가? 문화적 존재인 인간들은 자신들의 관계에 독특한 정신적 요소를 투입하기 때문이다. 협력과 신뢰의 정신 말이다! 그들은 협력하고 신뢰함으로써 기존의 물리학적 방정식과 화학반응식을 공고히 함은 물론 그것들을 '문화적 방정식'으로 대체해 버린다. 협력과 신뢰의 규모, 그리고 각각의 방향에 좌우될 터이니 그 결과가 한 가지로 결정될 리가 없다. 그러나 변화의 정도는 물리학적 방정식과 화학반응식이 낳은 결과보다 훨씬 크고 다양할 수밖에 없다는 점은 충분히 예상된다.

　　이런 문화적 방정식으로 인해 실제로 사회의 경제는 훨씬 급속도로 변화하고 더 크게 발전해왔다. 45억 년 지구의 물리학적, 화학적, 그리고 생물학적 진화의 역사보다 10만

년 인류의 진화 역사가 상대적으로 더 큰 변화를 이룩해 왔으며, 그 장구한 세월 동안 인류가 살아남을 수 있었던 것은 바로 이런 협력과 신뢰의 문화방정식 때문이다. 몇몇 비주류 경제학자들은 이 문화적 방정식을 '사회적 자본'으로 명명했다.

3.

사회적 자본 social capital 은 '사회 social '와 '자본 capital '의 합성어다. 곧, 자본과 같은 '경제적' 항목에 협력, 참여, 신뢰, 연대 등 '사회적' 행동이 결합한 개념인데, 이런 사회적 행동이 경제적 결과를 낳는다는 것이다. 이때 사회적인 것은 '사람 사이의 관계'로 드러나니, 결국 사람 사이의 끈끈한 관계망, 즉 강한 연결고리 strong tie 가 이득을 낳는 자본의 역할을 하는 셈이다.

진보주의자들은 사회적인 것에 호감을 느끼기 때문에 사회적 요인이 긍정적인 경제적 결과를 유발하기를 기대한다. 사회적 자본의 논의도 사실 이런 생각에서 출발했다. 이건 원래 진보적 경제학자들의 주제였지만 돈벌이 좋아하는 주류 경제학자들이 눈독 들일 만한 개념이기도 하다. 실제로 우리는 주류 학자들과 신문사 주필들이 단상이나 칼럼을 통해 사회적 자본의 성장 친화성에 대해 높이 평가한 글을 적잖이 발견한다. 사회적 자본이 엄청 인기가 있다는 말이다.

4.

하버드 대학교 정치학 교수인 로버트 퍼트넘은 북부 이탈리아와 남부 이탈리아의 경제성장 차이를 이러한 사회적 자본의 차이로 설명했다. 그는 이 두 지역의 공식적 정부 조직이 너무 흡사하기 때문에 정치제도로 경제성장의 차이를 적절히 설명할 수 없다고 봤다. 또한, 자원과 경제적 규모도 경제성장의 차이에 직접적인 영향을 미치지 못했다.

그는 북부지역의 성공을 보장해준 요인을 투표율, 합창단과 문학 서클, 축구 동호회 등 시민적 유대의 전통에서 찾았다. 에밀리아, 로마냐, 토스카나 등지에서는 왕성한 공익 활동을 벌이는 많은 커뮤니티 조직이 공통으로 존재한다. 이들 지역의 시민들은 정부의 후원이 아니라 공동의 관심사 때문에 자발적으로 연대했고 서로가 공정하게 행동하리라 믿으며 법을 존중했다. 사회적, 정치적 네트워크들은 수평적으로 조직되었고, 이들 시민공동체는 단결, 시민 참여, 통합을 소중히 여기는 풍토를 지니고 있었다.

이와 대조적으로 칼라브리아와 시칠리아 같은 남부지역

의 공통점은 '비교양적' 문제 때문에, 사회문화조직에 대한 참여율이 저조하고, 준법정신이 미약했으며, 그에 따라 자율보다 엄격한 제도에 의존하는 경향이 더 강했다. 결국, 규범이나 시민적 연대의 네트워크, 곧 참여 속에서 구현되는 사회자본이 정치적 발전은 물론 경제성장의 기초가 된다는 것이다.

이런 관점은 이후 실리콘밸리에 관한 애너리 색스니언의 연구에서도 확인됐다. 실리콘밸리에 풍부하게 축적된 신뢰, 협력, 참여의 사회적 자본은 정보과 지식을 공유할 수 있게 했으며, 이는 다시 혁신 활동을 크게 도왔다. 덕분에 실리콘밸리는 새로운 정보통신기술의 시대를 열었다.

사회적 자본의 효과는 경제성장에만 있지 않다. 더 중요한 사실은 사회적 자본의 유형과 내용에 따라 성장의 내용도 달라진다는 점이다. 이를테면 모든 국가 구성원 사이에 '보편적' 신뢰와 협동, 참여를 촉진하는 사회적 자본이 풍부하면 국민 경제는 '좋은' 방향으로 성장한다. 사회적 자본으로 경제성장은 물론 연대와 정의, 나아가 더욱 평등한 세상도 얻어낼 수 있다는 것이다. 서로 경쟁하고 증오하면서 성장하는 것보다 서로 돕고 연대하면서 성장하는 것이 바람직하다. 뭉치면 살고 흩어지면 죽지만, 뭉치면 더 아름답게 살수도 있다. 사회적 자본은 여러모로 좋다. 우리는 이를 '좋은' 사회적 자본으로 부를 수 있다.

그런데 모두가 알다시피 세상이 그리 간단치 않다. 사회적 자본의 또 다른 효과가 드러났기 때문이다. 강한 사회적 고리가 역기능을 초래하기 시작한 것이다. 강한 사회적 고리로 엮인 집단에서 정보와 지식은 외부로부터 차단당했다. 새로운 지식이 차단되고 전통적 지식만 강화되니 혁신이 일어날 수 없었다. 강한 사회적 자본 아래 놓인 젊은이들은 순종을 미덕으로 삼아야 했다. 적응 잘하는 젊은이는 생존했지만 부적응자는 도태하거나 집단을 떠났다. 집단은 점점 쇠락해 갔다. 제한된 범위에만 적용되는 강력한 '폐쇄적' 신뢰는 이처럼 경제활동의 윤활유 역할보다는 외려 동맥경화를 유발함으로써 사회 전체를 파괴할 수도 있다. 곧, 사회적 자본은 성장에 무관함을 넘어 그것에 부정적인 영향을 적극적으로 미칠 수도 있다. 뭉친 결과 도리어 망하게 된 것이다. 초기 주창자인 로버트 퍼트넘이나 제임스 콜맨 등이 참여, 협력, 시민 정신으로 인해 경제성장이 이루어졌다고 주장하였으니 사회적 자본은 본래 '좋은' 방향으로부터 제기되었다고 볼 수 있다. 하지만 이처럼 사회적 자본이 과잉 축적되면 경제성장을 저해할 뿐 아니라 오히려 '반사회적으로' 된다.

6.

사회적 자본이 풍부한 집단의 구성원들은 협력의 이익을 독점하기 위해 아웃사이더를 배제한다. 여기서는 혁신보다 배제와 차별이 생존법칙이 된다. 강력한 네트워크와 신뢰는 불법적인 연인거래 sweetheart deals 를 촉진하며 부패를 조장하고 친족 등용을 쉽게 한다. 예컨대, 마피아 가족, 매춘, 도박 패거리, 청소년 갱단은 사회적 자본의 일종으로 간주하는 신뢰가 사회 전체적으로 얼마나 바람직하지 않은 결과를 초래할 수 있는지를 보여주는 사례들이다.

우리는 어떤가? 통념과 달리 대한민국은 사회적 자본이 풍부한 나라다. 더욱이 사회적 자본이 과잉 축적되어 있다. 출신학교를 이렇게 많이 따지는 나라가 과연 또 있을까 의심될 정도다. 학교 출신별 결속력도 대단히 강하다. 특히 서울대 출신들이 공유하는 사회적 자본의 규모는 그 어떤 학교의 그것과도 견줄 수 없다. 최고의 사회적 자본으로 그들은 끼리끼리 해 먹는다. 끼리끼리 불의를 감추고 조장한다. 실력 있고 정의로운 것은 별 중요하지 않다.

엘리트집단의 사회적 자본은 그 어떤 나라보다 강력하다. 대학 교수들은 교수 사회를 절대 비판하지 않고 성역화한다. 성역화의 이익이 엄청나게 크기 때문이다. 수술 건수를 올리려 환자들의 몸에 칼을 들이대는 의사들도 적지 않다. 환자는 봉이다. 진실을 거짓으로, 거짓을 진실로 뒤집고 명성을 누리는 변호사는 어떤가? 하지만 교수도, 의사도, 변호사도 아무도 이에 대해 진실을 말하지 않는다. 사회적 자본의 약화로 입을 개인적 손실이 두렵기 때문이다. 하지만 그 때문에 학생은 바보가 되고, 사람은 망가지고, 불의가 창궐하게 된다. 대한민국은 너무 사회적이다!

지배 엘리트만 사회적 자본을 축적하지 않는다. 잔챙이들의 사회적 자본도 만만찮다. 회사에 들어가면 회사의 모든 불의에 침묵해야 한다. 비판자는 왕따를 당한다. 내부 고발자는 핍박과 증오의 대상으로 낙인찍힌다. 사회적 자본은 이처럼 사람을 미치광이로 만들어 버린다. 사회적 자본은 아웃사이더를 배제할 뿐 아니라 정의를 훼손한다. 이처럼 사회적 자본이 '지나치게 내부로' 향하면 불의와 부패의 보호막을 형성해 '반도덕적'으로 된다. '묶어 주는 끈은 눈을 가리는 수건'으로 될 수 있는 것이다. 2세기 전 이미 애덤 스미스도 상인들의 회합은 불가피하게 공공에 대한 '공모'로 종결됐으며 이때 일반 국민은 그 네트워크와 공모집단을 연결해주는 상호지식에서 배제됐다고 한탄했다.

7.

　많은 사회학자가 연구한 결과에 따르면 빈곤은 대체로 무권리와 배제의 함수인 반면, 부는 권력과 통합의 함수인 경우가 허다하다. 사회적 자본으로 강하게 결속된 집단일수록 부자가 된다는 말이다. 이 경우 더 잘 조직된 분파일수록 경제정책은 이들에게 더 유리하게 영향을 미치겠지만, 그렇지 못한 집단과 사회 전체에 대해서는 더 큰 역기능을 유발할 수 있다. 그러므로 경제발전 과정에서 사회적 자본은 '분배 중립적이지 않다.' 사회적 자본이 증가한다고 사회가 더 평등하게 된다는 보장은 없다는 말이다.

　이처럼 소집단 범위 안에서만 특수하게 적용되는 사회적 자본은 배타적 결속행위만을 조장하며, 반경제적임은 물론 반사회적이고 반도덕적인 결과를 초래하고 심지어 분배를 악화시킨다. 이런 사회적 자본은 '나쁜' 사회적 자본에 해당한다. 이런 나쁜 사회적 자본이 축적되면 경제성장은 지체될 뿐 아니라 성장하더라도 불신과 배제 그리고 불의와 부패가 만연한 채로 성장한다. 아무도 이를 정의롭다고 생각하지 않는다. 사회적 자본은 '양날의 검'이다!

8

본래 질문으로 돌아가자. 사회적 자본은 어느 정도 좋은 가? 먼저 사회와 경제의 관계부터 정리하자. 사회는 존재한 다. 그리고 경제와 이런저런 관계를 맺으면서 경제에 영향 을 미친다. 그러나 그 결과는 결정되어 있지 않다. 왜 그런 가? 먼저, 사회적 자본의 '양'이 문제다. 사회적 자본은 많을 수록 바람직한가? 알고 보니 그런 것 같지만은 않다. 다다익 선보다 과유불급의 미덕은 사회적 자본에도 예외가 아닌 것 같다. 그렇다면 개인의 자유와 창의성을 존중하면서 신뢰와 연대를 고양하는 사회적 자본의 규모는 어느 정도일까?

사회적 자본의 '질'도 문제다. 좋은 사회적 자본은 경제 적으로 유익한 결과를 낳지만 나쁜 사회적 자본은 해로운 결과를 낳는다. 우리가 사회적 자본에 마냥 열광할 수만 없 는 이유다. 따라서 우리는 혁신과 창조의 창을 열어 경제발 전을 촉진하는 좋은 사회적 자본을 축적할 문화의 확산과 정책의 수립에 착수하는 것과 이를 방해하는 나쁜 사회적 자본의 문화를 혐오하고 그것을 처벌할 정책을 함께 수립해 야 할 것이다. 양날의 칼을 어떻게 사용할까?

마지막으로 우리가 결코 잊어선 안 되는 사회적 자본의 효과가 있다. 사회적 자본은 혁신과 경제성장을 방해하지도 촉진하지도 않을 수도 있다. 경제성장에 대해 아무런 영향을 미치지 않을 경우도 있다는 말이다. 이럴 경우 사회적 자본은 무익한가? 절대 그렇지 않다. 사회적 자본은 세상을 아름답고도 평화롭게 만든다. 서로 믿고 연대하는 세상은 그 자체로 바람직하다. 사회적 자본은 존재하는 그 자체만으로도 좋다! 성장과 혁신, 그거 절대적 명제가 아니다! 사회적 자본은 고귀하다. 경제를 생각하는 자, 사회를 잊어선 안 되고, 좋은 삶을 희구하는 자, 국민 계정에서 사회적 자본을 누락하면 안 될 것이다. 적절한 규모로 확충해 잘만 사용할 수 있다면 한국사회의 올바른 발전을 위해 퍼트넘의 '좋은' 사회적 자본을 마다할 이유는 없으리라.

사회적 자본의 '질'도 문제다.
좋은 사회적 자본은 경제적으로
유익한 결과를 낳지만
나쁜 사회적 자본은
해로운 결과를 낳는다.
우리가 사회적 자본에 마냥
열광할 수만 없는 이유다.
따라서 우리는 혁신과 창조의
창을 열어 경제발전을 촉진하는
좋은 사회적 자본을 축적할
문화의 확산과 정책의 수립에
착수하는 것과 이를 방해하는
나쁜 사회적 자본의 문화를
혐오하고 그것을 처벌할 정책을
함께 수립해야 할 것이다.

허동한

한양대를 졸업하고 일본 게이오대에서 석·박사 학위를 마쳤다. 1998년

일본 큐슈국제대학 경제학과 교수, 2008년 명지대 경영학과 교수, 2015년

부터 일본 후쿠오카현립대학 공공사회학과 교수로 재직중이다.

저자

믿음,
신뢰와 협력 관계의
메커니즘

"우리나라는 신뢰 사회인가?"

각종 신뢰도 조사의 결과들을 들추지 않더라도, 우리나라가 신뢰를 바탕으로 한 사회라고 인정하는 사람은 많지 않을 것이다. 언론을 믿을 수가 없고, 정치인의 말을 믿을 수가 없고, 검경 수사를 믿을 수가 없고, 심지어 사법부의 판결조차도 믿을 수가 없다.

"어쩌다 우리 사회가 이 지경이 되었을까."

그렇다고 한탄할 필요는 전혀 없다. 그래도 옛날보다는 나아진 것이니까. 조금씩 나아지고 있으니까.

신뢰는 협력 관계를 촉진

스탠퍼드대학 교수 후쿠야마 Fukuyama: 1952~ 는 그의 저서 『Trust』 Fukuyama, Francis., Free Press: New York, 1995 에서

저신뢰 사회의 국가는 한국과 중국 홍콩 대만 프랑스 이태리 그리고 러시아를, 고신뢰 사회의 국가로는 일본과 독일을 꼽고 있다. 저신뢰 사회에서는 신뢰할 수 있는 사람의 범위가 가족을 중심으로 한 혈연관계에 한정될 수밖에 없으므로 대규모의 기업조직이 발달하기 힘든 환경인 반면, 고신뢰 사회에서는 혈연관계가 아닌 타인에 대한 권한 위양이 자유롭기 때문에 대규모의 기업조직이 발달하게 된다고 설명하고 있다. 혈연을 중심으로 한 족벌체제의 재벌 경영이 유독 우리나라에서 잘 기능하고 있다는 사실은, 우리나라가 저신뢰 사회임을 반증하는 것은 아닐까.

경제학자 캐슨 Casson, Mark: 1945~ 의 문화 구분을 보자. 1991년에 간행된 그의 저서 『The Economics of Business Culture』 Casson, Mark., Oxford University Press: Oxford, 1991. 에서, '저신뢰 문화 low-trust culture '는 사람들 사이에 불신감이 만연한 사회의 문화, 그리고 '고신뢰 문화 high-trust culture '는 사람들 사이에 신뢰관계가 존중되는 사회의 문화로 정의하고 구분하였다. 저신뢰 문화권에 속하는 국가로서는 동유럽의 국가들과 미국을, 고신뢰 문화권에 속하는 국가로는 일본과 스웨덴을 꼽고 있다. 동유럽 국가의 경우, 중앙 집권적인 관료제가 저신뢰 문화를 양성한 원인으로 평가된다. 미국의 경우는 사소한 일상적인 트러블 trouble 에도 법률이나 재판에 의지하는 경향이 있음을 들며, 이는 사회적으로 사람들 사이에 신뢰 관계가 없기 때문에 나타난 현상으로 설명하고 있다.

신뢰 信賴 는 글자 의미 그대로 '믿고 의지하는' 것이므로 '믿음'이 기본이 된다. 신뢰는 여러 사람과의 관계 속에서 성립하는 윤리이며, '자신이 한 말을 지킴'으로써 비로소 생성된다. 즉 신뢰의 기본은 '약속을 지키는 것'이다. 미래의 자신의 행동에 대해서 책임을 지며, 다른 사람이 자신의 미래 행동에 대해서 믿고 따를 때 상호 '신뢰 관계'가 형성되는 것이다. 따라서 신뢰 관계란 '배신하지 않는 관계'이기도 하다. 상호 간에 신뢰가 형성되어 '배신'하지 않는다는 확신이 들 때, 자연스럽게 상호 간에 '협력 관계'가 생성이 된다. 즉, '신뢰'는 사람들 사이의 '협력 관계'를 촉진한다.

게임이론 : 협력에 따른 손실

작년 아카데미 시상식에서 봉준호 감독의 〈기생충〉과 작품상 경합을 벌인 〈1917〉이란 영화를 재미있게 봤다. 제1차 세계대전을 배경으로 한 이 영화에서 주인공 스코필드와 친구 블레이크가 버려진 농가에서 잠시 머무는데 적인 독일군 전투기가 격침되어 떨어진다. 스코필드와 블레이크는 격침된 전투기의 조종사를 극적으로 끌어내어 살려준다.

스코필드가 잠시 물을 채우러 간 순간, 전투기 조종사가 블레이크를 칼로 찔러 살해하는데 참으로 안타까운 장면이었다.

"왜 적군을 살려주냐고. 전쟁 중이면 적군을 죽여야지."

너무나 안타까운 나머지 나도 모르게 중얼거렸던 기억이 난다. 영화 속의 주인공 스코필드와 친구 블레이크는 아무리 적군이지만 죽을 상황에서 살려주면 고마워하고 협력할 것이라 '믿고' 구해준 것이리라.

미시경제학의 '게임이론'에서는 '죄수의 딜레마 prisoner's dilemma'를 사례로 들어 설명하고 있다. 상대편이 '협력적'인지 '비협력적'인지 모를 경우에는, 비협력적인 행동을 취하는 것이 가장 이득이 크다. 게임이론에 따르면, 영화 〈1917〉에서 주인공은 적군의 조종사가 협력적인지 비협력적인지 모를 경우, 비협력적인 행동 죽게 내버려 두는 을 취하는 것이 가장 피해가 적다 즉, 이득이 높다 .

일본의 경제학자 아라이 荒井一博: 1949~ 는 그의 저서 『終身雇用制と日本文化』荒井一博, 中央公論社, 1997 에서 전통적으로 '신뢰'를 중시한 일본 문화의 산물로서 '종신고용제'를 평가하며, 미시경제학의 '게임이론'을 적용하여 분석하고 있다. 또한 제1차 세계대전 중에 발생한 기이한 전투 현상으로 'Live-and-Let-Live전략'을 소개하며, '신뢰'와 '협력' 관계의 생성 요인에 대해서도 설명하고 있다.

Live-and-Let-Live전략

제1차 세계대전 때 기이한 현상이 나타난다. 1915년부터 1917년에 걸쳐 독일군과 연합군 영국과 프랑스 간 교착상태의 전선이 구축된다. '참호전'이라고 불리는 이 양상은 양 진영이 길게 참호를 파고 대치상태에 들어가면서 시작된다. 그리고 장기간의 교착 상태에 빠져들며 매일 같은 양상의 전투를 반복하는 것이다. 중요한 것은 양 진영이 서로 상대편에 손상을 입히지 않는 공격을 의도적으로 주고받는 것이었다. 언제나 같은 시간에 같은 장소에서 규칙적으로 공격이 이루어진다. 만약 잘못하여 목표 지점에서 벗어난 곳으로 공격을 하게 되면, 곧바로 큰 소리로 사과를 했다고 한다.

"왜 그랬을까?"

전쟁 중이면서도 상대적에게 손상을 주지 않는 이와 같은 기이한 전투 양상은, '신뢰'와 '협력' 관계로밖에 설명되지 않는다. 쌍방이 '동일한 구성원'으로 '오랜 기간'에 걸쳐 '대치'하는 상황에서는, 상대적에게 손상을 주지 않으면 상대도 나에게 손상을 주지 않을 것이란 '믿음'이 형성된다. 그리고 계속해서 서로 손상을 주지 않는 공격을 의도적으로 되풀이하는 '협력' 관계가 되는 것이다. 만약 상대편에 치명적인 손상을 입히고 많은 사상자를 내게 되면, 다음 전투에서는 상대편의 적극적인 보복 공세에 시달리게 되어 많은 사상자가 발생할 확률이 크다. '내가 살기 위해서는 적을 살려주는'게 제일 안전한 방법이 된다. 이를 'Live-and-Let-Live전략'이라고 부른다. 말 그대로 '나도 살고 상대편도 살리는' 전략인 셈이다.

쌍방에 '신뢰'와 '협력' 관계가 형성이 되기 위해서는 3가지 조건이 전제되어야 한다. 서로 '동일한 구성원'이 '오랜 기간'에 걸쳐 '교착상태'에 있어야 한다는 점이다. 만약 부대가 매일 새로운 곳으로 이동하며, 그때마다 새로운 상대적와 전투를 하게 된다면, 제1차 세계대전의 '참호전'에서와 같은 '신뢰'와 '협력' 관계는 형성될 수가 없다. 상대적를 살려준다고 해서, 적이 우리를 살려 준다고 장담할 수는 없기 때문이다. 이 상황에서는 '내가 살기 위해서는 상대적를 죽여야'만 한다.

게임이론에 의하면 나의 행동 action 이 상대편의 행동에 영향을 미친다. 나에게 가장 이득이 높은 경우는 서로가 '협력적 action'을 취할 때이며, 반대로 가장 이득이 낮은 경우는 상대편으로부터 '배신을 당했을 때'이다. 배신을 당했다는 것은, 나는 협력적 action이었는데 상대편은 비협력적 action으로 응수한 경우이다.

회사 조직에서의 신뢰와 협력 관계

'게임이론'에서의 신뢰와 협력 관계를 '회사'라고 하는 조직에 적용하면 어떻게 될까. 같은 회사에서 근무하는 입사 동기 A와 B를 예로 들어보자. 만약 A가 업무상 매우 유용한 정보를 가지고 있다. 이 정보를 활용하면 다른 사람보다 높은 성과를 올려, 빨리 승진할 수 있다. 그런데 이 정보를 B에게도 알려준다면 B도 함께 높은 성과를 올리게 되어, A는 B보다도 빨리 승진하는 기회를 놓치고 만다.

"A는 자신이 가지고 있는 유용한 정보를 B에게도 알려줄 것인가. 아니면 혼자만 활용할 것인가?"

'게임이론'에서의 '죄수의 딜레마'와 같이 A는 어떤 선택을 해야 할지 딜레마에 빠진다. 만약 A와 B는 잘 아는 사이도 아니며 특정 프로젝트 때문에 업무적으로 잠시 만난 사이일 뿐이라면 A가 선택의 딜레마에 빠질 필요가 없다. 자신의 유용한 정보는 혼자만 활용하는 것이 가장 현명한 선택이기 때문이다. 하지만 A와 B는 같은 회사, 그것도 입사 동기로서 잘 아는 사이라면 상황은 달라진다. 선택의 딜레마에 빠진다. 이는 A가 B에 대한 확고한 '믿음'이 없기 때문에 발생하는 딜레마이다. B도 유용한 정보를 가지고 있고, A에게 그 정보를 제공할 것이라는 '믿음'만 있다면, A는 기쁜 마음으로 B에게 자신의 유용한 정보를 알려줄 것이다.

만약 B가 가진 유용한 정보를 A에게 제공할 것이라는 '믿음'이 없다면, A는 자신의 유용한 정보를 B에게 알려주지 않을 것이다.

회사 내의 '신뢰'와 '협력' 관계는, 앞서 살펴본 제1차 세계대전 때의 '참호전'과 마찬가지로 3가지 조건이 전제된다. '동일한 구성원'이 '오랜 기간' '같은 회사에 근무'해야 한다는 것이다. 회사 입장에서 볼 때, 구성원들이 각자의 정보를 공유하는 것이 회사 수익에 도움이 된다는 것은 두말할 필요가 없다. 소위 '시너지' 효과다. 그러기 위해서는 구성원들 사이에 '신뢰'와 '협력' 관계가 구축되어야 하며, '동일한 구성원'이 '오랜 기간' '회사에 근무'할 수 있도록 보장하는 제도를 구축해야 한다. 조직 구성원들 간의 '신뢰'와 '협력' 관계를 양성하는 제도로서는, 과거 일본 기업의 경영시스템의 하나로 세계적으로 주목을 받았던 '종신고용제'가 유일하다.

'종신고용제'는 일종의 장기 고용 관행이다. 왜 '장기 고용 long-term employment'이라 하지 않고 '종신고용 life-time employment'이란 표현을 썼을까. 서구의 연구자들에게는 단순한 장기간의 고용 관행과 구별되는 일본적인 속성이 내재되어 있다고 보았기 때문이다.

고신뢰 사회의 일본적 경영시스템

사적인 경험담으로 이야기를 전개하고자 한다. 내가 1990년 2월에 한국에서 대학을 졸업하고, 그해 6월에 일본으로 유학을 갔으니, 일본에서 31년을 생활했다. 중간에 7년간은 한국의 대학에서 근무했다. 1990년 당시 일본은 버블경제의 최정점에 있을 때였다. 거리마다 활기가 넘치고, 사람들의 표정에는 풍요로움에 따른 만족감과 자신감이 넘쳤다. 일본 제품은 세계에서 최고의 품질을 자랑하였으며, 일본 사람들은 친절하고 정직했다. 일본 사회에서 남을 속인다는 것은 당시의 나로서는 상상도 못 할 때였다. 앞서 소개한 후쿠야마와 캐슨의 저서가 출간되던 그때, 일본은 풍요로움을 기반으로 한 정직과 믿음의 사회, 즉 '고신뢰 사회'였던 것이다.

당시에는 일본 기업의 경영시스템도 세계적으로 주목을 받았으며, 세계 석학들의 연구 대상이었다. 특히 1973년 오일쇼크로 전 세계 기업들이 휘청거리며 세계 각국의 실업률이 급등하던 때에, 일본의 실업률은 큰 변화 없이 안정적으로 유지되었다. 경영학자 아베글렌 Abegglen, James C. : 1926~2007 은 이러한 일본 기업의 강점을 경영시스템에서 찾고자 했다. 서구 기업의 경영과 구별되는 일본적 특징으로 '종신고용제'와 '연공서열' '기업별 조합'의 3가지를 꼽았다. 종신고용제란, 한번 입사한 회사에서 정년 때까지 근무하는 것으로 간단히 설명할 수 있겠다. 종신고용제에서는 우선 회사와 종업원의 '신뢰'에서부터 시작하여 조직 내 구성원들 사이의 신뢰, 그리고 협력 관계를 양성하는 기능을 발휘한다. 이는 일본 기업의 생산성 향상에 크게 기여하며, 오일쇼크와 같은 외부 환경의 악조건에도 잘 버틸 수 있는 원동력이 되었던 것이다.

일본의 종신고용제 붕괴와 저신뢰 사회로의 이행

일본은 1990년대 초, 버블경제가 붕괴하며 장기간의 경제 침체에 빠지게 되자 상황이 바뀐다. 금융기관과 매스컴, 게다가 정부 기관의 부정과 비리까지 속출한다. 당시 대학원 박사과정이었던 나에게 적지 않은 쇼크였다. '믿음'을 기본으로 한 '고신뢰 사회'가 빠른 속도로 '저신뢰 사회'로 이행해 가는 일본을 목격하게 된 것이다. 그리고 '종신고용제 붕괴'를 매스컴에서 다루기 시작하며, 고용에 있어 회사와 종업원 간의 '신뢰' 또한 더 이상 담보로 할 수 없는 지경에까지 이르게 된다. 아이러니하게도 후쿠야마와 캐슨이 일본을 '고신뢰 사회'로 평가한 바로 그 직후에, 일본은 '저신뢰 사회'로의 이행이 시작된 것이다.

일본 기업 경영 특징의 하나로 세계적으로 주목을 받아 온 '종신고용제'가 붕괴하는 현상에 대해서 개인적으로도 안타까운 마음이었다. 과연 '종신고용제'가 이대로 붕괴한 것인가? 경기가 호전되면 다시 종신고용제는 부활하여 제 기능을 가질 수 있지 않을까. 당시의 안타까운 마음에 관련 데이터를 분석한 적이 있다. 노동시장의 변화와 일본 노동자들의 기업 귀속 의식, 기능 양성 및 전수, 임금제도 등 다방면에서 분석한 결과, '종신고용제'는 더 이상 유효하지 않으며, 향후 일본 경기가 호전된다고 해도 결과는 똑같았다. 당시 발표한 논문「일본의 종신고용제는 아직 유효한가?」허동한, 『경영연구』 제17권, 2007년, pp.155~190 에서는, 향후 일본의 종신고용제는 완전히 모습을 감출 것으로 전망하고 있다.

'신뢰'는 종신고용제의 이익 협력의 촉진을 증폭시키며, 종신고용제는 '신뢰'를 강화한다. 게임이론 중 '내쉬균형 Nash Equilibrium'이라는 것이 있다. 한번 '신뢰' 관계가 형성되면, 한쪽이 파기하지 않는 한 즉, 배신하지 않는 한 지속적으로 신뢰 관계가 유지된다. 그러나 한번 '신뢰' 관계가 붕괴하면 다시 회복하기는 불가능에 가깝다. 과거의 균형 equilibrium 은 다시는 찾을 수 없으며, 새로운 균형 new equilibrium 을 찾아야만 한다. 이제 일본에서는 '종신고용제'라는 제도의 틀 속에서 지속되었던 기업과 종업원, 그리고 종업원 상호 간의 신뢰와 협력 관계라는 최적의 '균형 equilibrium'을 다시는 찾을 수 없을 것이다. 대신에 새로운 제도를 모색하여 새로운 균형을 찾아 나갈 수밖에 없다.

다시 우리나라 이야기를 해 보자.

앞서 말했듯이 우리나라를 '신뢰 사회'라고 칭하기에는 무리가 있다. 하지만, 옛날과 비교하면 많이 신뢰가 회복된 게 아닐까. 해방 후 어려운 시기를 떠올려 보자. 소매치기, 사기꾼이 득실거렸고, 조금이라도 권력을 쥔 이들은 선량한 시민들을 협박하고 자신의 이익을 착복하였다. 심지어 정부까지 나서서, 외국에서 열심히 공부하는 유학생들을 간첩으로 둔갑시키고, 국민을 상대로 수많은 사기극까지 벌였다. 불과 몇 년 전의 한국이다. 이러한 상황에서 타인을 '신뢰'하고 '협력'하는 관계가 형성될 수 있었을까.

하지만 지금 우리나라 사회를 바라보자. 코로나19의 세계적인 팬데믹 상황에서, 우리가 우러러보던 선진국들은 방역에 실패하며 쩔쩔매고 있지만, 우리는 그 어느 나라보다도 선진적으로 대응하며 잘 극복하고 있지 않은가. 지금도 한편에선 불신과 배신을 조장하는 사회 분위기가 만만치 않지만, 그래도 조금씩 '신뢰' 관계를 구축해 나가는 중이라고 평가할 수 있지 않을까. 일본은 새로운 균형 New Equilibrium 을 찾아 나가는 중이지만, 우리나라는 최적의 균형 Optimal Equilibrium 에 한 발짝씩 다가가고 있다.

미래의 자신의 행동에 대해서
책임을 지며, 다른 사람이
자신의 미래 행동에 대해서
믿고 따를 때 상호 '신뢰관계'가
형성되는 것이다.
따라서 신뢰관계란
'배신하지 않는 관계'이기도 하다.
상호 간에 신뢰가 형성되어
'배신'하지 않는다는 확신이 들때,
자연스럽게 상호 간에
'협력 관계'가 생성이 된다.
즉, '신뢰'는 사람들 사이의
'협력 관계'를 촉진한다.

류영진

부산대학교 사회학과와 동 대학원 석사 과정을 마치고 일본 후쿠오카 대학에서 경제학 박사학위를 받았다. 기타큐슈시립대학 지역전략연구소 특임준교수를 거쳐, 현재는 규슈산업대학 경제학부에 재직하고 있으며 주 전공분야는 문화경제학으로 일상부터 예술에 이르기까지 다양한 문화적 요소들이 경제에 어떻게 영향을 미치는가에 지속적인 관심을 가지고 연구 활동을 이어오고 있다. 일본 경제의 고전 『도비문답』을 우리말로 옮겼다.

옮긴이

'친밀성의 상품화'를 생각하며

일본의 외로움에 대하여

일본에서 외로움은 하나의 사회적 병리 현상 수준으로 발전하고 있다. 일본에서 처음 용어화된 고립형 외톨이 히키코모리, 무연사회 등의 개념은 이제 우리 사회에서도 그리 낯선 개념이 아닐 만큼 오래되었고, 일본 내 SNEP Solitary Non-Employed Persons 이라고 불리는 고립 무업자들이 2013년 162만을 돌파한 이후로 매년 지속해서 증가하고 있다. 30대 우울증 자살은 연신 최고치를 경신 중이고, 고독사 이슈는 매년 끊이지 않고 뉴스를 장식하며 고독사한 고인의 유품을 정리하는 서비스가 각광을 받고 있다. 코로나19의 유행 이후 이러한 경향은 더 심해지면 심해졌지 딱히 나아질 기색이 보이지 않는다. 물론 이런 흐름이 비단 일본만의 것은 아니다. 하지만 앞선 아크 창간호에서 필자가 일본을 '징후적 국가'라고 말하였듯 일본은 오늘날 우리가 목도하는 외로움과 고독이 일찌감치 표면화하고 있었고, 지금은 그로 인한 변화도 일찌감치 부상하여 진행되고 있다. 그리고 이번 글에서 다루고 싶은 것은 그 '변화' 속에서 발달하고 있는 유대 신뢰 호감 등 친밀성들의 상품화이다.

일본을 잘 나타내는 상징적인 용어로 '와비사비 佗び寂び'라는 말이 있다. 이 말은 일본인들의 전통적인 미의식을 일컫는 말이다. 일본 사전에 의하면 와비는 원하는 바를 이루지 못하여 슬픈 감정, 고민하고 염려하는 마음을 의미하고, 사비는 시들어가는 것으로부터의 처량함과 외로움을 의미한다. 저물어가는 것에 대한, 사라져가는 것에 대한 미학이다. 일본인들이 아름답다고 느끼는 전통적인 대상의 뿌리에는 처연함과 외로움이 있다. 일본인들에게 있어서 그것은 감정적으로 곱씹을 수 있으면서, 아름답다고 여겨져야 하는 것이다.

이번엔 조금 말랑말랑한 예를 들어보자. 또 다른 일본 사회를 상징하는 용어로는 '거리감'이 있다. 지리적 역사적 배경으로 인하여 '지역 내 공동체'라는 의식이 오랫동안 공고하게 유지되어온 일본 사회이지만 동시에 이 거리감이라는 개념은 일상 내에서 강하게 작동한다. 이웃 간에도 부모와 자식 간에도 더 나아가 부부 사이에서도 일정 수준에서의 심리적, 사회적 거리감을 유지하여야만 한다. 그렇지 않으면 '이상한 사람' '나대는 사람' '예의 없는 사람'이라는 수군거림이 낙인이 되어 따라다닌다. 필자는 2019년 대학 제자들에게 "연인으로부터 연락이 없는 상태로 며칠을 기다릴 수 있느냐?"라는 간단한 설문을 해본 적이 있다. 약 250여 명의 20대 일본 대학생들 답변의 평균은 3.2일이었다. 3일이나 연락이 없으면 궁금하지 않으냐고 묻자 "무슨 사정이 있을지도 모르는데 이쪽에서 마구 연락을 하는 건 좋지 않다고 생각한다."라는 대답이 돌아왔다. 그러면서 거의 모든 학생이 상대방의 사적 영역을 보장해주는 거리감이 중요하다고 입을 모았다. 필자로서는 신선한 충격이었다. 서로의 애정과 친밀함은 서로의 영역에 어느 선 이상으로는 발을 들이지 않는 거리감 위에서 성립하는 것이었다.

이러한 예들은 단적이고 파편적이기는 하지만 일본 사회가 전통적으로 외로움과 친화성을 가지는 의식구조로 되어 있는 것이 아닐까 생각하게 만든다. 일본인들 그 자신들도 무라샤카이 村社会 전통적 마을 단위의 공동체 라고 일본을 표현하면서 주변과의 연결됨과 상호 관심, 커뮤니티 형성에 중요한 의미를 부여하고 더 나아가 그에 대한 피로감까지 표현하지만, 마치 작용 반작용처럼 그만큼의 외로움이. 자발적 외로움이라고 봐도 좋을 외로움이 면면히 흐르고 있다.

물론 일본인 모두가 외로운 영혼으로서 살아가고 있는

것은 아니다. 사람은 모두가 제각각 다 다른 법이다. 다만 사회 전체가 추구하는 가치관, 외로움에 대한 가치관이 어디를 바라보고 있냐는 것이다. 최근 일본의 서점에 들러보면 오히려 외로움을 통하여 자신을 단련하라는 잠언들이 '외로움의 힘' 등의 제목으로 쏟아져 나오고 있다. 마치 한국에서 청년들에게 '아프니까 청춘이다'라고 이야기하던 때를 떠올리게 만든다. 외로움으로 아프지만, 일본은 의식적으로 외로움과 친하며 또한 그것을 권하고 있는 사회일지도 모른다.

친밀성의 상품화
: 의사관계재 Dummy-Relation Goods

일본의 외로움 그 자체가 일본만의 것은 아니다. 일찍이 데이비드 리스먼이 『고독한 군중』에서 지적한 바 있듯이 이미 외로움은 전 세계적인 것이 되었다. 다만 일본을 주목해야 하는 이유는 그 외로움이 계속해서 비대해져 가는 과정에서 어떠한 변화를 낳았느냐는 것이다. 우리는 리트머스 종이를 대어보는 시선으로 일본의 변화를 포착해볼 필요가 있다.

코로나19로 인한 펜데믹 속에서 일본의 TV 아나운서들

타인

이 자신들의 점심 식사 모습을 유튜브 등을 통해 라이브 방송으로 내보내는 기획을 만들었다. 외출 등이 제한되어 집에서 혼자 식사를 하는 사람들을 위해서 함께 밥을 먹는 상황을 연출하는 것이 목적이었다. 사실 이러한 아이디어는 일본 내에서는 그리 새로운 것이 아니다. 2005년 10월 케이 네트워크에서 발매한 DVD 〈나와 함께 먹어요 이팅〉 시리즈는 혼자 식사할 때 그저 함께 밥을 먹는 영상을 재생해주는 BGV Background Video 를 표방하고 있다. 전혀 대화도 없고 그저 어떤 이가 가끔 화면 너머의 독자와 눈을 마주치거나 미소를 지으며 담담하게 식사를 한다. 그저 그뿐이다. 일종의 ASMR의 영상 버전인 셈이다.

일본 간사이 지방을 중심으로 성업 중인 서비스가 있다. '렌탈 프랜드 Rental Friend'이다. 이는 정해진 시간 동안 친구가 되어주는 서비스이다. 주로 홀로 술을 한잔할 때 이 서비스를 이용하면 마치 오랫동안 알고 지낸 친구처럼 즐겁게 이야기를 건네며 술잔을 나눌 수 있다. 이러한 형태의 서비스는 여러 파생상품을 낳았다. 정해진 시간 동안 연인이 되어주는 '렌탈 카레시, 카노죠 レンタル彼氏・彼女', 일정 기간 반려동물을 대여해주는 '렌탈 펫' 까지. 이야기를 들어주고 손을 잡아주며 어깨와 등을 토닥이고 고개를 끄덕이며 미소를 지어주는 것, 그리고 무조건적으로 나를 따르며 살랑거

리는 강아지의 친밀함마저도 시간당 요금과 다양한 옵션 요
금으로 처리된다. 『감정노동』의 저자인 사회학자 혹실드가
'자기 자신의 아웃소싱'이라 표현하며 예를 들었던 일련의
서비스들의 장례식 조문객 렌탈, 결혼식 하객 렌탈 등 대부분이 이미
일본에서 상당수 상용화되어 있다.

　　테크놀로지는 이러한 양상에 더더욱 리얼리티를 부여한
다. 정확히 말하면 리얼리티라고 믿을 수 있게끔 해준다. 기
후대학 岐阜大学 공학부가 2020년 9월 제25회 일본 버츄얼
리얼리티 학회에서 발표한 '산보 여자친구 My Girlfriend in Walk'

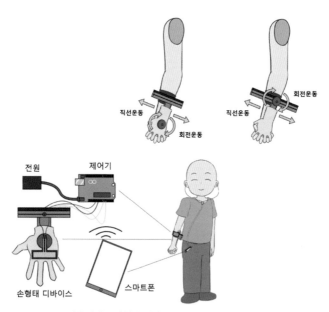

기후대학 공학부가 개발한 '산보 여자친구'의 구조

는 그 좋은 예이다. 손 모양의 웨어러블 디바이스인 해당 기술은 연인과 깍지를 끼고서 산보를 하는 느낌을 그대로 재현해 내는 것을 목적으로 하고 있다. 해당 논문의 서론에는 이렇게 쓰여 있다. "누군가와 손을 잡고 걷는 행위가 사람에 따라서 점점 어려워지고 있다. 이를 어렵게 만드는 원인 중 하나로 손을 잡고 걸을 수 있을 만한 관계의 상대가 없다는 점을 꼽을 수 있다." 유카이엔지니어링이 개발한 '프티 쿠보 Petit Qoobo'도 좋은 예이다. 몽실몽실한 털 뭉치에 꼬리만 재현된 이 로봇은 소유자의 터치나 목소리에 따라 꼬리를 흔든다. 누가 봐도 동물이 아닌 기계인 이것은 실제로 동물을 키울 때의 '힐링'만을 철저히 발췌하여 구성하였다.

일본 아키하바라 일대에 널리 퍼진 메이드카페들도, 일본이 개발한 대화형 홀로그램 디바이스 Gatebox도, 그저 맞장구만 쳐주는 전화서비스도 … 모두가 어떠한 관계 맺음에 대한 갈증을 수요로 번창하고 있다. 릴렉세이션 Relaxation 산업은 현재 릴레이션 Relation 산업일지도 모르겠다.

사회학자 코리겐은 사람들이 실체감을 도둑맞게 되면, 다른 곳에서 그것을 찾으려고 할 것이라고 말하며 그 다른 것으로 소비를 지목하였다. 그 소비에 친밀성의 상품화는 침투하여 들어왔고, 실제로 일본에서는 친밀성의 상품적 거래가 상당히 다양한 형태로 드러나고 있다. 일본의 사회학자 야마다 마사히로는 그의 저서 『더 많이 소비하면 우리는 행복할까』에서 소비의 이면에는 관계가 숨어있었다고 말하며 제로성장, 저출산, 고령화가 진행된 이후에는 관계로부터 직접 행복을 느끼는 형태가 나타났다고 설명한다. 즉 우리는 관계를 위해서 더 정확하게는 관계 속에 있음을 확인하기 위해서 소비하여 왔고 현재는 관계 그 자체가 소비되고 있다는 것이다.

다종다양한 친밀성 상품들은 앞으로도 더욱 발전할 것이고 더욱 늘어갈 것이다. 그렇다면 이러한 친밀성 상품들에 대한 수요는 어떻게 설명되어야 하는 걸까? 친밀성 상품들의 근저에 공통으로 깔려 있는 것은 '믿음'이다. 더 정확히 말하면 믿음 같으며, 믿음스러운, 아주 잘 연기된 믿음이다. 믿음의 연기가 지불된 가치만큼은 확실히 보장된다고 소비자들은 '믿고' 있다. 밑줄을 친 부분의 믿음은 자본주의의 거래원칙이 보장해 준다. 여기서 중요한 점은 일본인들도 자신들이 이용하는 서비스에서 제공되는 친밀성과 따스함이 진심이 아니라는 것 정도는 알고 있다는 것이다. 상황에 몰입함으로써 친밀성을 즐기고 있을 뿐이다. 자본주의적 거래원칙은 실제 일상에서 친밀성을 얻게 되기까지 필요한 상대에 대한 신뢰와 믿음, 그리고 그것을 위한 시간과 과정을 '지

타인

불'이라는 하나의 과정으로 압축해서 처리해준다. 그리고 필요한 친밀성만을 발췌하여 느낄 수 있게 해준다. 무엇을 발췌할 것인지는 거래조건 즉, 옵션과 같아진다. 어떻게 보면 아주 합리적이고 세련되어 보이기까지 한다.

하지만 이러한 과정을 통하여 오랜 기간의 신뢰와 믿음을 담보로 형성되는 진득한 친밀성은 가격으로 보장되는 서비스 재화로 탈바꿈하게 된다. 그렇다! 이것은 어디까지나 재화이다. 군이 이름을 붙이자면 '의사관계재 疑似關契財'라고 불러야 할까? 거의 진짜 같은 친밀성이며 또한 가격만 충분히 지불한다면 내가 원하는 시간에 언제든, 내가 필요한 부분만을 얻을 수 있는 친밀성이다.

친밀성을 사고파는 것에 대하여

중요한 것은 어떤 재화에 대한 소비는 점점 더 그 재화에 우리를 의존하게 만든다는 데에 있다. 경제학자 갤브레이스는 욕구가 우리들에게서 기인하는 것이 아니라 소비하는 과정과 소비로 이어지는 과정, 광고 등에 의하여 촉발되고 강화된다고 말하며 이를 '의존 효과'라고 불렀다. 의존 효과가 높아진 사회에서는 공급자가 다양한 방법으로 소비자의 심리에 자극을 주고 소비 판단에 영향을 미치고자 한다.

경제학자 브리토와 바로스는 소비자가 특정한 상품의 효용을 향유하는 것은 '소비를 통한 학습 learning by consuming'에 영향을 받아 변화되어 간다고 보았다. 즉, 소비를 통하여 해당 상품에 대한 지식과 요령을 얻어가며 점점 더 높은 효용을 끌어내어 간다는 것이다. 상품화된 친밀성들이 다양한 업종으로 상품화되어 성업 중이라는 점은 소비자들이 점점 더 상품에 대한 요령을 얻어가며 그에 대하여 더욱 효율적으로 소비하고자 하는 양상으로 이어질 수 있음을 보여주는 것일지도 모른다. 경제학자 스티글러와 베커는 구매하는 상품으로부터 효용을 얻기 위하여 스스로 필요한 기술이나 지식의 축적에 시간을 투자하는 소비자를 가정하고 이러한 소비자가 획득한 기술이나 지식을 '소비자본 consumer capital'이라고 명명했다.

어쩌면 일본에서 관찰 가능한 일련의 양상들은 소비로서 상호작용을 만족시키는 것에 소비자들이 점점 더 적응되어 가고 있으며, 인간과 인간 사이에 투여될 자신의 자본들을 더욱더 손쉬운 시스템인 소비의 형태에 '소비자본'으로서 대체 투입하고 있음을 보여주는 징후들인지도 모르겠다. 마이클 샌델이 『돈으로 살 수 없는 것들』에서 문제를 제기했듯이 과연 어디까지를 경제적 사고의 테두리에 집어넣어야 할 것인가 하는 점에서 이 문제는 민감해질 수밖에 없다. 에

바 일루즈가 『낭만적 유토피아 소비하기』에서 지적하였듯이 오늘날 우리의 관계 속으로도 자본주의적 사고는 이미 깊게 침투되어, 시장에서 거래 파트너는 궁극적으로 교체될 수 있으며, 그 관계는 경제적 여건에 따라 변화될 수 있는 것으로 인식되고 있다. 그렇다. 일본이 보여주는 친밀성 상품들은 우리들의 시장에도 머지않아 광범위하게 퍼질지 모른다. 우리들의 일상에도 '감정 소비' '감정 낭비' '감정 쓰레기통' '관계 피로' 등의 표현이 자주 등장한다. 누군가와의 관계를 만들고 유지하는 것에 대하여 우리도 비용 Cost 이라는 측면에서 고려하는 경향이 점점 더 강해지고 있다. 이러한 관계의 비용이 일본에서는 지불로 대체되고 있다.

하지만 분명한 것은 단지 이렇게 자신을 소비로써 '힐링'하고 다시 삶 속에서 자신을 고립시킨 채 지내다 다시 소비의 장으로 돌아온다면, 그것은 중독과 크게 다를 바가 없다는 점이다. 단지 형식들과 표상들만 존재하고 심지어 구매자들도 모든 것을 알고 있으면서 찾게 되는 의사적Dummy인 상품에 불과한 것이다. 인천문화재단 플랫폼에 소개된 트레이스의 『치유 권하는 사회』라는 비평문의 한 구절이 와닿는다.

"상처가 돋아난 자리로 되돌아가 그 고통의 현장을 살

피고 애도해야 한다. 다시 말하자면, 고통을 일시적으로 잠재우기보다 외려 상처를 직접 치료 solution 해결 하거나 치유 dissolution 해소 해야 한다. 상처가 관계에서 돋은 것이라면, 그 관계를 다시 들여다보아야 한다."

2013년 타카오미 오가타 감독이 제작한 〈체온 - 그녀의 온도〉라는 영화는 자신의 외로움을 달래기 위해 러브돌과 동거하는 고독한 청년의 모습을 그리고 있다. 사회와 단절되어 살아가는 주인공 '린타로'는 사람과 피부의 촉감까지 같은 인형을 구입하여 '이부키'란 이름을 지어주고 인형과 사랑에 빠지게 된다. 하지만 인형을 사랑할수록 오히려 린타로는 점점 더 인간의 체온을 그리워하게 될 뿐이다. 자신의 외로움과 허전함을 채우기 위해 오히려 인간을 찾아가지 않는 주인공의 모습은 오늘날의 일본뿐만 아니라 한국에 대해서도 생각할 거리를 던져주지 않을까 한다.

다종다양한 친밀성 상품들은 앞으로도 더욱 발전할 것이고 더욱 늘어갈 것이다. 그렇다면 이러한 친밀성 상품들에 대한 수요는 어떻게 설명되어야 하는 걸까? 친밀성 상품들의 근저에 공통으로 깔려 있는 것은 '믿음'이다. 더 정확히 말하면 믿음 같으며, 믿음스러운, 아주 잘 연기된 믿음이다. 믿음의 연기가 지불된 가치만큼은 확실히 보장된다고 소비자들은 '믿고' 있다.

조봉권

1995년 국제신문에 입사하여 문화전문기자, 문화부장, 편집부국장 겸 인문연구소장을 거쳐 현재 선임기자로 있다. 14년 이상 문화·예술 부문을 취재하였다. 부산대 예술문화와영상매체협동과정 미학 석사과정을 수료했다.

'버스점'을 치면서 이순신 장군을 생각했다

술만 취하면, 막아놨던 뚜껑이 열리면서 말 많아지고 목소리 커지는 봉팔 씨의 버릇이 또 도졌다. "뭐시라! 매춘이 인류의 가장 오래된 직업? 택도 없는 소리. 나는 그 의견 반댈세." 또 저 '반대' 소리. 마주 앉은 영팔 씨, 한숨이 나온다.

"검색해 봐. 호모 하빌리스 240만 년 전, 호모 에렉투스 180만 년 전, 호모 사피엔스 20만~30만 년 전, 호모 사피엔스 사피엔스 4만 년 전, 농경 정착 시대는 1만 년 전이라는데 … 정착해서 농사짓고 사유재산이 나와서 계급이 나타나야 직업이고 매춘이고 생길 거 아녀? 호모 사피엔스부터 뭐라고 부르는 줄 알어? 현. 생. 인. 류. 알겠어?"

영팔 씨가 반격한다. "뭔 말을 하고 싶은겨? 후딱 해, 빙빙 돌리지 말고. 그래서, 젤 오래된 직업이 뭐라는 건데?"

봉팔 씨, 웬일로 당황하지 않고 반격을 받는다. "딱 보면 모르겠어?" 회심의 답변! "점치는 사람!"

이 글은 우리는 왜 여전히 '점치는 사람' 호모 점칠리스나 호모 포춘텔리니쿠스라는 말을 만들어 봤다 으로 살아가는지, 점치는 일은 우리 믿음·행동·삶·역사에 어떤 영향을 끼쳤는지 궁리하다가 쓴 것이다. 이는 '믿음'의 또 다른 측면이라고 판단했다.

그는 어쩌다 '버스점'을 치게 됐을까

봉팔 씨, 출근길이다. 버스 정류소에서 차를 기다리다가 혼잣말을 한다. "씨발, 오늘따라 버스점占이 왜 이 모양이야." 할 수 없다는 듯 방금 도착한 버스에 올라탄 봉팔 씨, 좀 불안해진다. "오늘은 또 무슨 일이 벌어지려고 점괘가 이리 안 좋나?"

신문기자인 그는 얼마 전 문화부장이 됐다. 신문사에선 부장을 '데스크'라고 한다. 일선 기자에서 부장이 되는 건 사람이 '책상'이 되는 일이었다. 새로운 스트레스와 어려움이 몰려왔다. 게다가 혁신 의지로 날을 세운 신임 편집국장은 존경할 만한 안목이 있었으나, 무서웠다. 제작 회의는 살벌했고, 데스크의 비명이 수시로 곳곳에서 터졌다.

피 흘리는 책상 신세가 된 봉팔 씨는 출근할 때 점을 치게 됐다. '버스점'이었다. 버스점을 시작한 건 사냥에 나서는 원시인이 동굴벽화를 그린 거랑 비슷한 동기였다. 뭔가 바라는 것이 있었던 거다.

버스 도착 안내기

그의 집 앞으로 7번, 9번, 16번, 17번, 61번, 161번 버스가 다닌다. 배차 간격이 15분 주말 17분 으로 가장 긴 데다, 행운의 숫자인 7번을 타면 상서롭고 운이 좋을 것 같았다. 처음엔 그게 전부였다. '7번을 타면 국장한테 안 깨질 거야. 7번은 행운을 줄 테니 ….'

버스를 골라 타지는 않았다. 161번과 16번은 너무 자주 와서 흔하고 전철역에서 좀 먼 데 내려줘 점괘로는 불길한 축이었는데, 봉팔 씨는 161이나 16이 온다 해서 그걸 보내고 7번 올 때까지 기다리는 식의 행동은 안 했다. 그건 점占이라는 시스템을 부정하는 것이자 점에 대한 무례라고 봤다. 원시 시대나 지금이나 점칠 때는 마음가짐이 중요하다. 참고로, 버스 도착 안내기기가 그 집 앞 정류소에는 없었다.

먼저 버스마다 애칭을 붙였다. 칠이 7 구 9 일육이 16

일칠이 17 육일이 61 일육일이 161 였다. 그리고 점괘를 분류했다. 최고 점괘는 '세븐 크로스!' 운 좋게 칠이를 탔는데, 반대편 차선에서 또 다른 7번 버스가 마주 달려오다가 교차하면 세븐 크로스다. 고레에다 히로카즈 감독의 멋진 영화 '진짜로 일어날지도 몰라 기적'을 보면 초고속 열차 상·하행선이 교차하는 순간을 직접 보면 기적이 이뤄진다고 아이들은 믿는다. 바로 그거다.

세븐 크로스에도 등급이 있다. 집 앞 버스정류소에서 출발하자마자 집 가까운 곳에서 세븐 크로스가 이뤄지면, 최고다. 멀어질수록, 등급은 낮아진다. 가장 피하고 싶은 나쁜 점괘는 '일육일 크로스'다. 161번을 타고 네 정거장 뒤 전철역 근처에 내릴 때까지, 반대편에서 오는 또 다른 161번과 마주치면 그날은 편집국장한테 오지게 깨질 각오를 하는 것이다.

이 시대에도 점 占 은 왜 건재할까

그런데 문제가 생겼다. 6개 버스 노선으로 조합해낼 수 있는 점괘가 너무 많았다. 봉팔 씨는 '숫자가 낮을수록 더 좋은 점괘, 숫자가 높을수록 더 나쁜 점괘'로 바탕을 설계했다. 이는 7번 9번 같은 낮은 숫자의 버스가 배차 간격이 길어 '귀했고' 다른 노선은 훨씬 자주 와서 흔했기 때문이다. 귀해야 행운도 더 많이 가져다줄 것 아니겠는가.

집에서 출발할 때 귀한 7번을 탔는데 곧장 맞은편에서 7번이 올라와 세븐 크로스를 달성한 데다, 알고 보니 그 뒤를 따라오던 버스가 또 다른 행운 번호인 9번이고 내가 탄 7번 뒤를 따라온 버스도 9번이었다면, '7799 크로스'다. 이건 잭팟이다. 최고 점괘다. 이런 날은 볼 것도 없다. 뭘 해도 잘 풀리고 국장은 당신을 봄 햇살처럼 대할 것이다.

근데 161번을 탄다면? 61번을 탄다면? 17번을 탄다면? 16번을 탄다면? 너무 많은 경우의 수가 생긴다는 점을 봉팔 씨는 깨달았다. 여기에 거리·시간 요소까지 합산할 때도 있다. 이 과정에서 봉팔 씨는 한 가지 더 알게 됐다. 자신이 수많은 점괘를 자기에게 유리하게 해석하고 있다는 점이었다.

예컨대 그럭저럭한 숫자로 포지셔닝을 해놓은 17번을 만났을 때 '오늘 운은 고만고만하겠군' 하고 평가하는 게 아니라 '괜찮아, 17 안에 7이 포함돼 있으니 7보다야 못하겠지만 나쁘지 않은 점괘야' 하며 좋게 해석해버리는 식이다. 그런 방식으로 16이나 61은 1+6이나 6+1로 풀면 어차피 행운의 7이 나오니 괜찮다. 161도 마찬가지로 쪼개서 합치면 어차피 7로 수렴시킬 수 있다. 안 좋은 점괘를 얻어 불안해하느니, 이렇게 해석해서 '믿어버리는' 게 나았다.

그리고 봉팔 씨는 깨달았다. 점치는 일이 과학과 이성의 공세를 견뎌내며 지금도 번성하는 비밀은 '유연한 해석'에 있었다. 알 수 없는 미래 未來 를 알아내어 좋은 것만 믿고 싶어하는 사람의 욕망에 달라붙어 유연하게 해석될 여지를 열어주고 희망과 믿음을 선물함으로써 점은 살아남았다. 살아남은 정도가 아니라 번성했고, AI 시대인 지금도 건재하다.

'삼국유사'에 나온다. 뒷날 신라 원성왕이 되는 김경신이 꿈을 꾸었다. 꿈에 김경신은 머리에 쓴 두건을 벗고 흰 갓을 썼으며 12현금을 들고 천관사 우물 속으로 들어갔다. 김경신은 사람을 불러 점치게 했다. 두건을 벗은 것은 관직을 잃을 징조이고, 우물 속으로 들어간 것은 옥에 갇힐 조짐이라는 풀이가 나왔다. 김경신은 근심하며 틀어박혔다.

아찬 여상이 이를 듣고는 거꾸로 풀었다. "두건을 벗은 것은 당신 위에 앉는 이가 없게 된다는 뜻이며 흰 갓을 쓴 것은 면류관을 쓰게 된다는 것이고 천관사 우물에 들어간 것은 궁궐에 들어갈 좋은 징조요." 김경신은 북천의 신에게 제사를 지낸 뒤 진격해 왕이 됐다.

7번 버스가 안 온다고 실망하지 마라. 어차피 161번도 쪼개서 1+6으로 풀어도, 6+1로 풀어도 다 7이다. '좋게 해석하는' 방법이 있다.

점치는 일은 수동태 행동이 아니다

봉팔 씨가 뒤이어 또 깨달았다. 점을 치려고 마음먹는 순간, 사람은 이미 자기 운명을 개척하는 변화와 실천에 들어선 것이다. 이 생각에 닿자 봉팔 씨는 기분이 좋아 환호했다.

중국 춘추전국시대 이야기를 지나치게 좋아하는 그는 제후와 군주의 군대가 출정할 때마다 점을 쳐 길흉을 살핀 이유를 드디어 알아낸 것 같았다. 춘추시대 군대가 출전하면서 점을 친 것은 단지 길흉을 알아봐서 길하면 싸우고 흉하면 포기하거나 연기하는 식의 수동태에 그치는 게 아니었다. 그 행위 속에는 전투를 잘 치르기 위한 준비·실천·변화가 이미 있다. 엄숙한 절차와 의례에 따라 점까지 치는 판에 다른 준비를 소홀히 할 리가 있겠냔 말이다.

만약 점괘가 나쁘다면, 군대의 약점을 찾아내 보완하고 내부를 단속하고 분위기를 해치는 병사나 장교를 목 베거나 처벌해 긴장감을 끌어올리는 식으로 대처·준비·변화를 강화했을 것이다. 이를 정치·심리 효과라 할 수 있다.

한국 사람은 대체로 갑골문을 희귀한 것으로 여길 것이다. 한국의 역사·문화에서 갑골문은 매우 드물기 때문이다. 그런데 중국의 큰 국립박물관에 가니 청동기실室이나 불교 미술실뿐 아니라 '갑골문실'이 따로 있었다. 갑골문실에 있는 엄청난 양의 동물 등껍질 유물과 뼈 유물이 모두 고대에

점을 친 결과물이다.

물론 전쟁을 앞두고 점을 친 갑골문 유물도 포함되는데, 이 유물 속에 담긴 '전쟁에서 이기겠다'는 다짐과 준비의 심리 mentality 를 먼저 읽어야 한다.

봉팔 씨의 버스점도 마찬가지다. 단순히 길흉을 알아봐서 '좋으면 다행이고 아님 말고'식이 아니었다. 버스점을 치는 순간 업무에서 실패하거나 '무서운 국장한테 졸라 깨질' 확률은 즉시 줄어든다. 점을 친다는 게 그만큼 신경 쓰면서 준비하고 있다는 뜻이기 때문이다. 잘하려는 의지가 있는 것이다. 이는 역동적인 모습이다. 주체 변화 가능성을 의미한다.

버스점을 쳐서 '별로'인 점괘가 나와도 어떻게든 유리하게 해석해 좋은 쪽으로 믿어버리는 사람이 전날에 밤잠이나 제대로 잤겠는가? 온갖 대비를 했을 것이다. 버스점은 봉팔 씨를 변화시켰다.

부산 점집 거리의 전통

여기서 나는 '점을 치고 그걸 믿는' 일이 우리 운명을 바꾸는 역동적인 행동이라는 점을 강조한다. 툭하면 미신, 귀신, 구식, 불합리로 여겨지며, 과학·합리·이성이 감행하는

남부민동 송도 윗길 점집

2009년 당시 영도다리 점집

공격에 시달리면서도, 점을 치고 그걸 믿는 일이 요즘 세상
에도 의연한 이유가 여기 있다. 이를 '점 占 의 인류학'이나
'점복 占卜 의 인문학'이라고 할 만하다.

당장 남포동 타로점 거리와 충무동에서 송도 윗길 일대에 늘어만 가는 점집의 풍경을 한 번 보시라. 6·25 전쟁 때 영도다리의 남포동 쪽 '다리 밑'에 점치는 사람들이 엄청나게 몰려 성업했던 역사를 우리는 안다. 이 일대를 점바치 거리라 했다.

그 중심지가 현재는 남포동 타로점 거리와 충무동·송도 윗길로 번지듯 옮겨갔다. 이곳을 지날 때마다 '여기를 포춘텔링 스트리트'로 특화하면 어떨까 하는 공상을 한다. 그건 곧 이 일대가 온 국민이 점을 보고, 인생을 다시 살아갈 의욕을 얻는 거리로 특화된다는 뜻이다.

이제 이순신 장군을 모셔올 시간이다. 기술 tech-nology의 측면에서 전쟁은 궁극의 과학성·합리성이 경쟁하는 세계다. 이순신 장군이 거둔 위대하고 화려한 승리는 과학의 이름으로, 합리적으로 거의 모두 설명할 수 있다.

판옥선은 평저선이라 한반도 남해의 환경에 잘 맞았고 두꺼운 조선 소나무로 만들어 왜군의 조총은 관통되지 않았으며 화포를 많이 놓고 쏴도 충격을 견뎠다. 왜군 함선이 갖지 못한 장점을 모두 가졌다.

이순신 함대는 근대 해전을 연상하게 하는 원거리 화포전을 기본 전법으로 했으니 근거리 육박전을 중시하던 왜군 함대를 멀리서 깨트려버렸다. 왜군은 우리 함대에 사실상 접근도 못한 채 자기네가 왜 죽는지도 모르는 채 떼로 죽어갔다. 두 함대는 싸우는 차원 dimension 자체가 달랐다.

박종평이 쓴『이순신, 꿈속을 걸어나오다』이매진 펴
냄·2010년 는 역저力著 다. 부제는 '난중일기의 바다에서 건져
올린 척자점의 비밀'. 다만, 이순신 장군이 '혁명'을 의식했
을 거라고 저자가 추론하고 주장하는 데는 이견이 있는 독
자도 많을 것 같다.

이 책에 실린 내용이다.

"이순신 관련 기록에서 점에 관한 언급은 '난중일기'와 '행록'
에서 각각 17회와 1회 등장한다. '난중일기'에는 이순신이 직접 점
을 친 사례가 14회, 타인이 점을 친 사례가 3회 나오며, … '난중일
기'에서 점에 관한 이야기는 1594년, 1596년, 1597년에 나오는
데, 일기를 가장 많이 쓴 시기다." 254쪽

이순신 장군의 점占과 꿈

"이순신 자신이 친 점은 척자점 擲字占 으로 점친 이유, 점사,
길흉 판단을 기록했다. 점친 이유는 가족 걱정, 전투의 예측과 적
의 동향, 영의정 유성룡 에 관한 걱정이었다." 257쪽

갑오년 1594년 7월 13일. "비가 계속 내렸다. 홀로 앉아 아들
면의 병세가 어떨까하고 염려하여 척자점 어떤 판본은 '글자를 짚어 점

이순신 장군 부산포 해전 진격로
부산 서구 송도해수욕장에서 본 풍경

을 쳐보니'로 옮김 을 쳐보니, '군왕을 만나 보는 것과 같다'는 괘가 나
왔다. 다시 짚어 보니, '밤에 등불을 얻은 것과 같다'는 괘가 나왔
다. 두 괘가 모두 좋아서 마음이 조금 놓였다. 또 유정승 점을 쳐보
니, '바다에서 배를 얻은 것과 같다'는 괘가 나왔다. 다시 점치니,
'의심하다가 기쁨을 얻은 것과 같다'는 괘가 나왔다. 무척 좋았다.
저녁 내내 비가 내리는데, 홀로 앉아 있는 마음을 가눌 길 없었다.
늦게 송전이 돌아가는데, 소금 1섬을 주어 보냈다. 오후에 마량첨
사와 순천부사가 와서 보고 어두워서야 되돌아갔다. 비가 올 것인
가 개일 것인가를 점쳤더니, 점은 '뱀이 독을 내뿜는 것과 같다'는
괘를 얻었다. 앞으로 큰비가 내릴 것이니, 농사일이 염려된다. 밤
에 비가 퍼붓듯이 내렸다. 초저녁에 발포의 탐후선이 편지를 받아
서 돌아갔다."

몰운대 정운공 순의비

14일 경인. 비가 계속 내렸다. "어제 저녁부터 빗발이 삼대 같았다. 지붕이 새어 마른 데가 없어서 간신히 밤을 지냈다. 점괘를 얻은 그대로이니 참으로 절묘하다. 충청수사와 순천부사를 불러서 장기를 두게 하고 구경하며 하루를 보냈다. 그러나 근심이 마음속에 있으니, 어찌 조금인들 편안하랴."

9월 28일 계묘 흐림. "새벽에 촛불을 밝히고 홀로 앉아 왜적을 칠 일이 길한지 점을 쳤다. 첫 점은 '활이 화살을 얻은 것과 같다'는 것이었고, 다시 치니 '산이 움직이지 않는 것과 같다'는 것이었다. 바람이 순조롭지 못하였다. 흉도 胸島 안바다에 진을 치고서 잤다."

2005년 나온 노승석 번역본 '난중일기'를 중심으로 인용

내가 직접 확인한 바에 따르면, '난중일기'에는 '천행 天

'버스점'을 치면서 이순신 장군을 생각했다

훈'이란 표현이 딱 한 번 나온다. 명량해전에서 이긴 뒤 쓴 정유년 1597년 9월 16일 일기다. 이게 무얼 뜻할까? 이순신 함대는 행운에 기대지 않았다는 뜻이다. 철저히 준비하고 계산하고 예측한 뒤 과감히 공격하고 질서 있게 퇴각해 우리 피해는 믿을 수 없을 정도로 가벼운 수준에 머물게 했고 적에게는 극도로 큰 피해를 주거나 아예 섬멸해버렸다. 과학·공학·이성·합리의 힘으로.

그 과정을 총괄하고 지휘한 이순신 장군은 가끔 점을 쳤다. 일기에 소중히 남기기까지 했다. 여기까지 읽은 봉팔 씨, 자기의 버스점을 생각하며 슬며시 웃는다.

버스점은 시들해졌으나

이순신 장군의 꿈 이야기는 점 이야기보다 훨씬 재미있고 강력하다. 하지만 분량이 넘쳐 이쯤에서 끝내야겠다. 관심 있는 분께는 '이순신, 꿈속을 걸어나오다'를 추천한다.

봉팔 씨는 요즘은 버스점을 치지 않는다. 무섭던 편집 국장은 이미 퇴임했다. 그가 퇴임한 뒤에도 한동안 점을 쳤으나 외부에서 오는 강력한 압박과 긴장미가 없어지자 시들해졌다. 게다가 봉팔 씨 집 앞 버스정류소에 얼마 전 '버스도착안내기기'가 생겼다. 버스 도착 상황을 한눈에 안다. 그

이순신 장군 부산포 해전 진격로
부산 서구 천마산에서 본 전망. 앞에 보이는 큰 섬이 영도다

러니 '몇 번 버스가 언제 오는지 모르는' 상황을 전제로 했던 버스점 자체가 무의미해졌다. 테크놀로지는 다시 한 번 점 치는 일을 궁지로 몰며 퇴장을 권유한다.

그러나 봉팔 씨, 버스점을 치며 야성을 충전하고 변하려 고 몸부림치던 그 시절이 조금 그립다. 인간이 믿고 싶어 하 고 알고 싶어 하는 존재인 한, 점은 우리 곁을 안 떠날 것이다.

박형준

문학평론을 하고 있으며, 부산외국어대학교 한국어문화학부에서 학생들을 가르치고 있다. 문학과 예술, 그리고 인문학이 우리 삶의 억압적 감성 구조를 변화시키는 실천적 방법이 되기를 바라지만, 많은 이들이 문학을 잘 아는 것보다 '문학적인 삶'에 더 가까워지기를 희망한다. 저서로『로컬리티라는 환영』『함께 부서질 그대가 있다면』등이 있다.

필자

독학자의 슬픔

    코로나 COVID-19는 우리의 일상을 변화시켰다. 학생들을 가르치는 일의 경우도 다르지 않다. 단 한 번도 경험해보지 못한 전 지구적 돌림병에 학교 현장은 우왕좌왕했고 제대로 된 대처 방안도 내놓지 못했다. 말 그대로 대혼란이었다. 대부분의 학교가 비대면 un-tact으로 수업 운영 방식을 변경하였으며, 1년 남짓한 시간이 지난 후에야 힘겹게 코로나 대응 체계를 마련할 수 있었다.

    이제야 겨우 디지털 기반의 영상강의와 학습활동, 그리고 실시간 화상수업이 자리를 잡아가는 듯한데, 이는 '원격교육'이라는 새로운 패러다임이 교육 현장에서 일상화·보편화되는 계기가 되었다. 기존의 교육적 커뮤니케이션 방식이 붕괴되고 무력화된 자리에서 오히려 미래교육 e-Learning 네트워크가 빠르게 정착해가는 모습을 보며, 역사적 진보의 아이러니를 생각하지 않을 수 없었다.

    내가 더 놀랍게 느꼈던 것은, 초유의 팬데믹 사태 속에서도 '공부'에 대한 학습자의 관심과 열의가 줄어들지 않았다는 사실이다. 전통적인 방식의 면대면 강의는 불가능해졌으나, 학교 안과 바깥에서 배움에 대한 갈증을 해소하고자 하는 학생, 시민들의 교육 수요는 거의 줄어들지 않았다. 학교에서, 집에서, 심지어 카페나 공원에서 영상을 통해 공부를 이어간다.

시·공간의 제약과 대면 접촉의 어려움에도 불구하고 공부가 지속될 수 있는 까닭은, 원격교육이 현실화되었기 때문이다. 정보통신기술의 비약적인 발전은 그것을 가능하게 한 물적 토대가 된다. 다만, 이러한 현상을 테크놀로지의 고도화에 따른 것으로만 이해해서는 곤란하다. 왜냐하면 원격교육의 장구한 역사 속에는 여러 가지 어려움을 극복하고 공부를 통해 자아실현에 이르고자 했던 이들의 열망이 담겨 있기 때문이다.

2

원격교육 distance education 은 학습자와 교수자가 직접 대면하지 않고 활자, 음성, 영상, 디지털 등의 매체를 기반으로 이루어지는 교육 활동을 의미하며, 이는 각각 강의록, 라디오, 텔레비전, 인터넷과 같은 통신 수단을 통해 수행된다. 그래서 원격교육은 통신교육 correspondence education 이라고

도 불린다. 중·고등통신학교, 방송통신대학교, 사이버대학교 등이 구체적인 예가 될 것이다. 그러나 한국의 통신교육에 관한 연구는 충분하지 못하다.

나는 국어교육의 역사를 탐구하고 복원하는 연구를 진행하는 과정에서 한국 근·현대 통신학교의 실체와 교수·학습 매체에 관한 연구가 거의 이루어져 있지 않다는 사실을 발견했다. 10여 년에 걸쳐 꾸준히 문헌 조사와 분석 작업을 진행했고, 그 결과 네 편의 학술논문 「근대 통신학교의 성립과 국어교육」 「해방 직후 통신학교 국어교육의 특징과 사회문화적 의의 연구」 「전후 교육 재건 모델로서의 통신학교 국어교육」 「산업화 초기 독학자의 교육적 열망과 통신학교 국어교육」을 발표하게 되었다.

내가 다양한 연구 주제 중에서도 원격교육의 구체적인 형식인 '통신학교'에 주목한 이유는 세 가지이다. 첫째, 통신학교는 개인적인 사정과 형편으로 중·고등학교와 대학교에 진학할 수 없었던 독학자 獨學者 들을 위한 교육 기회를 제공했다. 둘째, 그것은 단순히 개인의 교육적 열망이나 입신양명을 위한 도구만이 아니라 사회적 교육 격차를 해소하는 평등성과 호혜성에 기초한 교육적 실천이다. 셋째, 통신학교는 주권 박탈과 일제 강점, 분단과 한국전쟁, 산업화와 민주화라는 굴곡진 역사의 전개 과정에서 학업 소외자를 제도교육과 연결하는 기능을 담당하며 사회 재건의 역할을 담당했다.

그렇다면, 정말 그렇게 중·고등학교에 진학하지 못하거나 중도에 학업을 포기하는 사람들이 많았을까? 궁금증이 생기지 않을 수 없다. 한국 근대 통신학교의 효시라 볼 수 있는 조선통신중학관에서 1921년에 발행한 교재『중학강의록 中學講義錄』제1호의 '규칙'을 보면, 통신교육은 "중등교육의 보급 普及"을 위하여 "통신교수 通信敎授 를 목적 目的"으로 한다고 분명하게 제시되어 있다. 통신학교의 출현은 3·1운동 이후 폭발적으로 급증한 교육적 수요와 조선 민족의 언어와 문화에 대한 관심을 반영한 현상이다. 일제강점기부터 1960~70년대에 이르기까지 상당 기간 중등교육에 대한 수요는 충족되지 않았다.

기존의 연구 성과를 참고해 볼 수 있다. 1960년에 발행된 중앙통신중·고등학교의 『입학 안내서』를 보면 중앙통신중·고등학교, 「通信敎育이란 무엇인가」『중앙강의록 안내서』중앙통신중·고등학교, 1960, 4쪽 전국 국민학교 졸업자 수는 "55만 6천여 명"인데 중학교 수용 인원은 겨우 "19만 8천 명"밖에 되지 않아, 결국 "35만 8천여 명"의 "아동들"이 "눈물"로 "학교에 가지 못"했다. 또『문교통계요람-1963-』을 보더라도 중앙교육연구소,『문교통계요람-1963-』, 문교부, 1963, 130-132쪽 1962년 국민학교 졸업자 510, 918명 중에 상급학교 진학자는 49.5%밖에 되지 않는다는 것을 확인할 수 있다. 중학교 졸업자의 고교 진학률

『중앙강의록』입학 안내 포스터 / 필자 소장

도 64.4%야간 2.6% 포함 에 불과하다.

2021년 현재 중학교까지 국가 차원의 의무교육이 이루어지고 있다. 또 고등학교 역시 의무교육은 아니지만 실질적으로는 전원교육에 가까운 수치를 보여주고 있다. 우리 때는 이랬다는 꼰대 같은 얘기를 하고자 하는 게 아니다. 원격교육 혹은 통신학교의 역사를 통해, 불과 십수 년 전까지만 해도, 수많은 이들이 교육의 권리와 학습의 기회를 부여받지 못했다는 것을 말하기 위함이다. 그 원인은 두 가지이다. 먼저, 아주 오랫동안 국가에서는 국민의 균등한 교육 기회를 보장할 수 있는 교육 시스템을 마련하지 못했다는 것. 다음으로, 개개인의 생계 문제와 어려움으로 인해 학업을 포기할 수밖에 없는 이들이 많았다는 사실이다.

자기 의지와 무관하게 배움의 기회를 박탈당하는 것은 절망적인 일이다. 그래서일까? 1953년 3월 27일『동아일보』에는 "진학 進學 못함을 비관 悲觀"해 스스로 목숨을 끊은 사건이 보도되기도 했다.

"시내 서대신동 3가 184번가에 사는 윤길훈 19 군은 국민학교를 졸업한 후 수년간 독학을 해오다가 이번에 고등학교에 진학하려고 학비를 부담해 줄 것을 그의 부모에게 애원하였으나 '먹고 살기도 어려운 터에 어떻게 학비까지 당할 수 있겠니'하고 거절을 당하게 되자 돈이 없어 진학을 못함을 비관한 나머지 지난 24일 밤

11시 경 자택에서 '복장어알'을 먹고 자살."

『동아일보』, 1953.3.17.

3

경제적 사정으로 인해 고학 苦學 의 길을 택한 이들, 그 누구도 없는 황량한 들판에서도 배움 野學 의 길을 포기하지 않은 이들이 바로 우리가 독학자 獨學者 라고 부르는 존재이다. 가정 형편에 의해 상급학교 진학과 제도권 내 학습 기회를 포기할 수밖에 없었지만, 배움을 향한 열정은 그 누구보다 뜨거웠다.

야학, 공민학교 등과 같은 사회교육 시스템이 있는데도 불구하고, 독학자들이 통신학교를 통해 공부를 이어갔던 이유는 무엇일까? 그것은 통신교육이 본격화된 1920년대에 이미 이야기되고 있다.

(一) 空間的 制限이 無 함이니 學校敎育 方法에 依하면 修學者는 必히 一定한 處所에 集合함을 必要하는 關係로 學校의 收容力이 不足한 境遇에는 就學의 困難이 有하며 비록 學校의 收容力이 有足하다할 지라도 生活上 各樣 事情에 依하야 抽身하기 困難한 者에게 對하야는 또한 就學의 機會가 되지 못하되 通信敎育

에 在하야는 此等 不便이 無하야 何地方에 在함과 何事業에 從함을 勿論하고 모든 者에게 對하야 知識에 接近할 機會를 提供하며, (二) 時間的 制限이 無함이니 學校敎育 方法에 依하면 初中等 程度에 在하야는 年齡의 制限이 有할 뿐 아니라 一定한 時間에 上學하는 關係로 定齡을 超過한 者는 就學하기 困難하며 時間의 餘裕가 無한 者 또한 修學의 志를 達치 못하되 通信敎育에 在하야는 年齡의 如何를 不問하며 時間의 拘束이 無함으로 句히 敎育에 志하는 者는 그 모든 者에 對하야 知識을 供給하며, (三) 學費의 低廉이니 學校敎育에 依하면 一定한 處所에 集合하며 一定한 時間에 上學하는 關係로 그 經費의 負擔能力이 無한 者는 敎育에 對한 志向이 비록 懇切하다할지라도 能치 못하는 不便이 有하되 通信敎育에 在하야는 그 經費가 少할 뿐 아니라 職業에 從事하는 一面에 能히 知識을 修할 수 잇스니 次 三大 特徵은 實노 通信敎育으로 하야금 民衆文化 增進함에 莫大한 貢獻을 行하게 하는 所以로다.

『동아일보』, 1921.7.26.

국한문 혼용체라 읽기가 쉽지 않지만, 괜찮다. 핵심 내용은 세 가지이다. 첫째, 공간적 제약이 없다는 것. 둘째, 시간적 제한이 없다는 것. 셋째, 학비의 부담이 적다는 것이다. 야학과 공민학교도 정규 학교와 달리 직장인 학습자를 배려하여 개설되긴 하지만, 여전히 학습 시간과 공간이 제한되어 있어서 주경야독을 해야 하는 독학자에게는 실효성

독학

이 없는 경우가 많았다. 통신학교의 사회적 가치와 효용성은 여기에서 재평가된다. 비록, 지금과 같은 음성자료, 영상강의, 디지털콘텐츠로 구성된 원격교육은 아니지만, 근대 통신학교는 우편을 통해 송부되는 강의록과 편지 질의응답를 기반으로 각자의 집과 직장에서 공부를 이어갈 수 있게 해주었다.

통신학교는 면대면 학습이 보편적인 교육의 방법이라는 믿음과 관습을 넘어서, 독학자의 슬픔과 절망을 이해하고 헤아리는 실천적 교육 수단이 되었다. 물론 독학자의 아픔을 돈벌이 수단으로 이용한 폐단 역시 없지 않았지만, 학습자와 교수자의 물리적 거리 distance 를 넘어서 보편적 교육의 가치에 이르고자 했다는 측면에서 한국 통신교육은 충분한 가치가 있다.

아쉬운 것은, 2014년에 「근대 통신학교의 성립과 국어교육」이라는 첫 논고를 발표하기 전까지 한국 근대 통신학교의 형성 과정에 관한 학술적 논의는 거의 이루어진 적이 없다는 점이다. 그래서 원격교육이 법제화되기 전까지의 시기, 즉 일제강점기부터 산업화 시기까지 통신교육의 실체와 전개 양상을 차례로 고증하는 작업을 진행할 수밖에 없었다. 학술 연구는 추상적 내용과 거창한 원리만을 다루는 게 아니다. 우리 삶의 다양한 영역에서 발생하는 의문을 합리적이고 타당한 근거를 통해 설명하고, 그것을 기반으로 조금 더 나

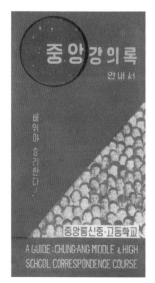

『중앙강의록 안내서』
중앙통신중·고등학교 / 필자 소장

『한영고등학교 통신교육 입학 안내』
한영고등학교 통신교육부 / 필자 소장

『서울강의록 입학안내서』서울중·고등통신학교 / 필자 소장

은 삶의 가치를 모색하는 데 궁극적인 목적이 있다. 부족한 부분이 없지 않지만, 이러한 연구를 통해 사회적 빈곤과 개인적 어려움으로 인해 학업을 포기해야 했던 독학자들의 마음을 헤아리고 그 실체를 해명하고자 했다.

4

오해하지 말 것은, 이 글은 기존의 연구 성과를 뽐내고자 하는 게 아니라, 한국 원격교육의 역사를 체계적으로 기술하는 과정에서 발생할 수 있는 오해를 불식시키니 위한 것이다. 아직 많은 수는 아니지만, 교육사와 언론정보학 분야에서 관련 연구 성과가 일부 발표되었다. 특히, 일제강점하의 통신학교 설립에 관한 연구는 상당히 참조할 만하다 김지중, 일제 식민지기 통신학교의 설립과 중학강의록의 발행에 관한 연구, 『교육사상연구』 33-2, 2019, 27-54쪽. 이 논문은 1912년 10월에 샤쿠오 순조가 만든 조선사문학회가 "일제 식민지기"에 설립된 "최초"의 통신학교임을 밝히고, 1920년대 고등보통학회, 조선통신중학관, 조선교육학회, 조선고등보통학회 등의 통신학교가 "증설"되는 과정을 상세하게 고찰하고 있다. 조선교육학회에 관한 연구가 소략해서 아쉬운 감이 없지 않지만, 이 연구는 한국 통신학교의 역사적 전개 양상과 특징을 구체적으로 이해하는 데 큰 도움이 된다.

　다만 한 가지 의문이 든다. 일본인 설립자가 식민지 교육 사상의 전파와 훈육을 위해 일본어, 일본어/조선어 대역으로 제작한 강의록을 기초로 해 통신교육을 실시한 조선사문학회를 "최초"의 통신학교로 볼 수 있을 것인가, 하는 점이다. 배타적 민족주의는 학문적 사실 고증과 객관적인 판단에 도움이 되지 않기 때문에 경계해야 한다. 그러나 일본에서 1920년대 이전에 이미 유통되고 있던 통신 강의록을 조선에 변형하여 이식한 케이스를 "최초"라는 술어를 통해 부각하는 방식에 대해서는 조금 더 신중해야 한다. 통신교육의 가치는 표면적으로 '입신양명'의 수단을 포함하는 것이지만, 궁극적으로 배움을 통한 '자아실현'의 계기를 창안하는 과정이기 때문이다. 사실, 우리가 팬데믹 이후 원격교육을 통해 지향해야 하는 교육적 가치도 이와 다르지 않다.

　원격교육은 본래 교육의 수월성 秀越性 보다 평등성에 초점을 둔 개념이다. 면대면 교육이 어려운 상황일수록 교육의 형평성은 더 강화되어야 한다. 그것은 제도교육의 기회를 박탈당한 조선인에게 학업 기회를 균등하게 부여하고자 고군분투했던 '조선통신중학관'의 설립 정신이기도 하다. 이미 100년 전에 독학자의 슬픔을 헤아렸던 마음이다.

통신학교는
면대면 학습이
보편적인 교육의 방법이라는
믿음과 관습을 넘어서,
독학자의 슬픔과 절망을
이해하고 헤아리는
실천적 교육 수단이
되었다.

김태만

한국해양대학교 교수를 잠시 휴직하고, 지금은 국립해양박물관장을 맡고 있다. 북항재개발문화컨텐츠 자문위원장, 문화예술협동조합 플랜비 이사장, 대통령직속 정책기획위원회 문화국가소분과장 등을 역임했다. 주요 저서로『생존과 변화의 기로에 선 중국지식인』『중국에게 묻다』『쉽게 이해하는 중국문화』『철학이 있는 도시·영혼이 있는 기업』『다시 루쉰에게 길을 묻다』등이 있다.

필자

국가를 믿습니까?

1. 치유의 단계

　설마 하고 부인했다. 아버지가 평생 못 걷는다고 처음으로 얘기했을 때, "설마 그럴 리가요! 다시는 오토바이 안 탈게요. 걱정하지 마세요, 미국 가서 수술할게요, 돈 좀 벌어놨으니까, 금방 나을 수 있어요!"라 했다. 얼마 지나지 않아 분노가 치밀었다. "다리를 찔러봐도 감각이 없고, 똥을 싸도 몰랐어요." 믿을 수 없는 상황에 화가 나서 잡히는 대로 물건을 마구 집어던지고 욕을 퍼부었다. 정신 치료를 받아야 했다. 재활치료 보다 심리치료가 더 절박했다. 좀 어려 보이는 정신과 담당 의사에게 짜증 부리며 어떤 질문에도 욕설로 답했다. 어느 날인가, 진료를 마치자 한 시간 동안 내가 발설했던 욕들을 죄다 기록한 진료카드를 보여주며 상담 결과를 알려줬다. "사고로 인한 '정신적 외상 스트레스'인데, 앞으로 부정 분노 좌절 수용 이 네 단계를 거쳐 진행될 겁니다. 현재 상태는 극도의 분노 단계이고요. 그러니까 환자분의 정신 상태는 지극히 정상입니다!"라고 해 얼떨떨했다. "응? 그럼 내가 앞으로 어떻게 해야 해?" 의사가 말했다. "좀 있으면 좌절로 갑니다. 좌절로 갈 때는 자살도 생각해요. 괜히 5층에서 뛰어내리거나 해서 전신마비되지 말고, 절 찾아오시면 한 방에 죽을 수 있는 독약을 처방해 드릴게요!"라고 말하고는 "수요일 상담. 독약."이라고 메모했다. 그 후부터 나는 매주 정기진료 때마다 할 수 있는 욕이란 욕은 다했다. 좌절에서 헤어나려 발악했다. 그러면서 몸도 마음도 지쳐갔다. 마침내 모든 것을 포기하고 현실을 수용했다. 의사만이 유일한 믿음이었다.

90년대 우리나라 최고의 댄스가수 강원래 씨의 트라우마 극복기다. 구준엽과 함께 〈꿍따리 샤바라〉라는 댄스곡으로 아시아를 누볐던 원조 한류 스타였다. 연예인으로서 최고 정점에 있던 어느 날, 오토바이 사고를 당해 목, 등, 갈비 등 전신의 뼈란 뼈는 죄다 바스러져 대수술을 받았다. 죽음의 문턱을 넘어 간신히 살아오긴 했지만 하반신을 상실했다. 의식이 돌아왔다고 상반신만으로 가수는커녕 일상적 삶 자체가 파괴된 뒤였다. 천상을 거닐다가 한순간에 떨어진 나락을 이겨내는 과정이다.

2. 마윈 馬雲 의 역설

중국을 대표하는 전자상거래 관련 기업 '알리바바'는 창업 20년 만에 자산총액이 170조에 달했다. 일약 세계 굴지 기업으로 성장하는 대성공을 이룩했다. 창업주 마윈은 최근, 유언비어로 확인되긴 했지만 한때 중국 정부의 견제와 감시로 신변이 불안정한 상황이라는 소문이 돌기도 했었다.

그런 소문에 휩싸이게 된 이유는 중국 정부의 금융정책이 기업의 성장에 방해가 된다는 비판을 여과 없이 발설했기 때문이라고 한다. 첫째, 금융이 원숙 단계를 넘어선 서구와는 달리 중국은 금융 안정 등의 리스크 관리보다는 생태계 육성에 더욱 역점을 둬야 한다. 둘째, 리스크 없는 혁신이 없을진대, 리스크에 대한 통제와 관리는 중대되는 반면 제대로 된 감독이 없다. 셋째, 금융의 본질이 신용 관리에 있듯, 중국 금융정책은 담보 잡는 전당포가 아니라 신용에 기반한 금융으로의 변신이 절박하다. 그럼에도 불구하고, 중국은행들은 자금이 필요 없는 우량 기업들에게 대출함으로써 궁극적으로 우량 기업을 불량 기업으로 퇴행하게 만든다. 넘쳐나는 돈으로 무분별하게 문어발식 투자를 하다가 망하기 때문이다. 따라서 시급히 빅 데이터, 클라우드, 블록체인 등의 첨단 기술 기반 신용 체계로 전환해야 한다. 넷째, 진정으로 미래를 생각한다면, '보편성 포용성 친환경성 지속가능성'에 투자해야 한다. 다섯째, 시대에 조응하는 새로운 금융 시스템 구축을 통해 녹색성장, 지속가능한 발전, 포용성장을 추동해 나가야 한다.

이것이 중국 금융정책이 봉착한 과제들을 해결하기 위한 마윈의 통찰이었다. 그러나 중국 정부는 오히려 마윈을 비판 부정하고 제재를 가했다. 현대 금융시스템에 대한 중국 정부의 깊은 불신 不信 의 단면이다.

3. 신뢰 없는 한국 사회

영국의 레가툼 연구소 Legatum Institute 가 세계 167개국을 대상으로 조사한 '2019 레가툼 번영지수 Legatum Prosperity Index '를 발표했다. 우리나라는 교육부문 2위, 보건부문 4위 등 전체 평균이 29위였다. 그중 사회학적으로 가장 큰 의미를 지니는 '사회자본 social capital 부문은 142위를 기록했다. 이는 거의 바닥권인 아프리카의 우간다나 남미의 페루 등과 비슷한 불쾌한 수치다. '사회자본'이란 특정 국가에서 개인적 관계, 사회적 관계, 제도에 대한 신뢰, 사회규범 및 시민참여 역량 등에 대한 지표를 말하는 것이고, 나아가 이들 요소가 건강한 사회활동을 위해 개인과 개인 및 국가 제도에 대한 구성원들의 신뢰가 얼마나 건실한지를 나타내는 핵심 역량이기 때문에 의미심장하다.

국민이라면 반드시 납세 국방 교육 근로 및 준법의 의무 등을 준수해야 한다. 국민 대부분이 준수할 때 공정과 정의와 평등을 말할 수 있다. 하지만, 우리 사회가 과연 공정하고 정의롭고 평등한가?

오늘날 흔히 공동체의 위기를 말하는데, 이는 사회적 신뢰의 붕괴에서 온다. 가짜 뉴스가 판치고, 혐오 범죄가 만연한 119 구급대원이나 경찰관에 대한 폭행과 공공기물 파손 행위 등 수없이 많은 공무집행방해 사범을 본다. 운전 중인 버스나 택시 기사에 대한 폭행과 아파트 경비원이나 택배원에 대한 폭언 폭행 사건 등도 하루가 멀다고 발생한다. 공적 시스템에 대한 폭력 증가의 사회학적 의미는 과연 무엇일까? 이재용이 제 애비 컬렉션을 국가에 헌납하고 사면을 흥정하는 꼴을 보듯 한국의 사법 행태는 법도가 없다. 여전히 유전무죄/무전유죄다. 부정축재하는 공무원, 탈법 탈세를 일삼는 국회의원, 국민 위에 군림하는 공권력, 욕망의 끝을 향해 무한질주하는 국민들에 이르기까지 더 이상 공동의 선善은 찾기 어렵다. 악마에게는 눈을 감더라도 위선은 못 봐주겠다는 게 요즘 세태다. 어쩌다 이 지경이 됐는지!

2017년 '사회통합실태조사'에 따르면, 공공기관에 대한 국민의 신뢰도 즉, '공적 신뢰도'가 중앙정부 부처 41%, 법원 34%, 국회 15% 등으로 나타났다. 안성기가 주연했던 〈부러진 화살〉을 보고도 일그러진 사법제도에 대해 분노하지 않았다면 대한민국 국민이 아니었을 것이다. 판사의 공적 판결에 얼마나 신뢰가 없었으면 시민이 사적 린치로 응대할 수밖에 없었을까? 공公과 사私가 전도된 '믿음이 사라진 사회'다.

2016년과 2019년에 타올랐던 촛불이 태워 없애려 했던 것들이 적폐 積弊 라는 이름의 불공정, 거짓 권위, 부도덕한 공권력이었음을 기억한다. 그러나 그것들은 태워지지 않았다. "한 나라의 경제는 규모만으로 설명할 수 없다. 문화적 요인이 중요하다. 문화적 요인이 바로 사회적 자본이며, 사회적 자본의 가장 중요한 덕목이 바로 신뢰이다"라는 프랜시스 후쿠야마의 발언에 근거하자면 우리 사회는 이미 심각한 '위험사회'로 진입해 있다. 그를 증명하듯, 2017년 판 '한눈에 보는 정부 보고서'는 OECD 36개 국가 가운데 대한민국 정부 신뢰도가 27%로 33위에 머물고 있다고 명시하고 있다. 모범적인 사회보장제도 실시로 세계적 복지국가로 인정받고 있는 독일인이 가장 중요하게 꼽는 삶의 덕목이 바로 "신뢰성과 투명성"임은 우리를 부끄럽게 만든다. 사회 전체를 관통하는 '공동의 선'이 어떻게 관철되고 지켜지느냐가 '신뢰 사회'로 가는 규범이기 때문이다. 신뢰 없이 공동체가 구축될 수 없다. 우리 사회에 만연한 '사회적 불신'을 어떻게 제거하고 신뢰 사회로 갈 수 있을지?

4. 신뢰 사회로 가는 길

'지부작족 知斧斫足'이라는 말이 있다. 흔히, '믿는 도끼에 발등 찍힌다'는 바로 그 말이다. 사회를 형성하는 관습적 규범이나 틀이 있지만, 지켜지지 않거나 배신하면 피해 보는 측이 생기게 마련이다. 개인 간은 물론이고 사회 구성원 전체에 신뢰가 전제되어야 한다. 이러한 '사회적 신뢰 Social Trust'는 우리 사회의 건강성과 다양성, 포용성을 담지할 토대이므로 여기서 민주주의적 지속발전 가능성이 발생한다. 사회적 신뢰가 결핍된 사회일수록 준법은 사라지고, 탈세와 폭력이 난무하며, 혐오와 가짜 뉴스가 판치고 마침내 공동체가 훼손된다. 이로 인해 배려와 포용이 사라지고 그 자리에 극단적인 이기주의와 경쟁과 음모가 싹터 사회의 혁신성과 창의성 발현의 가능성은 증발하고 만다. 결국 일극화로 치달아 사회는 지옥으로 변모해 갈 것이다.

'사회적 신뢰'는 부정부패 척결, 혐오적 선동이나 과도한 정치 당파성 엄벌, 정부의 공공성 강화, 법치 공고화, 경제 양극화 해소, 민주시민 교육 강화, 사회 지도층 인사들의 '노블레스 오블리주' 회복, 시정이나 국정에 대한 시민들의 적극 참여 등으로 극복될 수 있을 것이다. 이를 제대로 구현하기 위해서는 시민을 위한 사회적/법적 행정력의 공공성 강화, 공동체를 위한 공공선 추구의 리더십 발동, 공정성에 기초한 준법성 제고 및 경제 민주화 실현, 사회적 포용성 강화, 개혁을 향한 흔들림 없는 실천 등이 토대가 되어야 한다.

5. 노블레스 오블리주

2016년 미국 대선 때였다. 힐러리 클린턴이 도널드 트럼프가 "세금은 강도질이며, 노골적인 자기 이익 추구야말로 번영의 비결"이라는 신조로 연방소득세를 일 푼도 내지 않았던 것에 대해 신랄히 비판했던 적이 있었다. 성공하기, 부자 되기, 타인을 밟아 지배하기 등 욕망이 인간의 본성이라고 한다면 할 말이 없긴 하다. 하지만, 정의와 공정을 그렇게 부르짖는 미국에서조차 "가능하면 탈세하라"는 것이 우익들의 신조였다니 경악할 노릇이 아닐 수 없다.

지난달 초, '수영세무서' 발신의 등기우편물을 받았다. "2019년 미신고 종합소득세에 대해 과세할 예정이니 내역을 확인하고 납세하라"는 내용이다. 복잡하기 이를 데 없는 홈택스의 경로를 이리저리 찾아 들어가 확인한 결과 종합소득세 미납은 사실이었다. 지시한 대로 종합소득세 산출 근거인 수입 내역을 확인하고는 까무러치고 말았다. 수입 총액에 근거해 과세하는 일곱 개의 구간 중 내 수입이 상위 세 번째 구간이라 세액이 35%대로 껑충 뛰어 적용되었단다. 산

출된 미납 종합소득세가 무려 기백만 원에 달하고 과태료 15%에 지방세 10%까지 가산되었다. 설마라 여겼다. "아무리 수입이 많았기로 이렇게 과세하면 되나? 사무 착오겠지!"라고 부정하며 세무서 담당자에게 전화를 걸었다. "대학에 근무하며 기껏해야 월급 받아 먹고사는 샐러리맨에게 이런 과세가 말이 되냐?"라 따지면서 언성을 높였다. 분노가 치솟았다. "설령 내가 그 정도 벌었기로서니 나라가 나에게 해준 게 뭐가 있다고?!" 상대방도 조금 열을 내긴 했지만 고압적이면서도 고도로 드라이한 세리 稅吏 의 목소리 톤을 견지하는 폼이 "내가 싸워서 될 일이 아니라"고 직감하게 했다. 꼬리를 내리는 수밖에 없었다. 2019년 내 수입 명세표를 보니 정규 월급 외에도 각종 수당을 포함해 강연료 원고료 회의비 연구용역비 등 잡수입이 웬만한 월급쟁이 연봉쯤이다. 통장에 입금될 때는 몰랐다. 자투리로 들어오는 데다가 그때그때 지출되거니와, 한 번도 잔고 총액을 확인해 본 적이 없었던 탓이었을 것이다. 그러나 납세 근거 확인을 위해 모아보니 눈이 휘둥그레질 정도였다. 주변의 세금 전문가들에게 절세? 방도를 자문했지만 소용없었다. 내가 획득한 수입이 확실하고 세액 산출 근거가 명확하기에 피할 도리가 없다는 답변들이었다. 좌절했다. 당해 총수입의 5.5%쯤으로 지금 내 한 달 치 월급보다 조금 많은 액수다. 설마 했지만 셈은 틀리지 않았다. 이리 큰 금액이지만 내가 번 수입에 부과된 세금이라 어쩔 수 없다는 사실에 절망했다. 며칠을 고심했지만, 다른 방도를 찾을 수는 없었다. 모든 것을 인정하고 다시 세무서로 전화해 납부 방법을 안내받았다. 부과된 세금 납세를 위해 빚을 내야 할 판이다.

　"납세의 신성함!" "코로나 국난 극복을 위한 노블레스 오블리주!" "자랑스러운 고액 납세 인문학자" 등등. 온갖 '정신승리법'을 다 동원해 자위해 봐도 마음이 개운치 않다. 잠자리에 누우면 천장이 맴맴 돌며 나에게 질문한다. "국가를 믿습니까?!"

'지부작족 知斧斫足'이라는 말이 있다. 흔히, '믿는 도끼에 발등 찍힌다'는 바로 그 말이다. 사회를 형성하는 관습적 규범이나 틀이 있지만, 지켜지지 않거나 배신하면 피해 보는 측이 생기게 마련이다. 개인 간은 물론이고 사회 구성원 전체에 신뢰가 전제되어야 한다. 이러한 '사회적 신뢰 Social Trust '는 우리 사회의 건강성과 다양성, 포용성을 담지 할 토대이므로 여기서 민주주의적 지속발전 가능성이 발생한다.

김가경

2009년 부산일보 신춘문예, 2012년 서울신문 신춘문예에 당선되었다.
부산소설문학상 요산창작지원금 현진건문학상을 수상하였으며 작품
집으로는 『몰리모를 부는 화요일』 『배리어 열도의 기원』이 있다.

당신의 안부

재스민이 죽었다. 그동안 보라색 꽃이 피고 지고, 또 피면서 즐거움을 많이 주었다. 아름드리는 아니더라도 잘 키워서 오래도록 같이하리라 다짐했었다. 올겨울도 잘 견뎌내겠거니 생각하여 집안에 들여놓지 않은 게 이유인 것 같았다. 혹시나 해서 마른 나무에 물을 주고 들여다보아도 소용이 없었다. 쓸쓸한 마음으로 빈 화분을 옥상에 올려놓고 보니 흙과 함께 방치해 놓은 다른 화분에는 풀이 무성하게 자라 있다. 썩은 과일을 버려둔 게 다였는데 풀은 해마다 잘도 자랐다. 옥상에서 동네를 둘러보면 오래된 집들 사이로 작은 동산처럼 자라 오른 나무들이 보인다. 지나다니며 얼핏 보아도 집만큼 수령이 오래된 나무들이 많았다. 우리 집 담을 경계로, 앞집 뒤꼍에도 비쭈기나무와 은행나무가 숲처럼 우거져 있다. 우리 동네 나무들이 대개 그렇듯 여느 정원수처럼 관리가 된 나무는 아니었다. 제멋대로 커서 지대가 높은 우리 집까지 자라 올랐다. 그들은 가뭄이 들고 강추위가 와도 잘 견뎌내는 것 같았다. 오가며 그 고난의 시기를 지켜보다 보니 엉뚱하게도 나무에 대한 욕심이 생겼다. 마당도 없는데 우리 집에 우람한 나무 한 그루가 있었으면 한 것이다.

나는 재스민이 빠져나간 빈자리에 블루베리를 옮겨 놓았다. 올해도 블루베리나무에 꽃이 만개했다. 몇 년째 블루베리는 참새 차지이다. 어떻게 알았는지 잘 익은 것만 차례대로 따 먹는다. 어느 날 보니 익을 대로 익은 블루베리가 서너 개나 남아있었다. 차마 챙길 수가 없어 그냥 놓아두었는데 며칠이 지나도록 그대로였다. 설마 인간을 위해 까치밥을 남겨 놓았나, 하는 생각이 들었다. 곧 다시 오겠거니 했는데 바닥에 떨어질 때까지 나타나지 않았다. 꽃을 보니 올해도 풍년이다. 머리 위로 검은 그림자가 지나가기에 올려다보니 까마귀 한 마리가 풀 위에 던져놓은 오렌지를 쥐고 날아가고 있었다. 다부지게 오렌지를 움켜쥐고 문화회관 쪽으로 날아가는 모습을 누군가 보았더라면 드래곤볼을 움켜쥐고 날아가는 검은 용처럼 용맹스러워 보였을 것이다.

4차선 도로를 사이에 두고 맞은편에는 문화회관과 일제강제동원역사관, 유엔기념관 등 상징하거나 기리거나 누려야 할 건물들이 많다. 더불어 주변 집들도 직선의 형태로 정비가 잘 되어있다. 우리 동네는 그렇게 정리가 된 동네는 아니다. 은행 건물 말고는 특별하게 잘난 건물도 없다. 집들이 다면체로 서로 무질서하게 엉겨있고 산 쪽으로 올라가면 무허가 건물과 폐가도 많다. 그런데도 아랫동네와 큰 편차 없이 어우러져 시선을 끊을 만큼 격이 지지 않는다. 들판에 제멋대로 섞여 자라 오른 들꽃처럼 보기에 편안한 동네이다.

옛날에는 마을 사람들의 안녕과 평화를 기원했던 당집이 많았다고 한다. 당집 주변으로 사람들이 모여들어 형성된 자연마을이라 하니 나름의 변화를 겪어오면서도 어딘지 모르게 원형이 남아있는 것 같았다. 살면서 편리한 대로 내놓은 골목을 따라가다 보면 여기가 끝인가 하면 또 어디론가 길이 이어졌다. 좁은 골목을 끼고 있어도 집집마다 함께 살고 있는 그 집 특유의 나무가 있었다. 자주 다니는 길갓집에는 어떤 나무가 자라고 있는지 대략 알 수 있다. 물론 감나무나 모과나무, 목련이나 무화과나무처럼 알아볼 수 있는 나무만 알아본다. 마당이 넓지 않아도 함께 커가고 나이 들어가는 나무를 보면 은근히 부러운 생각이 든다. 나는 동네를 오가며 담장 너머 그들의 나무를 욕심껏 훔쳐본다. 그러다 보면 엉뚱하게도 사람들의 안부가 궁금해졌다.

　길 건너 할아버지 집 마당에는 드물게 청귤나무가 있다. 그 나무에 진녹색 청귤이 빼곡하게 열린 것을 지난해 처음 보았다. 뒤꼍 쪽으로 심겨 있어 작정하고 살펴야 볼 수 있었던 것이다. 그해 청귤을 따고 난 뒤부터 할아버지가 보이지 않았다. 계단에 서서 밖을 내다보며 퇴근해 온 남편과 이야기도 종종 나누고 여름이면 흐드러진 장미 사이를 느린 걸음으로 오가며 담배를 태우곤 하셨다. 이사 와서, 주차 문제로 이웃과 시비를 해가며 요란하게 자리 잡는 과정을 묵묵히 지켜보아 준 분이었다. 남편이 할아버지의 안부를 종종

묻지만 나도 알지 못했다.

동네가 무질서하면 사람들도 그런 면이 있는 것 같았다. 한밤에 들려오는 욕설과 골목에 느닷없이 울려 퍼지는 과한 웃음소리, 혼자 삿대질까지 해가며 세상을 향해 불평하는 소리 등, 창문 하나만 열어도 그들의 소리가 다 들려온다. 도란도란 가족이 모여 골목을 올라가는 모습을 보면 소리는 잘 들리지 않고 서로를 향해 친근하게 기운 몸의 각도만 읽힐 뿐이다. 그래도 내 눈과 귀는 늘 과한 웃음소리가 흘러나오는 쪽으로 쏠린다. 나는 자주 창문을 열고 아무 상관도 없는 그들이 시야에서 사라질 때까지 거리를 내다본다.

마음에 걸리는 유자나무 한 그루가 골목에 있는데 그 이야기는 잠시 접어두고 싶다.

후지와라 신야의 『동양방랑』을 읽었다. 1980년 초 400여 일 동양권을 여행한 그는 여행서에서 이슬람권과 힌두교, 불교권을 확실히 구분하였다. 이슬람권은 척박한 사막 풍토의 광물적 세계로, 힌두교와 불교권은 강과 초원의 풍토인 식물의 세계로. 종교 수행 중 하나인 단식도 전자는 가혹한 환경을 견뎌내기 위한 육체의 단련인 반면 후자는 식물적 세계의 풍요로움에 빠지지 않기 위한 정신의 단련이라는 것이다. 이겨야 이기는 것이고 증오로만 증오를 제압할 수 있는 광물적 세계. 이슬람권 사람들은 범죄와 죽음에 대한 인간적 정서가 결여되어 있는 반면, 힌두교와 불교권 사람들은 생활의 향상을 위해 다른 생명을 죽여야 한다면 생활의 향상을 포기하고 살생하지 않는 방법을 선택한다고 한다. 저자는 그가 보아온 두 이질적인 세계만큼 서로 무관하고 단절된 정신 양식이 없을 것이라고 단언한다.

축소해 보면 내가 부대끼며 사는 사회도 그와 별반 다르지 않다. 내가 사는 동네와 가정은 물론 내 안에도 극단의 대립과 갈등이 무질서하게 혼재한다. 거기서 자연스럽게 감각이 쌓이며 그 감각이 닿아 반응하는 지점에서 전혀 새로운 양상을 맞이하게 된다. 무질서하면 할수록 감각 기능도 활발하게 반응하여 저절로 생성되는 그런 부분이 있다. 이는 광물 쪽이든 식물 쪽이든 정신을 고양시키며 키워온 질서정연함 안에서는 도저히 일어나지도 일어난다 해도 알아챌 수 없는 것들이다. 너무 약소한 이야기이지만 살다 보면 이 극단의 대립 상황에서도 서로 왕래할 지점이 있다는 것을 알게 된다. 무질서 속에서 저절로 상대를 향해 흘러가는 그런 게 있는 것이다. 확고한 광물 세계와 확고한 식물 세계는 무질서한 이들에 의해 예측할 수 없는 방향에서 어이없이 조금씩 와해되는 지점을 맞이할 수도 있지 않을까. 나 또한 너무 확고한 세계에 살고 있기에 종종 이런 생각을 해 왔다. 이런 희망적 생각을 믿음이라고 해도 좋을 것이다.

오월에, 내 집 나무 보듯 녹음 짙은 앞집 나무를 보는 시간이 많아졌다. 내친김에 나무가 잘 보이는 곳으로 의자를 옮겨 놓았다. 그곳에 앉아 작업도 하고 넋도 놓고 망상도 한다. 비쭈기나무 가지 사이에는 아래층 아이가 가지고 놀다가 떨어뜨린 분홍색 공이 색이 바랜 채 걸쳐져 있다. 손을 쓸 수 없는 위치라 공은 나무에 얹힌 채 아이들에게도 잊혀가고 있었다. 나무도 사람들처럼 나름대로 표정이 있다. 꽃을 피우고 열매를 맺을 시기에는 만삭의 여인 같은 풍만함이 느껴지다가도 한여름 쏟아지는 땡볕을 고스란히 받을 때는 일하는 청년처럼 보이기도 한다. 스산한 바람이 부는 늦가을 저녁에는 직장에서 퇴근하고 돌아오는 가장처럼 안쓰럽기도 하다. 사계절 푸른 나무이지만 어떨 때는 잎을 떨군 겨울나무처럼 고뇌 섞인 모습으로 보일 때도 있다. 계절 따라 햇빛의 양과 구름의 농도 등에 의해 내 감정과 나무의 색이 안팎으로 반응하여 그리 보일 수도 있었다. 나무 사이에 끼인 분홍색 공을 보니 지금은 그냥 자라기를 멈춘 아이 같아 보였다.

이웃한 학원 원장님과 남편은 앞집 나무에 불만이 많다. 장마철에 꽃 수술이 떨어져 하수구를 막아서였다. 거기다가 온갖 벌레가 그곳으로부터 온다고 생각하고 있었다. 2층 끝 집에서도 앞집 나무에서 곱등이가 올라온다 하여 현관 입구에 계피나무를 가져다 놓았다. 해마다 여름이면 남편은 우리 집 쪽으로 기울어진 나무의 가지를 잘라내고, 학원 원장님은 학원 쪽으로 기울어진 가지를 잘라낸다. 처음 몇 번은 원장님이 가지를 쳐달라고 이야기를 한 모양이었다. 무언가를 쳐낼 여력이 없는지 여자는 아무 행동도 하지 않았다. 남편이 출근길에 그쪽을 눈여겨본다. 시기도 아직 이른데 이쪽으로 넘어온 가지가 벌써부터 거슬리는 모양이었다. 여름한 철 뒤꼍의 나무를 두고 소란을 떠는 것을 여자는 모를 것이다.

지난겨울, 요란한 소리가 들려 밖에 나가보았다. 바람도 불지 않는데 비쭈기나무가 크게 흔들리고 있었다. 가만히보니 지빠귀 새 수십 마리가 몰려들어 열매를 털고 있었다. 한 그루 나무에 그토록 많은 새가 날아드는 모습은 처음이었다. 서로 어떻게 소통을 하여 대식구가 한날한시에 몰려들었는지. 고난의 시기를 몇 해 지켜본바 비쭈기나무는 늦가을부터 열매를 맺어 겨울 끝 무렵에 까맣게 익었다. 꽃말이 신성함이라 해도 아무도 찾지 않는 뒤꼍에 홀로 열매를 익히고 있는 모습을 보며 겨울에 열매를 맺는다고 혼자 타박을 해왔었다. 2시간 가까이 이어진 열매털이가 끝난 뒤 그들은 분잡한 도로 쪽보다 안정되게 마을이 꾸려진 우리 집 쪽을 거쳐 집 뒤에 있는 산으로 날아갔다. 그들이 우리 집을 경유하여 날아간 뒤 현관 앞에 머루 포도즙 같은 검붉은 배설물이 수도 없이 떨어져 있었다. 물을 부어 한참을 씻어낸 뒤 바닥에 떨어져 발아할 수도 없는 씨앗을 도로 비쭈기나무 쪽으로 던져놓았다. 제 딴에는 멀리 날아가 터를 잡고 잘

살기를 바랐을 텐데, 무식한 짓을 하고 말았다.

여자는 여전히 고요하다. 사람이 살아도 살지 않는 것처럼 온기가 느껴지지 않는 그런 집이 있다. 여자가 잘 보이지 않으니 집이 왠지 세상을 등지고 돌아 앉아있는 것처럼 쓸쓸하게 느껴진다. 원래 주인은 외지에 살고 십수 년째 여자혼자 산다고 들었다. 주변 사람들도 여자의 모습을 잘 본 적이 없는 것 같았다. 뒤꼍에 나와 나무를 관리하는 모습도 본적이 없고, 나무는 그저 혼자 나름대로 땅 아래 물길을 찾아 자라고 있는 것이다. 그들의 뿌리는 아마도 땅 밑 세상을 감각적으로 감지해 내는 능력이 탁월한 것 같다. 물을 향해 뿌리를 뻗는 본능 같은 그런 감각은 인간이 감히 흉내 낼 수도 없을 것이다.

식물 세계의 사람들 표정은 이웃집 마루 밑으로 뿌리를 뻗은 무화과나무나 숲속에서 사차원적으로 번식하는 덩굴풀처럼 신비롭고 애매하다. 반면 광물 세계의 사람들은 핏발 선 눈으로 사람을 노려보는 분노상 같고, 그 정조는 거대한 집체를 이루면서도 한 알 한 알 메마르고 고립된 사막의 모래처럼 냉철하고 결코 애매함을 용납하지 않는다. 후지와라 신야는 이처럼 극단의 지점을 말하면서도 광물적 시선에 여지를 둔다. 그 핏발 선 눈으로 사람을 노려보는 것이 화가 난 것이 아닌, 시선의 옥타브가 다른 것이라고 한다. 어쩌면 저자는 그토록 메마르고 척박한 광물의 세계를 이해하기 위해 양극단의 땅을 찾아 헤맸을지도 모르겠다. 사실 식물의 세계는 나무가 땅 아래 물길을 찾듯 저절로 대상에게 가 닿는 세계일 것이다. 식물은 보기에 고요해 보여도 내부적으로 무질서하게 움직이고 변화하고 관계 맺는 종족이다. 식물 세계의 포용 가능성은 거기에 있다고 할 수 있다. 동양방랑을 읽고 나니 엉뚱하게 핏발 선 광물의 세계에 귀가 더 기울여졌다.

어쩌면 여자는 뒤꼍의 나무가 잘려 나가는 것에 아랑곳하지 않고 무화과나무처럼 뒤꼍으로 뿌리를 내린 채 사막 하나를 품고 있을지도 모르겠다. 지난겨울, 앞집 옥상의 물탱크가 터져 물이 쏟아져 내린 적이 있었다. 불은 켜져 있는데 벨을 눌러도 여자가 나오지 않았다. 이웃집 누군가 담을 뛰어넘어 수도관을 찾아 물을 잠갔다. 그 뒤로 가끔 여자의 집에 불이 켜져 있는지 내려다본다. 불이 켜져 있으면 이상하게 마음에 안도감이 생겼다.

마음에 걸리는 유자나무는 집 앞 사거리에서 왼쪽 골목에 있다. 작정하고 걸어서 들어가야 만날 수 있다. 그 아래서 나는 이사 와 처음 사귄 동네 주민과 헤어지고 말았다. 다친 고양이 때문에 친구가 되어 동네를 돌며 많은 이야기를 나누었다. 책도 같이 읽고 집에서 그녀가 타 준 말차도 마시곤 했다. 가로등 아래 노랗게 익어가는 유자나무를 올려다보며 아쉽게 헤어지곤 했는데, 지금 생각하면 나이가 열대여섯 살이나 많은 내가 옹졸하긴 했다. 그녀를 다시 만나고 싶은 마음이 가끔 생기지만 마주치면 얼굴만 붉어질 것 같아 유자나무 근처에는 잘 가지 않았다.

　퇴근한 남편이 집 앞에서 할머니를 만났다며 청귤나무 할아버지의 안부를 전해주었다. 몸이 편찮으셔서 요양병원에 계신다고 했다. 그렇게 살가운 사람도 아닌데 코로나가 잠잠해지면 가 볼 생각인 것 같았다. 마당이 없어도 잘 키워보겠노라고 사들인 재스민은 죽고 남아있는 식물에 물을 열심히 주며 정성을 들이고 있지만 미래를 알 수가 없다. 앞집의 나무도 고난을 견디며 부쩍 자라 이젠 우리 집 나무처럼 보이기도 한다. 정작 여자는 나무의 그늘 아래 살고 있어 그새 자라난 나무가 숲을 이룬 모습을 볼 수 없을 것이다. 나는 한 번쯤 여자가 우리 집에 올라와 그 나무들을 보았으면 한다. 누군가의 안부가 궁금하다 보면 언젠가는 저절로 닿게 되는 지점이 있을 것이다. 나는 오늘도 유자나무 골목을 슬쩍 피해 동네를 돌 요량으로 늦은 밤 집을 나섰다.

　암소만 사면 동생들을 잘 먹일 수 있다고 아버지가 나를 붙들고 몇 번이나 울며 사정했어. 두 달을 싫다고 버텼지. 그러다가 보름달이 뜬 어느 날 밤에 동생들을 데리고 몰래 그 암소를 보러 갔어. … 아름다운 암소였어. 젖도 탱탱하게 부풀고, 눈도 예쁘고 털

도 결이 고왔어. 나보다 훨씬 예뻤어. 울타리 너머로 그 암소를 보

는데 걷잡을 수 없이 눈물이 나는 거야.

『동양방랑』 후지와라 신야, 1982

차윤석

부산대학교 도시공학과를 졸업하고 도시디자인을 공부하기 위해 베를린공과대학 건축학과로 유학해 학부와 석사 과정을 마쳤고 이후 여러 건축사무소에서 실무 경험을 쌓았다. 단독주택부터 대형 쇼핑몰까지 여러 스케일의 건축 작업과 아부다비 메트로 프로젝트, 카타르 루자일 경전철 프로젝트 등의 도시 스케일 작업에 참여했고 독일 건축사를 취득하였으며 귀국 후 동아대학교 건축학과 교수로 재직 중이다.

필자

프리츠커상,
누가 받나요?

부럽다

올해 2021년 프리츠커상 Prizker Architecture Prize 수상자가 발표됐다. 그들의 작업을 찬찬히 살펴보면서 무심결에 입 밖으로 튀어나왔던 말이다. 프리츠커상은 1979년 Philip Johnson 필립 존슨, 1906 – 2005 을 필두로 2021년 현재 Anne Lacaton 안느 라카통, 1955 - , Jean - Philippe Vassal 장 - 필립 바살, 1954 - 이 수상했다. 횟수로는 43번째로 수상자는 총 50명이 되었다. 필자는 지금까지 수상한 건축가와 작품들을 다시 한 번 되새겨보는 시간을 가졌다. 이번 수상자 결정으로 드디어 나름의 확신이 서게 되었다. 역시 기본이 가장 중요하다는 사실이다. 그리고 그 기본을 행할 수 있도록 허락해 주는 환경과 그 환경 속에서 기본을 행하는 신념이 정말 부럽다.

부러워만 하지 말자

단지 누군가 상을 탔다고 해서 부러워한다면, 사촌이 땅을 사서 배가 아프다는 것과 다를 바 없을 것이다. 상을 탄다는 행위가 여러 의미에서 좋은 것이라면, 그리고 그것이 우리가 지향해야 할 부분이라면, 우리는 어떻게 해야 상을 탈 수 있을지 생각을 해봐야 한다. 그리고 그 과정이 어떻게 해야 정당성을 얻을 수 있는지도. 특정 전문 분야에서 상을 타기 위해서는 몇 가지 조건을 충족해야 한다. 어떤 상이든지 이름에 걸맞은 분야와 목적이 있을 것이고, 수상자로 지목되는 사람은 이에 부합하는 성과를 이루어 내야 한다. 그렇다면 건축 분야의 상은 어떨까? 역시 마찬가지로 건축을 잘해야 한다. 이 전제는 기본이다. 그렇다면 우리가 알아볼 문제는 명확한 것 같다. 다시 말해 건축을 잘한다는 것이 무엇인가라는 질문이다.

건축을 잘한다는 것이 무엇인가?

이 질문에 답을 하는 것이 사람에 따라서는 쉬울 수도, 어려울 수도 있다. 하지만 적어도 필자에게는 세상에서 가장 어려운 질문 중 하나이며, 그 이유는 이 질문에 답하기 위해서는 다른 숨겨진 질문에 대한 답이 필요하기 때문이다. 그리고 안타깝게도 이 숨겨진 질문은 다시 우리를 원점으로 돌아가게 만든다. 생각해 보면, 건축을 잘하기 위해서는 건축이 무엇인지 알아야 한다. 뭐가 뭔지 알아야 잘하는지, 못하는지에 대한 가치평가가 이루어질 것이 아닌가? 다시 말해 나름의 정의定義가 필요하다는 말이다. 하지만 Kant 칸트, 1724 – 1804 의 말을 빌려 개인적 의견을 미리 피력하자면, 우리는 이러한 형식의 질문에 대답할 수도, 그렇다고 회피할 수도 없는 슬픈 운명에 처해있다. 물론 건축만의 문제는 아니다. 아무리 생각을 해도 사전에 나와 있는 사전적 정의定義나 나름 머리 좋은 사람들이 쓴다고 하는 논문에 나와 있는 조작적 정의定義는 우리가 찾고자 하는 것의 일부일 뿐이다. 일부는 일부일 뿐이며, 결코 전체를 대변할 수 없을 것이다. 이런 정의를 그대로 인용, 또는 사용할 경우는 무슨 짓을 해도 도저히 답을 내릴 수 없을 때뿐이다. 사전적 정의나 조작적 정의를 그대로 쓸 수 있는 세상이 존재한다면 얼마나 사는 것이 편하겠는가! 건축 역시 마찬가지이다. 책마다 다르고, 시대마다 다르며 사람마다 다르다.

그렇다면 우리는 건축이 무엇인지 영원히 알 수 없는 것인가? 슬프게도 이 문제에 대해서도 역시 답을 할 수 없다. 우리가 할 수 있는 일은 그냥 계속해서 나름의 해답을 찾기 위해 노력하는 것이다. 게다가 해답을 찾는 방법이 딱히 특별한 것도 아니다. 그냥 건축이 무엇인가를 끊임없이 생각하고, 경험할 수 있도록 만들어내는 것 밖에는 특별한 방법이 없다. 생각하고, 만들고, 경험하고, 다시 수정하는 과정을 끊임없이 반복하는 것만이 나름의 해답에 도달하는 길이다. 그리고 이러한 과정이 앞서 필자가 언급한 기본을 지키는 일이다. 안타깝게도 이 길은 지난 至難 하며, 절대 끝나지 않을 것이다. 이러한 과정을 통해 상 常 을 받는다는 의미는 그 과정이 사회와 시대의 요구와 맞아떨어질 때, 나오는 우연의 산물일 뿐이다. 단지 과정을 반복하는 것만이 언젠가는 결과에 도달할 것이라는 희망만 존재할 뿐이며, 목표를 가지고 앞으로 나아가는 것만이 유일한 길이다. 그렇다고 너무 비관적일 필요는 없을 것이다. 지금껏 누구도 정답을 내어놓지 못했으며, 이는 적어도 아직은 기회가 남아 있다는 의미이니까.

여기서 필자는 위의 질문에 대한 실마리를 찾고자 한다. 앞서 언급한 것처럼 건축, 그 자체에 대해 끊임없이 질문하고, 답을 찾기 위해 노력한다는 것은 다시 말해 건축, 그 자체를 순수하게 대하는 것을 의미한다. 그리고 그 과정이 사회적으로 시대적으로 인정될 때, 상 常 은 부수적으로 따라오는 것이다. 아주 단순한 논리가 아니던가? 공부를 열심히 하다 보면 성적이 오르는 것처럼, 운동을 열심히 하다 보면 몸이 건강해지는 것처럼. 물론 상이 결코 중요한 것은 아니다. 하지만 이쯤 되면 왜 우리의 건축이 지금까지 상을 받지 못했는지에 대한 해답은 어느 정도 나온 것 같다.

우리는 건축을 어떻게 대해 왔을까?

이 질문에 답하기 전에 하나 짚고 넘어가야 할 부분이 있다. 그것은 바로 건축이 그 존재의 정당성을 얻을 수 있는 근거는 무엇이냐는 것이다. 적어도 인간답게 살기 위해서 충족되어야 할 기본 조건은 '의식주'이다. 우선순위의 차이는 있겠지만, 건축이 인간의 생존과 직결되어 있다는 것은 누구나 인정할 수 있다. 좁게 보자면 이미 이 사실만으로 건축의 존재는 필요하다. 하지만 생존만을 위해 무엇인가를 짓거나, 만들어 내는 것은 인간답게 살기 위한 충분조건은 되지 못한다. 건축을 비롯한 '의식주'의 근거에 관한 질문이 중요한 이유는 인간의 존재 가치를 정의하는 데 필요한 요소들은 적지 않은 부분이 외생적이며, 따라서 이러한 질문에 대해 생각한다는 것은 결국 인간을 더욱 인간답게 만들어 줄 수 있기 때문이다.

따라서 생존에 필요한 기본이 채워지고 나면, 인간은 다른 쪽으로 관심을 돌리게 되어 있다. "지금까지 먹던 것보다 더 맛있는 것은 없을까?" "지금까지 입던 것보다 더 멋진 옷은 없을까?" "혹시 더 좋은 집은 없을까?" 이 정도가 인간이 '의식주'를 대하는 기본적인 생각이다. 그리고 이러한 생각이 깊어지다 보면, 언젠가는 "도대체 내가 먹고 있는 것이 무엇일까?" "내가 입고 있는 것이 무엇일까?", 그리고 "내가 살고 있는 집이란 무엇일까?"라는 질문에 도달하게 된다. 전자의 질문이 현상적 수준의 선호를 반영한다면, 후자는 본질에 관한 질문이다. 물론 현상과 본질은 분명 불가분의 관계에 있으나, 현재까지 이 둘을 동시에 다룰 수 있는 방법은 없는 것 같다. 하지만 이 정도까지 생각이 미친다는 것은 적어도 우리가 인간답게 살기 위한 조건에 대해 진지하게 생각한다는 것을 보여주는 증거가 될 수 있지 않을까 싶다.

우선 개인적인, 미시적인 차원에서 볼 때, 음식이나 옷이 야기하는 갈등은 상대적으로 쉽게 해결될 수 있다. 거시적인 차원에서의 해결은 다른 차원의, 즉 정치적인 문제로 이 자리에서 다루기 적절하지 않기에 넘어가기로 하자. 그렇다면 건축에 대한 우리의 태도는 어땠을까? 음식이나 옷과는 다르게 건축에 관련된 문제는 개인적으로나, 사회적으로나 쉽게 접근하기도, 쉽게 해결되지도 않는다. 조금 쉽게

터0

설명하기 위해서 건축 대신, 집이란 용어로 대체하도록 하자. 개인적 차원에서 먼저 살펴보자면, 우선 한번 사면 소위 '빼도 박도' 못하는 게 집이며, 설사 무르거나 바꿀 수 있다고 하더라도 절대로 하루아침에 해결할 수 있는 문제는 아니다. 만약에 우리가 새로운 집을 구해야 한다면, 아마도 다음과 같은 생각들이 머릿속을 괴롭힐 것이다. "과연 집을 지어야 하는가, 아파트로 입주를 해야 하는가?"라는 문제에서 시작하여, "집의 크기는 적당한가?" "대중교통과의 거리는 가까운가?" "주변 동네의 집값 시세는 어떤가?" "학군은 좋은가?" "대형마트나 시장, 백화점이 가까운 거리에 있는가?" "대출은 어떻게, 어느 정도 받아야 하는가?" "지금 사는 집은 언제 팔 것이며, 새로운 집으로는 언제 들어갈 것인가?" "내가 이 집을 사서 언제 팔아야 가장 이득을 챙길 수 있을 것인가?" 등등 생각만 해도 머리가 아픈 일들이 기다리고 있다. 시간과 비용의 투자가 앞서 이야기한 음식이나 옷과는 비교도 할 수 없을 정도로 크다. 그리고 결정적으로 비싸고 큰 집에 사는 것이 나의 사회적 지위 social status 를 대변하게 된다. 물론 비싼 레스토랑에 앉아서 한 끼에 수십만 원씩 하는 음식을 시키거나, 명품 옷을 사서, 사진을 찍고 SNS에 올리는 것 또한 같은 맥락일 것이다. 하지만 집은 이미 그 규모와 비용에서 뛰어넘지 못할 벽을 가지고 있다.

거시적인 차원의 문제는 굳이 언급하지 않아도 될 것으로 본다. 우리가 항상 가지고 있던 고질적인 사회문제 중 하나이며, 날마다 뉴스에서 접하는 문제들이니.

조금 결이 다른 이야기이긴 하나, 요즘 재테크와 중고거래 열풍이 불면서, 먹던 음식까지는 아니라도, 입고 있던 옷이나 사용했던 물건들을 사고파는 경우가 많다. 하지만 생각해 보면, 감가상각을 고려하더라도, 결국 손해를 보면서 파는 것이 일반적이다. 보통은 샀던 가격보다는 훨씬 싸게 되팔지 않던가. 그런데 특히 우리나라에서는 희한하게도 다들 '집은 싸게 사서, 한참을 쓰다가 비싸게 파는 것'이 당연한 것으로 되어 있다. 물론 이러한 현상을 전혀 이해 못하는 바도 아니며, 그런 행위 자체를 비난하고 싶지도 않다. 언젠가는 한번 다루어야 할 문제이긴 하나, 다음 기회로 미루기로 하자. 어쨌거나 이러한 분위기에 편승하지 못하는 것은 사회적 패배자가 된다. 만약 이 글을 읽는 독자들께서 이 이야기에 고개를 끄덕이는 순간, 우리는 집이 더 이상 집이 아닌, 다른 무언가를 위한 도구로 전락하는 것을 허용하게 되는 것이다. 마치 Karl Marx 카를 마르크스, 1820 – 1883 가 주장했듯이, 돈이 교환가치를 대표하는 상품에서 자본으로 전환되는 것 같은 기적적인 현상을 집에서 경험하게 되는 것이다. 이런 사회적 분위기에서 좋은 집이, 좋은 건축이 나올 수 있

오터

을까? 어렵다고 본다. 그것도 아주 어렵다고 본다. 그래서 필자는 주변 사람들에게 이런 이야기를 가끔 한다.

건축에 대한
'인상 印相'과 '관념 觀念'이 바뀌어야
비로소 건축이 시작된다

이제 앞서 두서없이 풀어놨던 필자의 이야기들이 프리츠커상을 탄 건축가들과 어떤 관계가 있는지 알아볼 시간이다. 앞서 특정한 상賞과 관련해서 서로 다른 건축가에 대해 언급한다는 것은 무리가 있지만, 이들을 하나로 묶을 수 있는 개념 또한 존재한다고 했다. 그 개념이 바로 '건축'이다. 이들의 '건축' 기저에 흐르고 있는, 가장 중요한 부분이 무엇인지 살펴보도록 하자. 결국 핵심은 이렇다. 앞서 프리츠커상을 받았던 건축가들은 다름 아닌, 공간과 인간의 삶, 사회에 대한 '인상'을 새로 만들어 냈다. 이를 통해 우리가 사는 세계에 대해 새로운 '관념'을 부여한 것이다. 물론 그들이 제시한 것이 정답이라고 하기에는 무리가 있다. 앞으로 더 나은 '관념', 또는 '해석'이 나올 수 있을 것이다. 하지만 중요한 것은 그러한 시도이며, 이런 시도를 할 수 있다는 것은 '건축'을 대하는 태도가 '순수'하다는 것을 의미한다. 마치 아이와 같은 순수한 호기심으로 이해관계를 떠나서, 단지 '건축' 그 자체가 무엇인지 알기 위해, 생각하고, 공부하고, 실행에 옮기는 것이다. 물론 이러한 시도가 사회적 정당성을 부여받기 위한 필요조건이 분명히 존재한다. 그 조건에 대해서는 글의 말미에 언급하도록 하겠다.

그런데 상은 누가 탔나요?

일단 주제가 주제인 만큼, 대표적인 수상 건축가 몇 명에 대해 알아보자. 그들의 작품 또한 일일이 다 살펴보고 넘어가기에는 지면이 부족하니 사실, 그들의 작품이 다 잘된 것도 아니다. 사람이 하는 일인데, 어찌 하는 것마다 성공만 하면서 살겠는가? 그 건축가의 사상에 대한 핵심을 가장 잘 대표할 만한 건축물만 언급하도록 하겠다.

최초의 수상자인 Philip Johnson 필립 존슨, 1906 – 2005 은 누구나 알고 있는 'The Glass House'를 남겼다. 물론 독창성에 있어 논쟁의 대상이 되고 있긴 하지만, 그가 남긴 업적은 절대로 폄하되어서는 안 될 것이다. Johnson은 사실은 Johnson만이 아닌, 당시 그 시대를 살았던 뛰어난 건축가들은 다들 유사한 해석을 내어놓았던 것 같다 당시 20세기가 도래하고, 공업화 사회

Bilbao Guggenheim Museum 빌바오 구겐하임 미술관, 프랭크 게리
https://en.wikipedia.org

가 진행되면서 앞으로 우리의 삶이 바뀔 것을 예측했다. 자신의 건축을 통해 과거와의 단절을 시도하고 건축적 '인상'을 통해 새로운 세계와 그 속에서의 삶에 대한 '관념'을 제시했다.

건축을 모르는 사람들도 여러 매체를 통해 빌바오 구겐하임 미술관에 대해 들어봤거나, 혹은 스페인 여행을 가려고 준비하다가 그 특이한 형태를 사진으로 보고, 한 번 정도 방문해 봐야겠다고 생각해보았을 것이다. 이 미술관의 설계자 Frank O. Gehry 프랭크 게리, 1929 - 의 건축을 언급하지 않을 수 없다. 물론 그의 설계에 대해서는 논란이 여지가 많지만, 이 건축가를 단지 해체주의의 거장으로 해석하는 것은 편협한 발상일 것이다. 필자 개인의 의견일지 모르겠지만,

Vanna Venturi House 바나 벤투리 하우스, 로버트 벤투리
https://en.wikipedia.org

Gehry의 시도는 단지 새로운 형태를 만들어 내는 것이 아니었다. 그는 도시 전체를 하나의 거대한 미술관, 또는 예술품의 집합체로 인식하고 그 안에 새로운 예술작품을 전시하듯이 도시과 건축의 관계에 대한 '관념'을 새로이 하고자 노력한 것이다.

근대건축의 거장 Ludwig Mies van der Rohe 루드비히 미스 반 데어 로에, 1886 – 1969 가 남긴 명언 "Less is More" 적을수록 많다 를 "Less is Bore" 적을수록 지루하다 로 아주 재치 있게 비꼬았던 Robert Venturi 로버트 벤투리, 1925 – 2018 의 'Vanna Venturi House'는 그의 건축관이 가장 극명하게 드러나는 집이다. 그는 1966년 'Complexity and Contradiction in Architecture'를 통해 시대와 역사적 암시와 상징, 미적 장

Half a good house, 알레한드로 아라베나
https://www.archdaily.com

식, 유머도 없고 호기심도 자아내지 못하는 건축은 따분하다고 선언하였고, 이 자그마한 집은 그의 주장을 그대로 물리적으로 옮겨놓은 듯하다. 얼핏 보면 아주 유치할 수도 있는 이 작품을 통해 Venturi는 모더니즘과의 단절을 시도한 것이다. 이 시도의 옳고 그름에 대한 가치판단은 일단 접어두기로 하자. 중요한 것은 이러한 시도이다. 한 가지 주의할 점은 이러한 시도가 그냥 무턱대고 하는 것이 아니라는 점이다.

이제 조금 시간을 뛰어넘어 2016년 수상자인 Alejandro Aravena 알레한드로 아라베나, 1967 - 의 'Half of a Good House'를 살펴보자. 이름 그대로 반쪽짜리 집이다. 칠레 정부의 제안으로 시작된 이 프로젝트는 재정적인 한계를 가진 저소득층 주민들의 삶을 실질적이고 효과적으로 개선할 수 있는 주거환경을 목표로 삼았다. 보통 칠레 중산층이 사는 집의 크기는 80㎡ 정도의 크기로 저소득층은 이 정도 크기의 집을 구매할 능력이 없는 것이 현실이다. 여기서 발상의 전환이 시작된다. 굳이 능력이 안 되는 사람들이 저 정도 큰 집을 지을 필요가 있을까? 오히려 대지가 확보된다면 절반만 최소한의 요구에 맞춰 우선 지어서 생활을 유지하게 하고, 나머지 절반은 언젠가 거주자들이 자립하여 채우고 증축할 수 있도록 하는 것이 더 좋은 생각이 아닐까? Aravena 본인이 '반쪽짜리 좋은 집 Half of a Good House '이라고 이름 지은 이 참여형 프로젝트는 저가 주택 건설에 대한 제한된 예산과 자원을 경제적으로 활용하는 혁신적인 발상의 전환이었다고 평가를 받았다. 그뿐 아니라, 저소득층이 중산층으로 올라설 수 있도록 동기부여를 함으로써 도시의 주거환경이 어떻게 삶의 질을 향상시킬 수 있는지 잘 보여준 사례로 전 세계에 알려졌다. 하지만 앞서 소개되었던 건축가들의 작품과 비교를 하자면, 어찌 보면 초라하기 그지없어 보인다. 과연 이런 프로젝트가 프리츠커상을 받은 건축가의 대표작이 될 수 있을까는 의심마저 들 것이다. 하지만 필자는 이 프로젝트의 진정한 가치는 발상의 전환이 아니라고 본다. 그러한 발상과 주장은 과거에도 있었으며, 지금도 존재하고 있다. 중요한 점은 이를 실천으로 옮겼다는 것이다. 여기서 물

타인

리적인 건물, 다시 말해 건축물이 주는 '인상'은 결코 중요하지 않다. 중요한 것은 그 안에 사는 사람들과 그들의 삶인 것이다. 건축의 '관념'이 눈에 보이는 물리적인 것에서, 보이지 않는 '인간의 삶'으로 전환되기 시작한 것이다. 이는 산업혁명과 2차례의 세계대전을 겪으면서 황금기를 맞았던 모더니즘 건축, 그리고 이에 대한 반기를 들었던 포스트모더니즘 건축에 대한 단절을 선언하고, 건축의 관심사를 건축물에서 인간의 삶으로, 그리고 사회로 전환한 중요한 계기를 만들었다고 평가된다.

마지막으로 올해 2021년 수상자인 Anne Lacaton 안느 라카통, 1955 - , Jean-Philippe Vassal 장필립 바살, 1954 - 의 작업에 대한 심사평을 한 줄 인용하겠다.

"Not only have they defined an architectural approach that renews the legacy of modernism, but they have also proposed an adjusted definition of the very profession of architecture."

프리츠커상 홈페이지 발췌

긴 심사평 중 가장 핵심이 되는 부분이다. 모더니즘의 유산을 새로이 해석하고, 건축가라는 직업에 대해, 다시 말해 건축가들이 해야 할 일에 대해 새롭게 정의를 했다는 말이다. 이들의 건축이 던진 질문은 다음과 같다. "정치적, 경제적 이유로 도시에서 인간이 누려야 할 공간에 대해 너무 소홀했던 것은 아닐까?" "효율성이란 잣대를 들어 사람들이 성냥갑 같은 공간에 갇혀 사는 것을 너무 당연시 여겼던 것은 아닐까?" "건축가들은 도대체 이러한 사회에서 지금까지 어떤 역할을 해왔는가?"

이들은 이 질문에 답을 하는 방식으로 '기존 건물을 절대 부수지 않는다'는 원칙을 지키면서 낡은 공공 건축물이나 주택 등 주거 공간을 저렴한 비용으로 넓히고 기능을 살려내는 작업을 해왔다. 좋은 건축은 이제 단지 개인이나 소수의 전유물이 될 수 없다는 것이다. 역시 중요한 부분은 자신들만의 이론과 신념을 실천으로 옮겼다는 점이다. 이를 통해 역시 앞의 수상자들과 마찬가지로, 하지만 다른 방식으로 건축에 대한 새로운 '해석'과 새로운 '관념'을 제시했다.

오늘날 우리 사회를 관통하고 있는 건축은 무엇인가?

글을 마무리하면서 이 부분을 꼭 언급해야겠다는 생각이 든다. 필자는 앞서 새로운 '인상'과 '관념'이 사회적 정당

Lacaton and Vassal 라카통 & 바살
https://www.pritzkerprize.com

Transformation of Social housing Buildings 라카통과 바살의 사회 주택 개조
https://www.pritzkerprize.com

성을 부여받기 위한 조건이 있다고 했다. 도대체 어떤 조건이 있어야, 새로운 '인상'과 '관념'이 사회적으로 인정될 수 있을까? 필자 개인의 주장일 수도 있으나, 생각보다 간단해 보인다. 바로 사회적으로 정당성을 부여받은 '관념'이 이미 존재해야 한다는 것이다. 뭔가를 부정하려면, 부정할 대상이 있어야 하는 것 아니겠는가? 그리고 현재 존재하는 '관념'이 부정되면서 새로운 '관념'이 주류로 자리 잡게 된다. '패러다임'의 전환이라고 이해하면 되겠다.

우리의 이야기로 돌아오면, 이미 사회적으로 정당성을 부여받은 '건축'이 존재하고 있어야 한다는 것이다. 그리고 이 '건축'은 새로운 '건축'에 의해 부정된다. 여기서 주의할 점은 기존의 '개념'이 부정된다고 해서 바로 폐기처분되는 것이 아니라는 것이다. 아인슈타인이 뉴턴의 물리학을 부정했다고 해서, 고전물리학이 폐기되는 것이 아니며, 양자역학이 아인슈타인의 물리학을 부정했다고 해서, 상대성이론이 폐기되는 것이 아니라는 말이다. 아직도 불쌍한 고등학생들은 고전물리학에 고통받고 있지 않던가? 건축도 마찬가지다. 이렇게 새로운 건축은 오래된 건축과 공존하면서 서로를 부정하고, 반박하면서 서로를 발전시켜 간다.

그렇다면 기존의 '관념', 또는 '패러다임', 가장 최초의 그것은 어디에서 오는가? 하지만 계속 이런 식의 질문만 하

288

다 보면 아마 결국은 닭이 먼저냐, 달걀이 먼저냐는 문제에 도달할 수밖에 없을 것이다. 질문을 바꾸어 보자. 이런 '관념'이나 '패러다임'이 어떻게 생겨날 수 있을까? 필자의 해답은 '순수한 호기심'과 '공부'이다. 물론 먹고 살기도 바쁜 세상에 이 둘을 다 한다는 것은 무리일 것이다. 하지만, 기존 관습의 답습 또한 해답이 될 수 없다는 것을 우리는 잘 알고 있다. 과연 오늘날 우리 사회를 관통하고 있는 건축이란 어떤 것인가에 대해 진지하게 한번 고민해 보자. 그리고 실천으로 옮겨야 한다. 끊임없이 다시 생각하고, 토론해야 한다. 시간이 걸리겠지만, 언젠가는 우리도 제대로 시작할 수 있는 기반을 만들어 내는 시도와 노력을 해야 한다. 그리고 이 첫 번째 기반을 만들었을 때, 그때서야 비로소 우리에게는 그것을 부정할 수 있는 자격이 주어질 것이다.

이한석

1990년대 말부터 현재까지 불모지였던 해양건축 분야의 선구자 역할
을 하면서 지속적인 연구 및 교육 활동을 통해 우리나라 해양건축 발전
에 기여해오고 있다. 현재 한국해양대 해양건축.에너지자원공학부 교
수이며 해양수산부 기술자문위원회 위원으로 활동 중이다.

기후변화,
해수면 상승,
그리고 연안 도시

기후변화

국립국어원 표준국어대사전에 따르면 기후는 '일정한 지역에서 여러 해에 걸쳐 나타난 기온 비 눈 바람 따위의 평균 상태'를 말하며, 기후변화 Climate Change 는 '일정 지역에서 오랜 기간에 걸쳐서 진행되는 기상의 변화'로 정의하고 있다. 기후변화는 지난 30년간 평균 기후의 변화로 표현하기도 하지만 산업 활동으로 인한 온실가스 배출 등 인간의 활동이 기후변화의 큰 원인으로 밝혀지면서 현재는 '인위적인 활동으로 인한 지구 기후의 변화'란 의미로도 사용된다.

특히 온실가스 배출에 의한 온실효과는 기후변화의 직접적인 원인이 되는 지구온난화 Global Warming 를 초래하고 있다.

지구온난화에 의해 따뜻해진 지구는 강수 형태 변화, 해수면 수위 상승 등 전 지구적 차원의 환경 변화와 이에 따른

지구, 출처 NASA

다양한 사회적, 경제적 문제를 일으키고 있다. 북극과 남극의 빙하는 지구온난화에 따라 지속적으로 감소하고 있으며 건조 지역과 습윤 지역의 강수량 차이는 커지고 지구 대부분 지역에서 우기와 건기 간 기온 차이도 더 벌어지고 있다.

최근에는 기후변화가 예상보다 심각하고 빠르게 진행되기 때문에 국제적으로 기후 위기 Climate Crisis 라는 용어를 사용한다. IPCC Intergovernmental Panels on Climate Change, UN 기후변화에 관한 정부 간 위원회 에 따르면 현재 추세로 온실가스를 배출하면 금세기 말 지구 평균기온은 3.7℃, 해수면 높이는 평균 63㎝ 상승할 것으로 예상된다. 온실가스 감축정책이 적극적으로 실현될 경우에는 금세기 말에 기온은 1.0℃, 해수면은 40㎝ 상승할 것으로 전망된다.

이주의 온실가스

※CO2 기준 (단위: ppm)

280
산업화
이전

350
안전

390.35
10년 전

450
회복 불가한
기후변화
초래

414.52 ppm

※4월13일 기준 전지구 측정치 평균

자료: 미국 국립해양대기청

2021년 4월 온실가스 현황, 출처 한겨레신문

한반도의 경우 한국기후변화 평가 보고서 2020 에 따르면 온실가스 배출 추세를 현재대로 유지할 경우에는 21세기 후반 평균기온이 현재보다 4℃가량 상승하며 강수량은 약 20% 증가할 것으로 예상된다. 이로 인해 평양의 평균기온이 현재 서귀포의 평균기온과 유사해질 것으로 예상된다. 그리고 강원도의 일부 산간지역을 제외한 남한 대부분의 지역과 황해도 연안까지 아열대 기후구가 될 것으로 예상된다. 한반도에서는 폭염과 열대야 등 기후 관련 극한지수가 가파르게 증가할 것으로 전망되는데 폭염일 수는 온실가스 고高 배출 시 현재 한반도 전체 평균 약 8일에서 21세기 후반에는 약 30일로 늘어날 것이다.

현재 지구 기후 위기로 인해 세계 곳곳에서 태풍 폭우 해수면 상승 해일 등 재난피해가 증가하고 있다. 기후 위기는 특히 태풍에 큰 영향을 미치는데 지구온난화로 대기의 순환 패턴이 변화하면서 집중호우나 태풍과 같은 기상이변의 발생 빈도가 증가한다.

가이아 Gaia 이론에 따르면 지구는 기후변화나 생태계 변화 등에 대응하여 스스로 진화하고 적응해가는 거대한 생명체이다. 그러나 기후 위기는 더 이상 자기조절 능력을 발휘할 수 없게 된 가이아, 즉 지구가 인류에 대한 복수를 시작했음을 의미한다.

특히 기후 위기는 연안지역에서 지역적 특성과 결합하여 큰 피해를 가져온다. 바다에 면한 연안지역에는 재산 및 인구의 집중도가 높기 때문에 태풍 상륙 시 강풍의 피해가 클 뿐만 아니라 해양성 기후, 산지가 넓고 절개지가 많은 지형, 도시화로 인한 불투수 면적이 높은 대지, 하천의 대부분 복개 등에 따라 태풍 시 해수 범람이나 집중호우에 따른 침수피해가 커지게 된다.

매립지나 저지대의 경우에는 특별히 취약한데 부산에서도 대형 태풍 시 폭풍 해일로 인해 저지대 월파와 침수에 의한 건물, 차량, 인명의 피해를 크게 경험한 사례가 있다. 폭풍 해일은 태풍의 발생 빈도 및 강도 변화와 밀접한 관계가

태풍

있어서 기후변화로 인해 태풍의 위력이 강해질수록 연안지역에서 폭풍해일의 피해도 크게 늘어날 전망이다.

해수면 상승

기후변화로 인한 연안지역의 자연재해 위협 가운데 가장 위험한 것이 해수면 상승이다. IPCC 5차 보고서 2014 에서는 현재 1.4㎜/년 속도로 증가하는 지구 평균 해수면이 기후변화로 인해 금세기 말까지 최대 7~15㎜/년 속도로 상승할 것을 예측하고 있다.

한국기후변화 평가 보고서 2020 에 따르면 우리나라 평균 해수면은 현재 2.9㎜/년 상승하고 있어서 지구 평균보다

태풍 '마이삭'에 의한 해일, 출처 SBS홈페이지

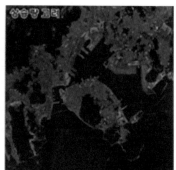

2041년~2050년 해수면 상승에 의한 해안침수예상도, 출처 국립해양조사원

빠른 상승 추세를 보이고 있다. 그리고 한반도 해역의 평균 해수면은 최근 40년 동안 약 10㎝ 상승하였으며 해역별로는 남해안 지역이 다른 지역에 비해 해수면 상승이 높은 것으로 나타났다.

또한 한국환경정책·평가연구원에 따르면 해수면이 1m 상승할 경우 우리나라는 서울 면적의 4.37배에 달하는 약 2,600㎢가 침수될 것이며, 부산연구원에 의하면 부산은 해수면 1m 상승 시 연안 30.3㎢가 침수될 것으로 예상된다. 특히 국립해양조사원은 기후변화로 인한 부산지역 해수면 상승을 고려하여 2041년-2050년에는 해안선이 23㎝ 침수되고 2091년-2099년에는 해안선이 83㎝ 침수될 것으로 예측하고 있다. 위 그림 참조

해수면 변화를 일으키는 요인은 온실효과로 유발된 해

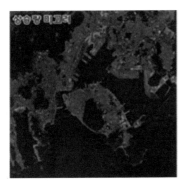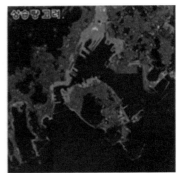

2091년~2099년 해수면 상승에 의한 해안침수예상도, 출처 국립해양조사원

양의 온도 상승으로 인한 체적 팽창과 육상 및 해양 얼음의 해빙으로 인한 체적 증가이다. 해수면 상승은 폭우 및 태풍의 강도를 증가시킬 뿐 아니라 직접적으로 저지대 및 습지의 범람, 연안지역의 침식, 강이나 지하수로 해수의 유입, 조석과 파동의 변화, 퇴적물의 변화 등을 일으킨다.

이러한 변화는 연안지역의 생활 거주지 자연생태계 수자원 관광 및 각종 산업에 큰 영향을 줄 것으로 예상되고 이에 따라 지금까지 경험하지 못한 자연재해가 연안지역에서 발생할 수 있으며 이는 대규모 인명 피해와 사회적·경제적 피해를 일으킨다.

연안지역은 지리적 특수성으로 인해 기후변화에 따른 자연재해 노출이 불가피하며 이에 대응하는 능력이 기후변화의 취약성을 결정짓는 중요한 요소이다. 세계적으로 연안지역에 위치한 국가들은 해수면 상승에 대해 대응 방안을

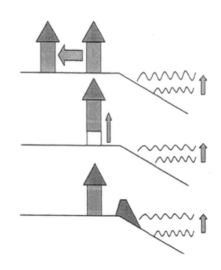

- Retreat

- Accommodation

- Protection
  -- soft or hard

관리적 이주 Retreat	• 취약지구 미개발 • 조건적, 단계적 개발억제 • 정부보조금 폐지 • 이주 가능성
순응 Accommodation	• 최악 영향 회피 선행 계획 • 토지 이용 변경 • 건물 양식 변경 • 위협받는 생태계 보호 • 지해 지역 규제 • 규제 강화를 위한 재해 보험
방어 Protection	1) hardwear적 방법 • 방파제, 방벽,둑,제방, • 방사제, 이안제, 해수 방어벽 2) softwear적 방법 • 주기적 사빈 공급 • 사구복원 및 조성 • 습지복원 및 조성

해수면 상승 대응방안, 출처 UNEP

터오

분주하게 마련하고 있다.

해수면 상승에 따른 해안 침식과 침수에 대응하여 해안으로부터 태풍 및 해일 등 영향을 받지 않은 곳으로 주거지를 이주시키고 있다. 주민이 이주하고 텅 빈 수변공간에는 습지 및 녹지로서 완충지역을 조성하고 평시에는 시민들의 휴식 및 레저공간으로 활용하고 있다.

유엔환경계획 UNEP 은 해수면 상승에 대한 연안지역에서의 계획적 대응 방안으로서 관리적 이주 managed retreat 순응 accommodation 방어 protection 의 세 가지를 제안하고 있다. 옆 페이지 그림 참조

또한 해수면 상승에 따른 침수 예상도, 재해정보 지도와 같은 재해 지도를 작성하여 침수지역을 분석하고 자연재해에 대비하고 있다. 우리나라의 경우에도 국립해양조사원에서는 해안 침수 예상도를 제작하여 보급하고 있다.

한편 연안지역은 해수면 상승으로 인해 발생할 수 있는 재해의 종류, 규모, 피해 등을 지역별로 정확하게 예측하여 방재대책을 수립하는 것이 중요하다. 평균 해수면 변화와 해수 온도 상승, 대기 특성 변화 및 태풍 강도 변화에 따른 파랑과 해일의 크기 변화를 고려하여 새로운 시설물 설계 기준을 마련하는 등 대응 방안을 수립해야 한다.

향후 기후 위기는 다양한 요인들이 중첩되고 또한 상호

작용으로 인해 그 복잡성과 더불어 영향력도 크게 증가할 것으로 전망되고 있다. 특히 해수면 상승은 연안지역에 직·간접적인 영향을 크게 미칠 것이 예상되므로 지금부터 대응 방안을 철저하게 수립하고 실행해 나가야 한다. 대응 방안에는 재해 발생 후 신속한 복구를 위한 시스템 구축뿐만 아니라 피해를 최소화할 수 있는 대처 방법과 재해를 사전에 방지할 수 있는 예방책의 수립을 포함한다.

연안 도시

연안 도시 Coastal City 는 기후변화에 취약한 연안지역에 위치한 도시다. 바다에 면한 입지적 특성으로 인해 태풍 폭우 해일 등 자연재해가 바다로부터 빈번하게 발생하고 있다. 여름철 강한 바람과 비를 동반한 태풍에 의한 재난이 빈번하게 발생하고 있으며, 기압 강하 시 수면 상승이나 강풍에 의한 해수 밀림으로 수면이 상승하는 현상인 폭풍해일에 따른 재난이 발생하고 있다.

해양성 지진이나 해저화산 폭발 등에 의한 해저 지반의 융기나 침강이 가져오는 지진해일 그리고 기후변화에 따른 재난의 가능성도 크다. 실제로 한국기후변화 평가 보고서 2020 에 따르면 기후변화에 의해 1990년대 중반 이후 한반

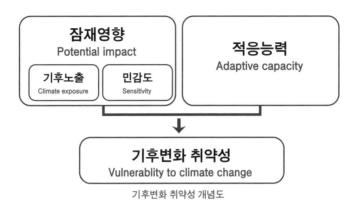

기후변화 취약성 개념도

도 주변의 태풍 활동은 빈도와 강도가 모두 증가한 것으로 나타났다. 특히 연안 도시는 기후변화의 영향뿐 아니라 무분별한 연안 개발에 의한 영향을 동시에 받고 있으며 그중에서도 연안 저지대와 항만 구역, 매립지, 인구 밀집 지역, 삼각주 등이 자연재해에 가장 취약하다.

IPCC는 '기후변화 취약성'이란 개념을 제시했는데 이것은 자연 또는 사회시스템이 기후변화의 부정적인 영향에 대처할 수 있는 정도를 나타내며 위 그림과 같이 기후변화에 대한 시스템의 민감도, 적응 능력, 재해에 노출 정도의 함수로 나타낸다. 즉, 연안 도시의 기후변화 취약성은 기후노출과 민감도로 구성되는 잠재 영향에서 적응 능력을 뺀 것이다.

여기서 기후노출은 연안 도시가 직·간접적으로 재해를

유발하는 기후 현상에 노출되는 정도를 말하고, 민감도는 연안 도시의 인간 활동이 기후노출에 따른 부정적인 영향에 대해 반응하는 정도를 말한다. 그리고 적응 능력은 기후노출에 대응하거나 민감도를 저감시킴으로서 기후변화에 의한 재해에 대처할 수 있는 총체적 능력을 말한다.

최근 기후변화로 인해 연안 도시의 기후변화 취약성에 대한 정확한 평가와 이에 따른 조치가 매우 중요하게 되었다. 연안 도시에는 많은 인구가 밀집하여 거주하고 있으며 항만을 비롯한 중요한 산업시설이 집중되어 있다. 특히 연안 도시는 바다와 접하고 있어서 내륙도시와 다른 기후적, 사회적, 경제적, 지형적 특성을 가지고 있으며 이로 인해 기후변화 취약성이 일반 도시와 비교하여 높고 그 요인도 풍수해에 집중되어 있다.

연안 도시의 기후변화 취약성에 대한 연구결과[1]에 따르면 최고 해수면 높이가 기후노출 평가에 중요한 요인으로 작용하고 있으며, 인구밀도와 해안선 길이가 민감도 지표에 큰 영향을 미치는 것으로 나타났고, 적응 능력의 중요한 요인은 공원 및 녹지면적으로 나타났다.

이와 같이 기후 위기에 따른 연안 도시의 취약성이 밝혀짐에 따라 선제적 대응 방안 수립이 시급하다. 연안 도시의

---

1   오상백 외, 「국내 연안 도시 기후변화 취약성 평가 연구」, 한국항해항만학회지, 16권 4호, pp87-97, 2014

기후변화 취약성을 낮추기 위해 자연재해에 취약한 바닷가 지역에서 인구밀도를 낮추고 재해 대책을 마련하는 것이 중요하며, 특히 공원 및 녹지면적의 증가가 필요하다.

한편 기후 위기에 따라 해안과 바다에 위치하는 건축물과 시설물은 자연재해에 그대로 노출되어 있다. 태풍 매미에 의해 부산항 항만시설물이 파손되고 해운대 주상복합건물 지하 기계실이 침수되어 장기간 운영을 못한 사례가 있다. 따라서 해안지역 건축물과 시설물을 위한 방재기준 마련이 시급하고 도시와 항만이 재난에 대비하여 공동으로 대응전략을 마련해야 한다.

또한 기후변화가 바닷가 건축물에 미치는 영향 중 주목할 것은 대기 중 이산화탄소의 증가에 의한 콘크리트의 중성화이다. 콘크리트는 PH 산도 12~13 정도의 강알칼리성이지만 대기 중 이산화탄소가 콘크리트 내부에 침투하여 PH 8.5~10 정도로 중성화되면 내부 철근을 부식시키는 염해 및 누수 억제 기능을 상실하게 된다.

IPCC에 따르면 대기 중 이산화탄소 농도는 2010년 390ppm을 기준으로 2100년에는 최대 975ppm까지 이를 것으로 예측되는데 이 경우 염해에 취약한 해안지역 콘크리트 건물은 수명 단축이 우려된다. 이 문제를 해결하기 위해 염해에 강한 건축 재료와 시공기술 개발이 무엇보다 필요하다.

통계청에 따르면 부산의 경우 지난 10년간 풍수해에 의

한 피해액 중 건축물 피해액이 약 50%를 차지하고 있으며 이 중 약 95%는 해안지역에서 발생하였다. 즉, 해안지역의 건축물 피해가 부산의 태풍 피해에서 대부분을 차지하고 있는 것이다. 따라서 기후변화에 대한 연안 도시의 대응은 바닷가에 위치한 건축물과 이를 사용하는 시민의 안전을 위해 철저한 방재대책을 마련하는 것이 먼저다.

미국의 경우 연방재난관리청 FEMA 에서 자연재해에 대비하여 비상관리프로그램을 운용하고 있는데 주목할 점은 연안지역 및 침수 범람 위험이 있는 지역 건축물에 대한 내수 설계 기준 Flood Resistant Design and Construction 적용이다. 내진 설계 기준과 마찬가지로 내수 설계 기준은 침수 피해를 최소화하기 위한 건축설계방법으로서 내륙 침수 위험지역과 해안지역으로 나누어 지역에 맞는 설계 기준을 제시하고 있다.

한편 해안지역 초고층 건축물의 안전을 위해 헬스모니터링시스템 Health Monitoring System 구축이 필요하다. 헬스모니터링은 구조물에 다양한 센서를 부착하여 안전 및 건전성을 실시간으로 감시하고 평가하는 것이다. 건물 헬스모니터링시스템을 도시기반시설에 설치된 시스템과 네트워크를 구축하면 해안지역 전체 방재시스템으로 활용할 수 있다.

바다를 매립하여 건물을 짓는 개발 방식은 기후변화로 인해 더 이상 바람직하지 못하다. 이에 대한 대안으로서 바다 위 부유식 건축물은 바다 매립에 의한 해양생태계 파괴 등 환경문제를 해결할 수 있으며 해수면 상승으로 인해 침수된 공간을 적극 활용하는 중요한 건축적 수단이 된다.

연안 도시는 풍수해 방재 지도 Hazard Map 를 별도로 만들고 이에 따라 풍수해 방재 지구를 지정하고 지구 내 건축 제한 등 맞춤형 방재 계획의 수립이 필요하다. 풍수해 방재 지도는 태풍이나 해일 발생 시 제방 및 건물의 손상, 침수가 예상되는 지역 등 피해 정보, 피난 방법, 피난 장소 관련 정보를 제공하는데 우리나라는 국립해양조사원에서 해안 침수 예상 지도를 작성하여 50년 및 100년 주기 태풍 도래에 따른 범람 지역을 예측하고 있다.

기후위기로 인해 연안 도시에서는 100년 빈도의 높은 해일이 언제나 발생할 수 있는 가능성이 존재한다. 그러나 대부분 시민들은 이러한 가능성이 비현실적이라고 생각하며 심지어 일부에서는 불안감을 조성하는 거짓말이라고 비난한다. 기후위기는 딴 나라의 먼 이야기가 아니며 연안 도시에 닥친 실제적인 위협이므로 시급히 최악의 풍수해에 대비해야 한다.

해수면 상승에 만조 및 슈퍼 태풍까지 겹치는 경우에 연안 도시는 대형 재난을 피하기 어렵기 때문이다. 자연재난은 피해예방에 들어간 노력과 예산이 아무리 크더라도 피해를 당한 후의 피해액 및 복구 비용보다는 절대적으로 작다는 진실을 기억해야 한다.

태풍 '차바'에 의한 해운대 해일, 출처 연합뉴스홈페이지

태풍 '차바'에 의한 해일 피해, 출처 연합뉴스홈페이지

향후 기후 위기는 다양한 요인들이 중첩되고 또한 상호작용으로 인해 그 복잡성과 더불어 영향력도 크게 증가할 것으로 전망되고 있다. 특히 해수면 상승은 연안지역에 직·간접적인 영향을 크게 미칠 것이 예상되므로 지금부터 대응방안을 철저하게 수립하고 실행해 나가야 한다. 대응방안에는 재해 발생 후 신속한 복구를 위한 시스템 구축뿐만 아니라 피해를 최소화할 수 있는 대처 방법과 재해를 사전에 방지할 수 있는 예방책의 수립을 포함한다.

김종기

독일 훔볼트대학교에서 철학 미학/사회철학 박사학위를 받았다. 상지인문학아카데미에서 '서양미술과 미학의 창'이라는 제목으로 5년 동안 강의했다. 현재 민주공원 관장을 맡고 있다.

필자

그림 속에 나타난
믿음의 이미지

성스러운 믿음
맹목적 신앙
합리적 신념

독일 속담에 "믿음은 산을 옮길 수 있다" Der Glaube kann Berge versetzen 라는 말이 있다. 그런데 이 말은 이중의 함의를 지니고 있다. 첫째, 이 말은 대개 종교적 차원이나, 또는 종교적 차원이 아니라 하더라도 신실한 믿음이나 확고한 신념은 현실에서 불가능해 보이는, 또는 논리나 합리성을 넘어서는 기적 같은 일들을 이루어낼 수 있다는 것을 의미할수 있다. 둘째, 이 말은 믿음이 지니는 비합리성이 현실에서 객관적으로 불가능한 것을 가능하다고 믿게 하는 맹목적이고도 주관적인 오류임을 지적하는 것으로도 받아들일 수 있다. 더 나아가 우리가 일상어로 사용하는 믿음이라는 말은 많은 내포를 담고 있다. 그것은 첫째, 가장 일반적으로 종교적 신앙 belief/독 Glaube 을 의미하는 말로 사용된다. 둘째, 어떤 사람에게 주어지는 신뢰 또는 신용 trust/독 Vertrauen 을 가리킨다. 셋째, 어떤 것, 어떤 사항에 대한 확신 또는 확고한

그림 1. Nicolas Poussin, The Adoration of the Golden Calf, c.1634,
Oil on canvas, laid down on board, 154 x 214 ㎝, National Gallery, London

기대 confidence/독 Zuversicht 를 나타내기도 한다. 넷째, 어떤 주의 主義 나 주장에 대한 신념 conviction/독 Überzeugung 을 의미하기도 한다. 이렇듯 믿음이라는 말이 지니는 내포 또는 함의가 상반되게 나타나는 것이라면 도대체 인류가 걸어온 길에서 믿음은 어떤 형태로 모습을 드러내는가? 몇 개의 그림을 통해 이 물음에 다가가 보자.

「황금 송아지 숭배」그림 1 를 보자. 이 그림은 바로크 시기에 고전주의 화풍을 유지한 푸생 Nicolas Poussin, 1594-1665 의 작품이다. 그림 속 이야기는 구약성서 「출애굽기」Exodus 32장이 전하는 이야기를 다루고 있다. 그 이야기는 십계명을 받기 위해 시나이산으로 올라가 40일간 이스라엘 사람들을 떠나 있었던 모세와 모세를 따라 이집트를 탈출하여 광야에서 떠돌고 있던 이스라엘 사람들에 관한 것이다. 모세가 없는 동안 이집트에서 지녔던 신앙 행태를 채 버리지 못한 이스라엘 사람들은 우상에 물든 영적 욕구를 채우기 위해 황금 송아지를 만들었다. 그림의 오른쪽 중앙에는 이스라엘 사람들의 금귀고리를 받아 황금 송아지를 만든 아론이 이스라엘 사람들에게 이 우상을 숭배하도록 부추기고 있으며, 군중들은 손을 들어 우상에 열광하고 있다. 따라서 이들은 모세가 여호와의 계명을 통해 바로잡고자 하는 이교 숭배와 퇴폐의 상징으로 간주된다. 화면 왼쪽 위에는 율법 석판을 머리 위로 쳐들고 땅에 내치려는 모세가 보인다. 이 그림에서 푸생은 성서 텍스트에 근거하여 그 광경을 충실하게 재현하고 있다. 이러한 점에서 푸생은 우상숭배에 빠진 유대인들과 분노에 빠져 율법 석판을 깨트리는 모세를 대비시켜 '성스러운 믿음'을 보여주고자 한다.

반면 놀데 Emil Nolde, 1867–1956 가 그린 「황금 송아지를 둘러싼 춤」그림 2 을 보자. 이 그림은 강렬한 색채와 두텁고 거친 붓질을 통해 주제를 대담하게 다루고 있는 데에서 야수파의 영향이 보이는데, 실제로 그는 드레스덴 다리파 Die Brücke 의 일원으로서 혁명적인 표현주의자이다. 알몸으로 춤을 추는 여인들은 놀데가 지닌 원시주의적 경향과 고갱 Paul Gauguin, 1848-1903 과 마찬가지로 남태평양의 원시 사회

그림 2. Emil Nolde, Dance Around the Golden Calf, 1910,
Oil on canvas, 88 x 105.5 ㎝, Staatsgalerie moderner Kunst, Munich

에서 받은 영감을 보여준다. 그림 속의 사람들은 몸을 다 드
러내고 우상 앞에서 과도하게 음란한 춤을 열광적으로 추
고 있다. 놀데는 밝은 색채와 격렬한 붓질, 거리낌 없고 리
듬감 강한 동작을 사용하여 우상 앞에서 춤추는 유대인들을
책망하거나 비난하는 표현주의의 어휘를 사용하고 있다. 놀
데 스스로는 1920년대부터 나치당을 지지하기도 했고, 반유
대주의적 견해를 드러내었음에도 정작 그의 작품은 모든 형
식의 모더니즘 미술을 거부하는 나치당에 의해 '퇴폐미술'로
낙인찍혔다. 나치당은 그의 작품을 공식적으로 비난했고,
1000점이 넘는 그의 작품은 모두 미술관에서 철거되었다.
그리고 1937년 '퇴폐미술 전시회'에 그의 여러 작품이 포함

된다.

그러나 이 그림은 단순히 여호와를 부정하고 우상을
숭배하는 유대인들의 이야기에 그치지 않는다. 이 그림이
그려진 해가 제1차 세계대전 1914 이 발발하기 몇 년 전인
1910년이라는 점에 생각이 미친다면, 이 그림은 국가독점
자본주의, 제국주의 단계로 넘어간 물질문명 사회에서 물질
과 쾌락을 좇는 인간상을 표현하는 것이라 할 수 있다. 그리
하여 이 그림은 배교 背敎 와 우상숭배를 행하는 유대인들의
이야기에서 마르크스가 말하는, 돈의 물신화라는 물신숭배
의 정점까지 치닫는 인간의 보편적 이야기를 보여준다. 따
라서 이들은 돈을 최고의 신으로 숭배하는 사물화, 인간소
외의 극단까지 나아가는 현대인들의 모습과도 다르지 않다.
이 점에서 놀데의 그림은 물신숭배로까지 나아가는 '맹목적
신앙'의 비합리성을 보여준다.

렘브란트 Rembrandt Harmenszoon van Rijn, 1606-1669 가 그
린 「율법 석판을 깨트리는 모세」 그림 3 는 그림 2에 이어지
는 장면을 보여준다. 시나이산에 올라 여호와로부터 십계
명이 새겨진 두 석판을 받아 내려온 모세는 이스라엘 사람
들이 야영지에서 황금 송아지를 둘러싸고 춤추는 것을 보
고 대노하여 석판을 땅에 던져 깨트려 버린다. 렘브란트는

그림 3. Rembrandt, Moses Smashing the Tablets of the Law, 1659,
Oil on canvas, 169 x 137cm, Staatliche Museen, Berlin

푸생과 같은 바로크 시기의 화가이다. 그렇지만 푸생이 고
전주의 스타일로 그림을 그렸다면 렘브란트의 이 그림에는
바로크 회화에서 보이는 특유의 명암법인 테네브리즘 tene-
brism 이 구사되어 있다. 르네상스 화가들이 빛과 그림자가
대비되는 명암법, 키아로스큐로 chiaroscuro 를 통해 묘사되
는 대상에 3차원 입체감을 나타내고자 한 반면, 바로크의 화
가들은 스포트라이트 효과를 통해 묘사되는 인물 대상의 이
미지에 내면의 감정과 정신적인 깊이까지 드러내고자 한다.
이것을 테네브리즘이라 부른다.

　「출애굽기」 24장 3절에서 7절까지에는 모세가 전한 여호와의 말을 듣고 "여호와께서 말씀하신 모든 것을 우리가 다 지키겠습니다"라고 이스라엘 사람들이 언약하는 장면이 나온다. 그리고 시나이산에 올라간 모세는 40일간 여호와 옆에 머물러 있으면서 십계명이 새겨진 석판을 받아 무리들에게 돌아오는 것이다. 그런 다음 모세는 우상 주위로 난잡한 춤을 추고 있는 동족들을 보고 분노하여 율법 석판을 깨트린다. 렘브란트는 모세의 허리 아래를 과감하게 잘라낸 구성을 취하고 있다. 모세의 상반신과 머리 위로 들려진 검은색 석판과 그 위에 새겨진 흰 글씨가 전경을 차지하고 후경은 모세의 심리를 대변하듯 검고 붉은 불이 휘감아 돌고 있다. 그 뒤로 구름 낀 하늘이 보이고 그의 상반신 뒤에는 큰 바위가 놓여있다.

렘브란트의 그림에서 모세는 통상적으로 묘사되는 영웅이나 선지자 이미지와는 다르다. 잔뜩 찌푸린 미간과 얼굴의 주름을 통해 모세는 격노하는 감정 대신 그보다 더 강한 고통과 슬픔을 드러내는 모습으로 그려져 있다. 이는 전형적인 테네브리즘의 기법이다. 여호와와 맺은 약속을 금세 잊어버리고 우상에 열광하는 이스라엘 백성들에 대한 분노는 여호와의 분노를 누그러뜨려 자기 백성을 살리고자 여호와에게 간청한 자신에 대한 분노와 이어지며, 못난 자식에 대한 미움과 그럼에도 그런 자식을 살리고자 하는 어버이의

그림 4. Michelangelo. Moses. c.1513-1516. Marble. 235cm,
San Pietro in Vincoli, Rome

마음일 것이다. 이렇게 렘브란트는 성서라는 불변의 텍스트에 대한 자신의 고유한 해석을 보여준다. 이것은 회화의 새로운 길에 대한 렘브란트의 믿음, 그의 '합리적 신념'을 드러내준다.

십계명이 새겨진 석판을 깨트리는 모세와 관련하여 살펴보아야 할 또 하나의 작품이 있다. 로마의 산 피에트로 인 빈콜리 성당 Basilica di San Pietro in Vincoli, 일명 '쇠사슬의 성 베드로 성당'에 있는 미켈란젤로 Michelangelo di Lodovico Buonarroti Simoni, 1475-1564 의 모세상 그림 4, 5 이 바로 그것이다. 이 조각

그림 5. Michelangelo. Moses. 석판이 보이는 곳에 본 부분도.

상은 미켈란젤로가 교황 율리오 2세를 위해 세우려고 했던 장엄한 무덤의 여러 장식 조각 중 하나이다. 그런데 이 작품에 대한 프로이트의 해석은 모순 없는 완벽한 텍스트로 간주되는 성서에 대한 합리적인 비판과도 연관된다.

　미켈란젤로의 모세상은 좌상坐像인데, 몸은 정면을 향해 있고 얼굴은 힘 있는 긴 수염으로 덮여 있다. 두 눈은 왼쪽을 바라보고 있고 오른쪽 발은 지면에 있는 반면 왼쪽 발은 뒤꿈치를 들고 있어서 발가락만이 지면에 닿아 있다. 오른쪽 팔은 흘러내리는 듯한 석판을 옆구리에 낀 채 수염을 누르고 있고, 왼쪽 팔은 배 위에 놓여 있다. 그런데 프로이트 Sigmund Freud, 1856-1939는 이 미켈란젤로의 모세상에 대한 여러 비평가의 묘사를 살펴보고 난 후, 이 묘사들이 부정확하다고 지적하면서 독자적인 분석을 내린다. 이것이 예술 작품에 대한 그의 정신분석학적 비평이다.

이 모세상에 대한 프로이트의 해석은 예술비평에서 드러나는 그의 합리적 신념을 보여준다. 그 이전의 비평은 손과 얼굴, 동작 등과 관련하여 몇 가지 갈래로 나누어지지만, 일반적으로 받아들여지며 권위를 가진 것은 황금 송아지 앞에서 춤추면서 배교와 우상숭배의 죄악을 범한 유대인들의 모습을 보고 충격에 사로잡힌 모세가 분노에 가득 차 격한 행동을 하기 직전의 억제된 모습이라는 해석이다. 그러나 프로이트는 여기서 두 가지 합리적 해석의 토대를 찾아낸다.

첫째, 프로이트는 이 모세상이 다섯 개의 다른 조각과 함께 무덤을 받칠 받침대를 장식할 목적으로 제작되었다는 사실을 지적한다. 모세상과 짝을 이루는 조각상은 성 바울의 상이었다. 모세상이 전체 작품의 일부라는 사실을 염두에 둔 채 이 조각을 본다면, 모세가 그의 자리에서 일어나 공격을 하거나 또는 경고하기 위해 뛰쳐나가려 한다는 느낌을 받는다는 해석은 수용할 수 없다는 것이다. 격렬한 몸짓을 취하면서 자리를 박차고 나가려는 인물은 장례 기념물이 자아내는 분위기와 결코 어울리지 않는다. 따라서 프로이트는 이런 해석이 포기되어야 한다고 주장한다.

오히려 미켈란젤로의 모세상은 어떤 격렬한 행동이 시작될 것을 예고하는 서곡이 아니라, 이미 일어난 어떤 동작의 여파를 나타낸다. 모세는 분노에 사로잡혀 자리를 박차고 나가거나, 복수를 하거나, 율법 석판을 내던지는 격한 행동을 하려 했다. 그러나 그는 이러한 유혹을 이겨낼 수 있었고, 격분을 삭인 후 경멸이 섞인 고통을 느끼면서 의자에 앉아 있다. 이제 그는 율법 석판을 내던져 깨트리지 않을 것이다. 그가 분노를 삭인 것은 바로 이 율법 석판 때문이었으며, 이 율법 석판을 안전하게 지키기 위해 자신의 격정을 눌러 이길 수 있었다. 격렬한 분노가 치밀어 오른 순간 그는 율법 석판을 소홀히 한 채 붙잡고 있던 손을 놓았다. 그 순간 율법 석판은 아래로 흘러내리기 시작했고, 다시 붙잡지 않는다면 땅에 떨어져 부서질지도 몰랐을 것이다. 이 절체절명의 순간 모세는 자신의 맡은 사명을 떠올렸으며 미끄러져 떨어지고 있는 율법 석판을 옆구리에 꽉 껴 붙잡으면서, 자신의 분노를 행동으로 옮기는 것을 단념했다. 그의 손은 뒤로 밀려나 흔들리며 땅에 떨어지려던 율법 석판을 다시 잡았다. 이 자세를 취하고 있던 모세가 조각으로 고정되었고, 이렇게 해서 미켈란젤로는 그를 무덤의 수호자로 나타낼 수 있었다.

둘째, 이 모세상은 화를 내고 율법 석판을 내던져 깨트려버린 성서 속의 모세를 묘사하는 것이 아니라는 반론에 대한 프로이트의 설명이다. 프로이트는 당대 성서 연구의 성과를 토대로 「출애굽기」 32장 제8절에서 14절까지 여호와 자신이 모세에게 유대 백성이 여호와를 버리고 우상을 제작했다고 알려준다는 것, 그리고 모세가 죄인들을 위하여 중재에 나선다는 것, 그리고 이미 죄를 지은 그의 백성을 위해 여호와의 용서를 얻어냈다는 것을 지적한다. 그러나 18절에서 모세는 마치 이 사실을 모르고 있었다는 듯, 여호수아의 말에 이의를 제기하면서 우상숭배 장면을 보는 순간 급작스러운 분노를 표출한다. 앞서 밝혔듯이 모세는 14절에서 여호와로부터 죄를 지은 백성들의 용서를 얻어냈지만, 31절에서 다시 이 용서를 구하기 위해 산으로 올라간다. 그는 여호와에게 자기 백성들이 범한 배교의 죄악을 전하고 그럼에도 여호와가 자기 백성을 응징하지 않겠다는 확인을 얻어낸다. 그러나 35절에 오면 다시 여호와가 백성에게 응징을 했다고 적혀 있는데, 그 내용은 드러나 있지 않다. 반면, 20절에서 30절 사이에는 모세 자신이 스스로 행한 응징이 묘사되어 있다. 프로이트는 이처럼 「출애굽기」의 역사를 다루는 부분들이 눈에 띄는 모순들과 비논리성을 많이 갖고 있다는 것이 잘 알려져 있다고 지적한다.

르네상스 시대의 사람들에게 성서에 대한 이러한 비판은 생각할 수 없는 일이었다. 그들은 성서 전체를 수미일관한 이야기로 간주하고 있었다. 이에 따르면, 「출애굽기」 32장 7절에서 35절까지 성서에 나오는 모세는 이미 백성들의 우상숭배를 인지하고 있었고, 관용과 용서를 베풀기로 결심을 하고 있었다. 그러나 그 후 황금 송아지와 군무를 보게 된 그는 돌연 격렬한 분노에 휩싸이고 만다. 인간 모세는 전해지는 바에 따르면 화를 잘 내는 다혈질의 인간이었다. 한 이스라엘 사람을 구타하는 이집트 사람을 때려눕힌 것은 그의 급작스러운 분노 때문이었다. 율법 석판을 깨트려 버린 것은 분노의 감정이 폭발했을 때이다.

그러나 프로이트는 이러한 모세의 성격에 대해 미켈란젤로가 가한 수정을 지적하고 있다. 미켈란젤로는 갑작스럽게 맞닥뜨린 괴로움에 반응하는 모세를 재현하려 했고, 따라서 성서에서 기록된 내용을 넘어서는 새로운 성격의 모세를 묘사하고자 했다. 그는 교황의 장례 기념물을 제작하면서 전혀 다른 모세, 역사적 인물이나 전해져 내려오는 이야기 속의 인물보다 훨씬 더 위대한 모세를 만들어내고자 했다. 그는 부서진 율법 석판의 모티프에 수정을 가해서, 모세가 격렬한 분노를 참지 못해 율법 석판들을 부순 것으로 묘사하지 않았으며, 오히려 반대로 율법 석판들이 부서질지도 모른다는 우려 때문에 자신의 분노를 삭이는 모세를 묘사했다. 이렇게 그의 분노는 행동으로 옮겨가려는 도중에 억제된다. 이렇게 함으로써 미켈란젤로는 새롭고, 더 위대한 초인적인 것을 모세상에 끌어들였다. 모세상의 강인한 육체적 볼륨과 힘이 넘쳐나 보이는 근육질 등은 인간이 다다를 수 있는 최고 수준의 정신적 성취를 육체적으로 표현한 것이다. 프로이트는 미켈란젤로가 구현한 모세는 자신이 떠맡은 위대한 사명 使命 을 위해 자신의 격정을 누르는 인간이며 그것이야말로 인간으로서 도달할 수 있는 또 하나의 뛰어난 성취임을 지적하고 있다.

　이와 같이 프로이트는 자신의 정신분석학적 해석의 관점에서 성서가 무오류의 수미일관한 텍스트가 아니라는 합리적 신념의 기초 위에서 미켈란젤로의 모세상을 해석한다. 그는 미켈란젤로가 성서에서 묘사되는 것처럼 분노에 가득차 율법 석판을 내던져 깨트리는 모세가 아니라, 그러한 분노를 억제하여 자신의 사명을 완수해 내는 더 높은 초인적 성격의 모세를 묘사하고자 했다고 주장한다. 이 또한 정신분석학적 해석에 대한 프로이트 자신의 믿음, 신념에 기초한다. 미켈란젤로의 모세상을 성서에서 묘사되는 그대로 배교와 우상숭배에 대한 분노를 표출하는 것으로 받아들이는 '성스러운 믿음'과 '맹목적 신앙', 그리고 성서에 보이는 비논리성, 오류와 모순을 지적하면서 그것을 정신분석학적 논리를 바탕으로 재구성하여 성서의 묘사와는 다른 새로운 해석을 하고자 하는 '합리적 신념', 우리는 어떤 믿음을 따를 것인가?

이렇듯 믿음이라는
말이 지니는 내포 또는
함의가 상반되게
나타나는 것이라면
도대체
인류가 걸어온 길에서
믿음은 어떤 형태로
모습을 드러내는가?
몇 개의 그림을 통해
이 물음에 다가가 보자.

조재휘

영화평론가로 씨네21 필진이자 국제신문에 영화 칼럼을 연재 중이다. 영화 〈아가씨〉2016 메이킹 북 『아가씨 아카입』을 집필했고 전주국제영화제, 부천국제영화제 모더레이터, 부산국제영화제 대중화위원회 POP-COM 진행위원, 영화진흥위원회 영화제 평가위원 등 영화와 관련한 여러 분야에서 활동 중이며 2020년 『시네마 리바이벌』을 펴냈다.

선생과 제자 사이

동행의 풍경에 관한
세 편의 조각들

〈파인딩 포레스터〉 2000 와
〈굿 윌 헌팅〉 1997 선생 되기
: 아버지처럼, 친구처럼

한국에서는 교육에 대한, 엄밀하게는 선생 - 제자 관계에 대한 모종의 일그러진 인식이 퍼져있는 듯하다. 예컨대 〈위플래시〉 2009 에서 음악학교 밴드부를 지휘하는 플레처 선생과 드럼 연습에 매진하는 앤드류의 관계를 바라보는 일각의 반응을 들 수 있다. 제자를 한계로 몰아붙이고 더 '많은 것을 뽑아내도록 닦달 her-aus-forden '하는, 인격적 교류는 없는 일방적인 '채찍질 Whiplash '을 두고 긍정적으로 평가하는 건, 우리 사회에 결과 지상주의, 목적이 수단을 정당화한다는 마키아벨리즘적 사고방식과 더불어, 선생 - 제자의 관계를 상하 우열의 권력 관계, 수직적 위계로 바라보는 인식이 만연해있음을 반증하는 것인지도 모른다.

그러나 선생 - 제자 간의 관계는 때로는 그보다 세밀하고
도 섬세한 통찰을 필요로 한다. 거스 반 산트의 〈파인딩 포
레스터〉2000 와 〈굿 윌 헌팅〉1997 은 선생 - 제자 관계에
서 오가는 상호작용의 복잡미묘함을 드러내 보이며 사고의
전환을 요구한다. 먼저 〈파인딩 포레스터〉의 경우. 거리를
배회하며 농구로 소일하고 학교 공부를 도외시하던 흑인 소
년 자말은 우연한 계기로 한 노인의 아파트에 침입하게 된
다. 그곳은 약관의 나이에 등단해 문단의 천재로 주목받았
지만, 가족을 잃고, 작품을 이해해주지 않는 평단에 실망한
나머지 세상의 이목을 피해 은둔 생활을 하던 작가 윌리엄
포레스터의 집이었다. 이후 교분을 이어가면서 자말에게서
비범한 문재 文才 를 발견한 포레스터는 나름의 방식으로 자
말에게 글쓰기의 실제를 가르치게 된다.

가방에 담긴 자말의 노트를 읽은 포레스터는 일일이 짤
막한 논평을 달아주고는 다시 노트를 담아 가방을 창밖으
로 던진다. 그때부터 자말은 포레스터의 집을 찾아가며 글
쓰기 수업을 받는다. 이 과정은 〈일 포스티노〉1994 에서
네루다가 우편배달부를 가르치는 것처럼 친절하게 이뤄지
진 않는다. 그러나 '꼴은 아직 틀을 제대로 만나거나 통과
해보지 못한 자아 ego 이며, 그 자아의 생각들과 기분들이
며, 그 변덕들과 허영들인 것이다.' 김영민, 『집중과 영혼』 2017 중,

「예yea, 예禮, 예藝」 이때까지 훈육 받지 못해 다듬어지지 않은 '꼴'에 지나지 않았던 자말은 포레스터라는 이름의 '틀'을 만나게 되면서 자신을 담금질하게 되고, 그러한 배움과 사귐의 과정을 통해 자신만의 글과 독립된 자의식, 즉 형形을 빚어가는 변증법적 변화를 경험한다.

선생 - 제자 관계로서 포레스터와 자말의 사귐은 선불교의 여러 일화를 떠올리게 한다. 스승이 도발적으로 던지는 화두를 받은 제자가 여러 날을 골몰하다 자신의 깨달음을 내놓는 것처럼, 포레스터는 젊은 시절 자신이 신문에 기고한 글의 제목을 자말에게 주되, 그로부터 자말 본인의 언어를 길어 올리도록 유도한다. 〈파인딩 포레스터〉에서 두 사람의 관계가 감동을 주는 건, 그 사이에 서로에 대한 믿음이 축적되고 있음을 은연중에 보여주고 있기 때문이다. 자말은 포레스터의 도도하고 고압적인 표현 이면에 신뢰와 우정이 쌓여가고 있음을 느끼고 수업을 지속한다. 포레스터 또한 티를 내지 않을 뿐 나날이 늘어가는 제자의 성장을 진심으로 기뻐한다.

자말은 본받을 표상을 넘어 포레스터에게서 생물학적 친부를 대신할 아버지의 자리를 찾고, 가족을 잃은 채 세상과 단절해 살던 포레스는 자말을 아들이나 다름없는 존재로 여긴다. 'finding forrester'는 틀로서의 선생을 찾는 것과 동시에 인격적 유대감으로도 묶인 이상적 선생의 상像, 제자-아들에게 세상을 살아갈 방법과 도리를 깨우쳐주는 선생-아버지를 탐색하는 신화적 여정인 셈이다. 이런 식의 유사 부자父子에 준하는 정서적 유대는 제도화된 선생-제자의 피상적인 관계망에서는 조형되기 어려운 것이다. 그래서인가, 영화는 제자를 질투하고 앞길을 막으려는 그릇된 선생의 표상으로 크로포드 선생 공교롭게도 배우가 〈아마데우스〉 1984의 살리에리로 유명한 F. 머레이 에이브러햄이다. 을 배치해 포레스터와 대위적 구성을 이루며 작중의 의미를 강화한다. 글의 제목이 젊은 시절 포레스터가 쓴 것과 같다는 이유로 크로포드 선생은 자말의 글을 표절이라 주장하고 자말은 궁지에 몰린다.

그리고 퇴학 처분이 내려지려는 결정적인 순간 포레스터 본인이 직접 나타나 자말을 위기에서 건져낸다. 이때 창문을 여는 일만으로도 다리를 떨며 버거워하는 포레스터를 집 밖으로 끌어낸 건 자말과의 상호작용 속에서 얽힌 인연의 선이다. 흔히 가르침과 배움은 일방적인 방향으로 이루어진다고 생각하기 쉽지만, 때로는 제자가 선생으로부터 배우는 것 못지않게 선생도 제자와의 교우, 사귐의 과정에서 모종의 영향을 받으며 성장한다. 포레스터가 자말에게 준 가르침만큼이나 자말 또한 포레스터에게 영감을 주었고, 고립에서 벗어나 새로운 삶을 찾도록 자극했던 것이다. 〈파인딩 포레스터〉는 지속적인 상호작용을 거치면서 믿음으로 결속된 선생-제자의 관계가 유사 가족의 구도로까지 발전하면서, 연령과 인종의 벽을 넘어 결핍된 서로의 상처를 보듬고, 믿음의 연대를 쌓아 올리는 진풍경을 펼쳐 보인다.

이보다 앞서 발표한 〈굿 윌 헌팅〉에서 거스 반 산트는 이와는 다소 상반된 선생-제자 관계의 다른 국면을 그려낸다. 선생을 통해 구원을 찾는 제자의 이야기라는 큰 틀은 동일하지만, 〈파인딩 포레스터〉에서 자말이 포레스터를 찾아간다면 〈굿 윌 헌팅〉에서는 반대로 타인을 필요로 하지 않는 한 오만불손한 청년과 그를 찾아온 선생으로 관계가 뒤집혀있다. MIT 대학의 수학교수 램보는 제자들에게 어지

영화 〈굿 월 헌팅〉

간한 석학들도 풀기 어려운 수학의 난제를 제시하고 이것을 푸는 사람에게 학계에서 두각을 보일 기회를 주겠다고 제안한다. 문제는 단 하루 만에 풀리고 마는데, 청소부이자 수위로 일하던 청년 윌이 복도의 칠판에 해법을 끄적여 놓은 것이다. 램보 교수는 윌에게서 천재의 자질을 엿보고는 재능을 꽃피울 수 있도록 그를 돕고자 한다. 그러나 윌은 뛰어난 지성과는 반비례하듯 충동적이고 거친 성격을 갖고 있었고 램보의 주선으로 만난 정신과 의사나 각 분야의 교수들을 철저히 농락하며 모욕감을 안겨준다.

그랬던 윌이 전환점을 맞는 건 램보 교수가 또 다른 정신과 교수이자 동창인 숀과의 만남을 주선하면서부터이다. 숀은 램보의 방향이 잘못되었음을 지적하며 외친다. "문제는 윌이야, 그 애는 좋은 애라고! 네 녀석이 지금처럼 그 애를 몰아세우게 냅두지 않겠어!" 숀은 램보와 달리 그를 당대의 난제를 해결할 천부적인 수학 영재라는 식의 수단으로 대하지 않았다. 대신 위악적이고 거친 행동의 이면에 감추어진, 불행한 과거로 상처입고 마음의 문을 닫아버린 불쌍한 영혼을 꿰뚫어 보았다. 윌과의 만남과 사귐에서 숀이 실패하지 않았던 근본적인 요인은 태도의 차이에 있었다. 램보와 그가 붙여준 다른 석학들은 윌의 재능에만 관심을 가지고, 그의 비사회성을 교정하고 바로잡아야 할 계몽의 대

타인

상으로 보았지만 정작 한 인격으로서는 대하지 않았다. 반면 숀은 자신의 경험과 감정을 공유하며 윌로 하여금 스스로 이야기를 털어놓도록 대화의 장으로 이끌었다.

램보와 그의 동료들은 윌에게 자신들의 욕망과 필요를 투사했지만, 숀은 윌이 진정으로 필요로 하는 것이 무엇인지를 알고자 했고, 동등한 눈높이에서 대화에 임했다. 차츰 마음의 문을 열게 된 숀은 자신의 과거와 정직하게 대면하며 카타르시스를 느끼고, 자신을 둘러싼 사람들의 감정을 헤아릴 줄 아는 열린 마음의 소유자로 거듭나게 된다. 위에서부터의 시선 上から目線 으로 측은하게 내려다보는 동정 sympathy 이 아니라, 서로의 문제를 솔직히 공유하는 공감 empathy 의 전략을 취했기에 윌의 영혼을 자신만의 감옥에서 끄집어낼 수 있었던 것이다. 가르침과 배움은 반드시 위에서 아래를 향해 전달되어야만 하는 것이 아니다. 거스 반 산트는 이 두 편의 영화를 통해서, 정서적 유대감과 신뢰로 묶인 유사 부자 父子 관계, 또는 수평적 동반자의 관계로 선생 - 제자 관계 양상의 이상적, 대안적 형태를 탐색하고자 한다.

〈츠바키 산쥬로〉 1962
시대를 책임지는 어른의 초상

일본 영화의 전성기를 이끈 거장 구로사와 아키라는 필모그래피의 일부에서 선생-제자 관계의 모티브를 중요한 소재로 다룬 바 있다. 감독 경력의 출발점인 데뷔작 〈스가타 산시로〉 1943 부터가 유도 사범의 문하로 들어가 수련 끝에 깨달음을 얻은 한 유도 선수의 이야기였고, 〈7인의 사무라이〉 1954 에서는 늙은 사무라이 칸베에게서 배울 점을 발견하고 따라다니는 청년 카츠시로가 등장한다. 만년의 작품인 〈꿈〉 1990 은 미래 세대의 세상을 염려하는 어른의 관점에서 만든 영화였고, 수필가 우치다 켄 內田百閒 : 1889~1971 의 전기 영화인 마지막 작품 〈마다다요〉 1993 는 교직에서 은퇴한 선생과 사회인이 된 이후에도 선생의 문안을 여쭙는 제자들의 모습을 그린 작품이었다. 공교롭게도 구로사와의 영화 속 주인공들은 미숙한 제자로 출발해 경험을 쌓아 선생이 되어가는 성숙의 여로에 놓여있는 셈이다.

전체 31편의 영화 중에서도 이러한 선생-제자 관계의 모티브가 영화 전반에 걸쳐 핵심 요소로 드러나는 작품은 에도 시대 빈민 의료시설의 의사와 수습생을 다룬 〈붉은 수염〉 1965 과 사무라이 활극 〈요짐보〉 1961 의 속편 격인

〈츠바키 산쥬로〉 1962 일 것이다. 〈츠바키 산쥬로〉의 경우를 보자. 번 藩: 영주가 맡은 지역 내 관리들의 부정부패를 알게 된 일군의 젊은 무사들은 사실을 밝히고 정치를 개혁하려 하지만, 적들의 계략에 넘어가 소탕당할 위기를 맞는다. 이때 산사의 같은 건물 한구석에서 자고 있던 방랑객 산쥬로는 젊은이들의 곤경을 눈치채고 이들을 구해낸다. 이후 젊은이들과 행동을 같이한 산쥬로는 기지를 발휘해 부패한 관료들을 함정에 빠뜨려 사건을 해결하고, 마지막 숙적을 베어버린 후 다시 유랑길에 오른다.

이 영화의 스토리가 기묘한 건 주인공인 산쥬로가 젊은이들을 돕는 동기에 대해서 명확히 설명하지 않는다는 점에 있다. 배우 미후네 도시로가 짓는 특유의 미간을 찌푸린 표정은 분명 정의를 실현하려는 의기로 순수하지만, 정작 무엇을 해야 하는지 모르고 헤매는 젊은이들을 안쓰러운 심정으로 바라보는 기성세대의 심정을 투영하는 것처럼 보인다. 산쥬로는 잠깐의 숙박과 끼니 외에는 어떠한 득도 없는 싸움에 나서서 활약하고, 종국에는 자신에게 주어질 포상을 등지고 사라진다. 그런 그와 반대 극점에 있는 인물이 부패한 관료 휘하의 행동대장으로 활동하는 한베다. 그는 산쥬로처럼 영민한 두뇌와 뛰어난 검술 실력의 소유자이지만 선악의 분별없이 오로지 자신의 이익을 위하여 부패한 관료의 편에 선다.

〈츠바키 산쥬로〉는 액션 활극이지만 한편으로는 〈파인딩 포레스터〉와 유사한 관점에서 미래 세대-아들들을 훈도하려는 기성세대-아버지의 입장을 드러내는 영화이기도 하다. 사회학적인 관점에서 보면 아버지는 세상의 질서와 권력, 책임을 짊어지는 남성적 미덕 virtu 을 상징하는 존재이다. 아버지는 어머니와는 달리 아들을 살갑게 대하지 않는다. 그에게 중요한 건 정서적 친밀감보다는 세상에 첫발을 디디며 시험에 들게 될 아들의 안위이다. 혈연으로 이어져 있지는 않지만, 유사 아버지로서 산쥬로는 시종일관 유사 아들들인 젊은 아들들의 미숙함을 꾸짖고 해야 할 일과 해서는 안 될 일의 분별을 가르친다. 애써 태연한 척하고 있지만, 이 아버지는 아들들이 세상에 존재하는 악과 적들의 음모에 휘말려 희생될 것을 염려하며 노심초사한다. 산쥬로라는 가명을 쓰는 이 상징적 아버지는 자신의 시대가 부패하고 타락했음을 알고 있으며, 다음 시대를 짊어질 아들 세대에게 짊어지기엔 이 시대의 짐이 버겁다는 것을 알고 있다. 그래서 자신의 대에서 칼을 휘두르고, 피를 뒤집어쓰고는 시대의 무대에서 퇴장해버린다.

영화의 말미에서 젊은 무사들의 배웅을 받으며 산쥬로

가 언덕 너머로 사라지는 순간, 구로사와는 〈7인의 사무라이〉 때 그랬던 것처럼 정통 서부극의 익숙한 구도를 일본식 시대극에서 재현해버린다. 기성세대는 정리된 세상을 다음 세대에 물려줄 수 있지만, 정작 자신들 스스로의 시대착오성을 쓸어안고 시대와 함께 저물어가는 편을 택한다. 〈수색자〉 1956 에서 조카딸을 구해낸 존 웨인이 끝내 집으로 상징되는 새로운 시대로 들어오지 않고, 문밖의 황야로 쓸쓸히 걸어 나가는 것처럼, 산쥬로로 표상되는 기성세대는 언덕 능선 너머, 역사의 저편으로 사라지면서 상징적인 죽음을 맞는 것이다. 존 포드와 구로사와가 소묘하는 이러한 세대교체의 순간, 시대에 대한 책임을 짊어지는 어른의 초상은 뒷날 클린트 이스트우드가 〈그랜 토리노〉 2008 에서 인종차별주의자이지만 베트남계 이민족을 위해 자신을 희생

영화 〈츠바키 산쥬로〉

하고 갱단을 소탕하는 한 노인의 모습으로 외양을 달리하며 반복된다.

나이 든 무사 산쥬로는 젊은 무사들에게 말한다. "좋은 칼은 그 사람의 칼집에 머물 줄 알지. 너희는 너희의 자리에 머물러라" 이 대사는 〈7인의 사무라이〉의 말미에서 "이긴 건 저 농민들이야"라 외치던 것처럼, 패전을 경험했던 기성세대의 시대는 끝났으며 앞으로의 일본 사회는 다를 것임을 선언했던 것의 연장선에 있는 것처럼 들린다. 지난 역사의 상처를 끌어안고 사라지는 기성세대의 이미지는 비록 실패작이긴 하지만 〈8월의 광시곡〉 1991 의 마지막에 폭풍우 속으로 걸어 들어가는 할머니의 모습으로 다시 나타나게 된다.

사제 간 동행의 풍경
믿음은 어디에서 출발하는가?

이상의 영화들은 기본적으로 선생-제자 관계를 그린다는 한 점으로 수렴되지만, 다른 한 편으로는 다른 존재들의 '섞임'에 대한 영화이다. 〈파인딩 포레스터〉는 슬럼가의 흑인 청년과 노년의 백인 작가가 사제의 연을 맺기까지, 〈굿윌 헌팅〉은 노동자 청년과 중년의 중산층 지식인이 동행 同

行 하며 스스럼없이 말을 섞기까지의 과정을 따라간다. 그러나 다름과 다름이 마주치는 첫 대면의 순간은 결코 평화롭지 않다. 포레스터는 자신의 영역을 침범해온 흑인 청년을 호통으로 쫓아냈고, 윌은 다른 교수나 전문가들에게 그랬던 것처럼 조각배 한 척의 그림에서 숀의 삶을 잃어내고 조롱하며 찢어발기려 들었다. 면식이 없던 사이라는 점 말고도 이들의 사이에는 세대 간 문화의 차이, 계급의 차이가 놓여있다. 그럼에도 두 영화의 인물들이 만나고 사귐을 이어나갈 수 있었던 건 '다름'에 관한 인식이 통념과 달랐기 때문이다.

오늘날 한국 사회를 둘러보면 다른 연령대의 사람들이 어울려 다니는 광경은 좀처럼 찾기 어렵다. 하나의 세계를 공유하고 살아가면서도 정작 관계는 차단되어있는 상황은 그만큼 우리가 '다름'을 받아들이는 데 익숙하지 않으며, 더 나아가 '다름'을 두고 넘을 수 없는 '장벽'으로 인식하고 있다는 사실을 보여준다. 우리는 '다름'을 두고 '얼마든지 만나고 섞일 수 있는 다양한 존재들'이 아니라 서로 다른 공간을 점유하는 '단절된 덩어리들'로 사유하는데 길들여 있다. 이런 상황에서는 소통의 여지가 발생하지 않는다. '섞임'이 아닌 '단절'이 '다름'을 대하는 태도의 기본이 된 사회에서 의사표현은 쌍방향을 오가는 '소통'이 아니라, 일방적으로 '전달'하는 식으로 이루어지기 십상이다.

다른 입장과 의견의 섞임이 이뤄질 수 있는 '공론장' 하버마스에 대한 공통의 합의가 없는 상태에서, 의사 표현이 수직적 위계의 맥락 없이 일방적으로 이뤄지고, '다름'에 대한 이해와 존중 없이 일방적인 주장만을 강요받는 상태에서는 상호 간의 신뢰감이 조성될 수 없다. 〈파인딩 포레스터〉와 〈굿 윌 헌팅〉의 인물들이 '다름'을 넘어선 유대감과 신뢰를 형성하게 되는 건, 이들이 서로에게서 '같음'의 조건을 찾았기 때문이 아니라 '다름'을 삶의 전제로 받아들이고, 각자가 완전히 이해할 수 없는 타자임을 인정하며 감내하려는 노력을 꾸준히 기울여왔기 때문이다. 수평적 관계에서의 대화와 존중, 서로의 다름에 익숙해지고 길들여질 수 있는 공감과 교환의 장을 갖는 것이 신뢰감의 형성에 있어 중요함을 영화는 잘 보여준다.

거스 반 산트의 두 영화가 서구적인 맥락에서 우정의 연대를 보여준다면, 구로사와 아키라는 동아시아적 사제 관계의 전통 속에서 이를 풀어나간다. 지체 있는 집안 출신인 젊은 무사들은 산쥬로의 도움으로 위기에서 벗어나긴 하지만, 출신을 알 수 없는 그를 두고 자신들의 거사를 밀고할 것인지, 첩자는 아닌지를 의심한다. 얼핏 보기에 돈을 밝히고 행색도 건달 같은 산쥬로가 젊은 무사들의 신망을 얻게 되는 건 동행의 과정에서 몸소 본보기를 보였기 때문이다. 먼저

산 사람 先生 으로서 경험한 삶과 세상의 진실을 가르치고, 몸소 실천하며 책임을 짊어지는 유사 아버지로서의 사무라이. 〈츠바키 산쥬로〉는 입으로만 내뱉는 구두선 口頭禪 이 아니라, 도덕적 실천의 주체가 되어 주변을 감화시킨다는 유가적 스승상의 이상을 통해서 세대 간 믿음과 연대의 테마를 그려낸다.

한때 한국영화에선 어떤 이유로 진지한 아버지 서사를 대면할 수 없었는가를 두고 고민에 빠진 적이 있었다. 동시대의 문화예술은 동시대 사람들이 공감할 수 있는 공통의 인식 endoxa 에 기반하기 마련이라는 아리스토텔레스의 지적처럼, 세대가 공감할 수 있는 아버지 서사의 부재란 결국 상징적 아버지로서의 기성세대에 대한 믿음을 가질 수 없었

영화 〈파인딩 포레스터〉

던 역사 현실의 경험이 쌓인 결과라 생각했다. 세대 간 갈등의 골이 깊어져 가고 소통의 문이 좁아져 가는 현금 現今 의 세속에서, 예시로 든 세 편의 영화들은 여전히 울림이 크고, 시사하는 바가 적지 않다. 미래 세대의 고통에 공감과 연민의 시선을 보내며 시대의 문제를 짊어지려는, 옳은 본보기를 보여주고자 하는 어른의 초상을 돌아보면서 끊어진 믿음의 실을 어떻게 이을 수 있을지를 두고, 영화가 내비치는 일리 —理 들을 되짚으며 고민하게 된다.

타오

오늘날 한국 사회를 둘러보면
다른 연령대의 사람들이
어울려 다니는 광경은
좀처럼 찾기 어렵다.
하나의 세계를 공유하고
살아가면서도 정작 관계는
차단되어있는 상황은
그만큼 우리가 '다름'을
받아들이는 데
익숙하지 않으며,
더 나아가 '다름'을 두고
넘을 수 없는 '장벽'으로
인식하고 있다는 사실을 보여준다.

심상교

부산교육대학교 국어교육과 교수. 고려대 국어국문과와 동대학원을
졸업했다. 동해안별신굿과 영남지역 민속가면극을 중심으로 전통연희
의 연행성 등을 연구하고 있다. 요즘은 한국 민속신앙 속의 신격에 대
해 연구하고 있다.

필자

무병 앓기부터
내림굿까지

신이 존재하느냐고 묻는 경우가 있다. 여기서의 신은 기독교에서 의미하는 신이 아니라 성립종교 established religion 에서 논의되는 절대적 존재를 의미한다. 그리고 민속신앙에서 흔히 모셔진다고 표현되는 어떤 대상이다. 성립종교란 경전이 있으며, 사제 양성과정이 분명하고, 교단이 형성되어 있는 경우를 의미한다. 성립종교에서는 신이 존재하는 경우도 있고, 절대적 존재지만 신이라고 말하지 않는 경우도 있다.

성립종교는 아니지만 무속에서는, 신이 존재한다고 정리된다. 무속에 신이 존재한다고 볼 수 있는 근거는 신과 소통하는 무당들의 설명 때문이다. 무당은 신의 존재를 확신하며 신의 모습을 구체적으로 설명하기도 한다. 무신도가그것이다. 신의 형상을 그린 무신도는 아주 많이 존재한다.무신도 속, 신은 사람과 닮았다. 장군신들은 갑옷을 입고 있으며 대감신들은 대감모자인 벙거지를 주로 쓴다. 무당의설명이 아니라도 우리 조상들은 삶, 여러 곳에 어떤 절대적존재가 있다는 점을 인정하고 살았다. 민속신앙에서 우리 조상들은 여러 신격을 자신의 삶 속에 새겨 놓았다. 집안의 대표 신격인 성주신, 산에는 산신, 부엌에는 조왕신, 우물에는 우물신 등이 있다. 자연신, 인격신 등이 바로 그들이다.

민속신앙 속의 신이 실재하는가를 과학적으로 증명할 수 없다. 증명할 수 없다는 것은 신이 실재하지 않기 때문이라고 볼 수도 있지만, 과학적 증명의 범위를 넘어선 문제로 볼 수도 있다. 신의 실재 여부를 과학적으로 증명하는 것은 불가능하지만 언어유희로는 증명이 가능하다. 증명의 시작은 이름과 관련된다. 형태가 분명하든 분명하지 않든 존재하는 모든 것에는 이름이 있다. 형태가 분명한 형광등 손 발 소립자 등은 모두 존재하기에 이름이 있다. 형태가 분명하지 않아 눈에 보이지는 않는 도덕 윤리 문화 등도 우리 삶에 분명히 존재하며 존재하기에 이름이 있다.

신의 존재 여부와 관련된 논의에서 신은 인간이 창조하였다는 주장이 있다. 아주 오래전에 두려움과 불안을 잊기 위해, 인간은 믿고 의지하기 위해 어떤 절대적 존재를 만들었고, 그 존재가 바로 신이라는 것이다. 신은 원래 없었는데, 인간의 두려움이 만들어낸 의지처가 신이라는 것이다. 이는 진화론에 근거한 것이다. 이와 배치되는 창조론에서는 신이 인간을 창조하였다고 한다. 어느 것이 옳고 어느 것이 그른가에 대한 논의는 소개하지 않는다. 이 글은 무속 현상을 설명하는 데 목적이 있기에, 무속 현상 설명과 관련되는 부분을 중심으로 서술한다. 인간이 신을 창조했다고 전제한다면 이런 전제는 신의 실재 여부와는 어떻게 연결될 수 있는가.

인간이 신을 만들었다면 인간이 창조자이고 신은 피조물이 되는데, 창조자가 분명하고 피조물도 분명하기 때문에 신은 당연히 존재하는 것이다. 언어유희적 측면에서 이 논의를 확대해 보자. 인간은 여러 가지를 창조했다. 컴퓨터 자동차 스마트폰 이런 것들은 모두 인간이 만들었다. 컴퓨터 자동차 스마트폰은 피조물이고 인간은 창조자인 셈이다. 인간이 무엇인가를 만들 때는 대개 필요에 의해 만든다. 필요에 의해 만들었다고 해도 인간은 이 피조물에 종속되는 경우가 많다. 컴퓨터 자동차 스마트폰이 인간의 창조물이지만 이미 인간은 이에 종속되었다. 법과 제도도 마찬가지다. 인간이 만든 것이지만 인간은 법과 제도에 종속된다. 이처럼 신도 인간이 만들었으나 인간이 만든 세계에 종속되었다는 것이다.

이런 맥락에서, 신은 존재한다. 물론 과학적으로는 증명할 수는 없다. 다만, 민속신앙 속에 신의 존재가 용인되었다는 의미다. 어떤 면에서 신은 무속 현상 이상으로 우리 삶과 관련을 맺어 왔다. 초과학문명 시대에도 이런 현상은 변하지 않을 것으로 보인다. 때문에 무속 현상은 비과학인 채로 우리 곁에 오래 머물 것이다.

예언이란, 말 그대로 미래에 일어날 일을 미리 언어로 표현한 것이다. 미래에 일어날 일은 정확히 알 수 없다. 그렇기 때문에 무병 증상자나 무당의 예언 언사들은 사실상 신뢰할 수 없다. 하지만 예언한 사건이 실제로 발생하는 경우가 있다. 우연의 일치지만 무당의 예언이 놀라운 경험을 제공하는 경우이다. 놀라운 경험을 제공하는 일을 예언 적중률이라고 한다면 적중률이 어느 정도여야 훌륭한 무당인가. 기준은 없다. 적중률 높은 무당을 만나기 위한 팁은 있다.

무속 연구자들의 의견을 종합하면 대체로 무당과 점사 의뢰자 고객 사이에, 정신적으로 상통하는 부분이 많으면 적중률이 높아진다. 정신적으로 상통하는 부분이 많아지려면 서로 이야기를 많이 나눠야 한다. 무당과 고객이 서로 자주 만나야 하는 것이다. 그렇다고 무당을 자주 찾아가야 한다는 의미는 아니다.

정신적 상통 부분이 확대되면 친숙한 관계가 되고 그러면 서로 유사한 점을 많이 발견하게 된다. 유사한 점을 많이 발견하면 상통의 통로가 생기는 것이고 예언 적중률이 높아질 수 있다는 것이다. 자주 소통해도 서로 유사한 점을 발견하지 못하는 경우도 있을 것이다. 그런 경우는 당연히 예언 적중률이 높아질 수 없다. 이런 것은 과학적으로 증명되지도 않았고, 증명할 수도 없다. 연구·조사 과정의 경험적 추정일 뿐이다.

2017년 5월 21일, 포항 구룡포항 동해안별신굿 문굿에서 맞춤을 추는 김동언, 김정숙 무녀. 문굿은 굿을 시작하는 문을 연다는 의미를 갖는다. 김용택이 문굿을 쳤고 몇 명의 무녀가 문굿에 이어 맞춤을 추었다.

그러면, 무병 巫病 에 걸리는 사람들은 어떤 사람들인가. 정확한 통계는 없었지만 대체로 마음이 순결한 사람들에게 신이 내리는 것으로 조사되었다. 마음이 순결하지 않으면 신이 좌정할 공간이 없는 것이다. 백지에 그림 그리기 쉽듯이, 신도 마음이 백지 같은 인간에게 신 자신의 계획을 편하게 그리고 그 계획대로 사람을 조정하려는 것으로 보면 된다. 운명적으로 신을 받게 되는 경우도 있다. 과거에는 학교에 다닐 기회를 갖지 못한 사람 중에서 신내림을 받는 경우가 있었다. 이런 경우 강신의 운명이 예견되어 있었기에 학교에 가지 못했다고 해석하기도 했다. 요즘에는 절대다수가 고학력자들이다. 과거와 달리 고학력자 임에도 신내림을 받은 경우가 있다. 이 경우에도 운명 탓으로 돌리기도 한다.

어떤 면에서, 내림굿을 받은 무당 모두가 신이 계획한 것으로 신을 받을 수밖에 없었다고 해석한다.

인간에게 강신되는 신들은 어떤 존재인가.

강신되는 신으로는 조상인 경우가 많다. 할아버지 할머니 혹은 부모님 등이 조상이다. 이미 돌아가신 분들이다. 돌아가신 조상이 후손들에게 강신되어 자신의 존재를 이승에서 확인받고 연장하며, 후손들이 자신의 도움으로 밥 먹고 살 수 있게 하려고 후손에게 강신된다고 설명할 수 있다. 조상 외에 최영 장군 임경업 장군 선덕여왕 등의 위인이 강신되기도 한다. 이들이 몸주신이 된다. 무속에서는 기본적으로 여러 신을 모시기 때문에 몸주신만 중요한 것은 아니다.

강신되었다는 점은 어떻게 확인되는가. 그리고 어떤 신이 내렸는지는 어떻게 확인하는가. 내림굿을 통해 확인한다. 내림굿과 관련된 것 중에 배우 박신양이 주연으로 등장한 영화 〈박수무당〉이 있다. 조폭의 2인자인 박신양은 신이 내려 무병을 앓다가 결국 내림굿을 받고 무당이 되어 굿도 하고 점사도 보는 내용인 영화다. 무병 현상부터 내림굿까지의 과정이 실제 사례 소개처럼 드라마화된 작품이다. 이 영화에서 박신양이 무병을 앓을 때 일반인들은 듣지 못하는 소리를 듣기도 하고, 미래를 보기도 하며 다른 사람의 미래에 대한 예언 언사를 행하기도 한다. 내림굿 장면도 실제 내림굿과 거의 동일하다. 강신된 신의 존재를 찾으려는

2016년 2월 14일, 기장 이천리 동해안별신굿 연행 중 할매당^{부인당} 앞에서 부인굿을 연행하는 서한나 무녀. 이천리 부인당은 오영수의 소설 『갯마을』의 배경이 된 곳에 있다.

신어머니의 물음도 있고, 부채를 들고 덩실덩실 춤을 추는 도무를 하다가 방울이 숨겨진 곳으로 달려가 방울을 찾아내기도 한다. 영화 속 내림굿 장면들이 실제 내림굿과 다를 바 없이 표현되었다.

내림굿은 보통 10시간 이상씩 진행된다. 내림굿의 핵심은 강신된 신의 존재를 확인하는 것이다. 확인이 되지 않아 드물지만 다른 날짜에 다시 내림굿을 하는 경우도 있다. 내림굿은 대개 굿당에서 진행되는데 굿당은 대체로 도심에서 멀리 떨어진 산속 막다른 곳에 마련되어 있다. 내림굿을 할 때 국악기 등의 연주 소리가 크기 때문에 도심지역 야간에서 진행하기는 어렵다. 내림굿이 장시간 진행되기 때문에 조사자들이나 입무자의 지인들은 점심 저녁을 먹으면서 내림굿을 보게 된다. 입무자 자신은 보통 식사를 거르며 내림굿에 몰입한다. 무당춤의 대명사처럼 되어 있는 아래위로 펄쩍펄쩍 뛰는 도무는 육체적으로 상당히 고통스러운 동작이다. 하지만 신이 내린 입무자는 일반인처럼 고통을 느끼지 않은 채 장시간 도무를 이어가기도 한다.

내림굿이 장시간 진행되던 중, 입무자가 오방신장 앞세우고 내가 왔다며 자기 몸에 들어 온 신이 누구인지를 말한다. 강신된 신을 확인하면 내림굿은 마무리되는데 이후 작두를 타거나 하여 입무자에게 강신된 신령을 과시하는 행위가 이어지기도 한다. 이때 내리는 공수에 복이 많이 들었다는 속설 때문에 여러 사람들이 복을 비는 비손을 한다. 내림굿은 무병 증상자가 신의 세계로 들어갔다는 점을 공식화하고 환영하는 의식인데, 무병을 앓는다고 모두 내림굿을 하는 것은 아니다. 내림굿 없이 무업을 이어가는 경우도 많다.

학술적으로 무당은 굿을 할 수 있는 능력을 가진 사람을 의미한다. 굿을 하기 위해서는 혹독한 수련과정을 거쳐야 한다. 굿 의뢰자나 굿 구경꾼에게 공수를 내리면서 대중을 장악하는 능력도 있어야 하고 음악적 감성에 춤의 미학도 터득해야 한다. 굿을 할 능력은 쉽게 획득되는 것이 아니다. 즉, 무당 되기가 쉽지 않다는 것이다. 일상적으로 사용하는 무당의 의미는 점사를 보는 신 내린 사람 정도이다. 학술적 개념이든 일상적 의미든 모두 각각의 의의를 지닌다.

2016년 2월 14일, 기장 이천리 동해안별신굿 굿당에서 내당 세존굿을 연행 중인 김영숙 무녀. 굿당은 할배당 앞에서 연행되었다. 세존굿은 여러 의미가 있으나 자손 번창을 비는 내용이 제일 두드러진다.

그런데 신이 내리지 않은 무당도 있다. 신이 내리지 않은 무당의 굿은 진도 통영 거제 부산 광안리에서 강원도 고성 사이의 바닷가 마을에서 많이 연행된다.

　신이 내리지 않은 무당을 보통 세습무라고 지칭한다. 세습무는 부모 모두 혹은 둘 중 어느 한 분이 무당을 하다가 무당의 기능과 예능을 자식들에게 전수해 준 경우를 의미한다. 그런데 요즘은 혈연관계 밖에 있는 일반인에게 무업을 학습시켜 무당 역할을 전승시키기도 한다. 세습무는 예능적 자질이 뛰어나고 음악적 감각이 뛰어난 인물이 무가를 암기하여 굿을 연행하는 존재라고 할 수 있다. 세습무의 굿은 민속신앙적 요소와 국악적 요소가 결합된 성격을 지녔다고 볼 수 있다.

강신무 집에는 자신의 몸주신을 비롯하여 여러 신들을 모시는 신단을 마련해 두고 있어 일부는 사찰의 한 부분 같은 착각을 갖게 한다. 그와 달리 세습무는 강신된 신이 없기 때문에 집안에 신단을 마련하지 않는다. 세습무의 집은 일반인의 집과 다를 바 없다. 강신무나 세습무가 굿을 하는 지역은 구분된다. 강신무 굿은 전국적 분포를 보이지만 서울·경기 지역에서 더 많이 연행된다. 세습무 굿은 대체로 전라남도 지역, 경상남도 지역, 동해안 지역에서 연행된다. 경상남도 바닷가 지역의 마을굿을 남해안별신굿, 부산에서부터 강원도 고성 사이의 동해안 바닷가 지역의 마을굿을 동해안별신굿이라고 지칭한다.

신을 믿지 않거나 신적 존재를 부정하는 사람도 적지 않지만 상당수의 사람들이 신이나 신으로 상징되는 어떤 절대적 존재와 함께 살아간다. 이는 외로움을 견디지 못하는 인간의 속성과 소통 본능이 만들어 낸 신과의 동행 현상 또는 병존 현상이라고 할 수 있다. 동행이든 병존이든 이를 매개하는 존재가 있기 마련이다. 우리의 전래 민속신앙 속에서 인간과 신을 매개하는 존재는 세습무나 강신무다. 인간과 신을 연결하는 점에서 사제의 역할과 비슷한 점이 있다.

간혹, 무당이나 무당과 관련되는 신격들이 인간에게 해악을 끼친다고 생각하는 사람들이 있다. 이는 잘못된 생각이다. 민속신앙의 신격들은 기본적으로 복을 주는 존재들이

2017년 5월 21일, 포항 구룡포항 동해안별신굿 종반부에서 연행되는 용떡띄우기굿. 10시 30분에 배가 항구에서 출발하였다. 배에서 용왕제 거행 후 용떡을 바치고 11시 40분에 항구로 귀환했다. 항구 도착 후 용왕당에 연봉을 바친다.

고 이런 신격을 인간과 연결하는 무속인들 역시 복을 매개하는 존재들이다. 인간에게 해악을 끼치는 행위를 하면 무당들이 신격들에게 천벌을 받는다고 무당들은 이야기한다. 신과 인간 사이에서 악을 매개하는 사제는 없다. 성립종교가 사라지지 않는 이유도 그리고 무속이 사라지지 않는 이유도 신과 인간 사이를 선으로 매개하기 때문일 것이다.

아크 ARCH-
공존을 위한 인문 무크지 2 **믿음**

ⓒ 2021, 상지인문학아카데미 Sangji Humanities Academy

글쓴이	강동진 김가경 김도현 김문기 김종기 김태만
	류영진 박형준 백원담 심상교 이성철 이한석
	장현정 정천구 정 훈 조봉권 조재휘 차윤석
	최강민 한성안 한형식 허동한
초판 1쇄	2021년 06월 28일
2쇄	2021년 08월 10일
발행인	허동윤
고 문	이성철
편집장	고영란
편집위원	박형준 장현정 정 훈 조봉권
도 움	서동하
디자인	전혜정
기 획	㈜상지엔지니어링건축사사무소
주 소	부산광역시 중구 자갈치로42 신동아빌딩 5층
전 화	051-240-1527~9
팩 스	051-242-7687
이메일	sangji_arch@nate.com
출판유통	㈜호밀밭 homilbooks.com

ISBN 979-11-90971-54-6 04060
ISBN 979-11-90971-13-3 04060(세트)

부산에서

한국 현대사진 거장
임응식 작품전

조우

2021

10.(금)~10. 24.(일)

시민회관 갤러리
료 무료

[재]부산문화회관   YARTGALLERY

 문화체육관광부   K'SPO 국민체육진흥공단   ♪♪ BIG WALK'DONG-GU 부산광역시 동구   ⊞ 상지

경성대학교 사진학과

디자인과 기술을 통한 가치창조

건축설계 Desi
일반 주거건축, 리모델링, 공공디자인, 도시설계, 재기

건설사업관리 Construction Manageme
건축, 기계, 토목, 구조, 전기, 소방, 통신, 조경,

부설연구소 Architecture Institu
친환경 재생에너지, 해양건축, 도시재생, 타당성

부산항 북항 2단계 재개발 사업화 전략 아이디어 개념구상 국제공모 당선작

(주)상지이앤에이/엔지니어링건축사사무소
부산시 중구 자갈치로 42 신동아빌딩 5층 TEL.051-247-0208
www.sangji21c.co.kr

(주)에스이에이건축사사무소
서울 강남구 자곡로 174-10(강남에이스타워) 909호 TEL.02-2051-0650
www.sea-arch.co.kr

(주)디에스에이건축사사무소
대구시 중구 국채보상로 744(동인동4가) 2층 TEL.053-
www.archidsa.co.kr